U0274197

长安之春

典藏版

[日]石田干之助 著

钱婉约 译

清华大学
出版社
北京

**图书在版编目 (CIP) 数据**

长安之春：典藏版 / (日) 石田干之助著；钱婉约译. -- 北京：清华大学出版社，2025. 4.
ISBN 978-7-302-68978-2

Ⅰ. K294.11

中国国家版本馆CIP数据核字第2025VY3207号

责任编辑：孙元元
封面设计：谢晓翠
责任校对：王淑云
责任印制：杨　艳

出版发行：清华大学出版社
　　　　网　　址：https://www.tup.com.cn, https://www.wqxuetang.com
　　　　地　　址：北京清华大学学研大厦A座　　　　　　邮　　编：100084
　　　　社 总 机：010-83470000　　　　　　　　　　　邮　　购：010-62786544
　　　　投稿与读者服务：010-62776969, c-service@tup.tsinghua.edu.cn
　　　　质量反馈：010-62772015, zhiliang@tup.tsinghua.edu.cn
印 装 者：三河市春园印刷有限公司
经　　销：全国新华书店
开　　本：154mm×230mm　　印　　张：12.75　　插　　页：7　　字　　数：228千字
版　　次：2025年4月第1版　　　　　　　　　　　　　　印　　次：2025年4月第1次印刷
定　　价：79.00元

产品编号：104468-01

《长安之春》，看书名，不熟悉的读者，很可能会以为它是一本散文集、诗集，或者小说作品吧？其实不然，它是一部史学名著。

它的作者是日本近代东洋史学者、长期担任日本东洋文库主任的石田干之助（1891—1974）。书中包含了丰富的史料考据、翔实的史学论析、新颖的历史见解。同时它又确实采用了散文和诗一般的优美语言，富有文学色彩和浪漫传奇色彩。可以说，《长安之春》既是一本史料丰富、史论超拔、文史兼长的学术著作，同时，又是一幅描绘长安城市生活、中外文化交流、世态人情风貌的立体画卷，是唐代文字版的《清明上河图》。

《长安之春》从1941年在日本出版以来，备受读者喜爱，不断增补，又删减为精华本，有过好多个版本的同名书。到1967年，出版了增订版，作为"东洋文库"书系的第九十一种，这是它最全的一个版本。

说起来，这样一本有关中国唐代长安的史学名著，被翻译成汉语出版的时间却相当晚。自2000年以来，我几次提议翻译、出版此书，由于版权等原因，一直没有落实。后来清华大学出版社愿意接纳，向日方购买版权，我随即投入翻译，正式出版已是2015年秋。从日文版初次面世到中译本面世，间隔了七十四年。书出版后，在不到一年半的时间内，就增印了五次，呈现出一时畅销的势头，其间还曾有过两种不同的封面。后因出版社向日本平凡社东洋文库购买的版权到期，才停止了印销。责编告诉我说，电视剧《长安十二时辰》热播后不久，该书就完全脱销了。

进入2025年，这本经久不衰的史学名著变成公版书了，出版社遂决定将它改版增订、重新出版。这对文史研究者和广大读者，真是一个福音。

趁本次新版，我做了以下工作。

一、对照日文原书，将译文重新通读一遍，纠正了初版中的个别字词错误，对译笔再加润色。希望通过这些努力，不仅对"信"的标准，兼之"达""雅"

的原则，都能有更好的落实。

二、应编辑要求，对书中个别的偏僻古语、诗文典故、历史名词等补作了注释。

三、增加了与内容相匹配的文物图片等。

四、收入当年完成翻译后所写的《石田干之助的东洋史研究》一文作为译者跋。

需要说明两个翻译中的处理原则：

一、《唐代风俗史钞》的"篇三"原文标题为"绳伎"，对应在全书目录上为"绳技"，正文中或为"绳伎"，或为"绳技"。译文将目录、标题统一为"绳技"，正文中"技""伎"照旧。唯所引汉籍标题如《绳伎赋》《楼下观绳伎赋》《观绳伎》等，将文中"技"更正为汉籍原文"伎"。

二、胡人求宝故事十九则，日文原书根据《太平广记》等古籍译述而成，译者核对了古汉语出典，发现有部分文字出入或繁简不一，在此仍均按日文原著译出。例如，关于宝骨的价格，汉籍原文为"百千""五百千""一千万"，日语对译作"百缗""五百缗""一千万缗"（疑应为一万缗）。"缗"，古代用丝线将铜钱串起来，通常十个铜钱为一串，即一缗，亦称一贯，值一千文，译文按日语译作缗。

书中引用文献资料丰富，涉及历史故实繁杂。此次新版，尽管译者做了修订，错误之处仍然难免，还请方家批评指教。典藏版责编孙元元老师等诸位编辑老师，认真细致地一遍遍审读校订，在此对他们勤勉的工作表示诚挚的感谢。

下面，简要介绍这本书的内容特点和学术价值。

**第一，再现唐代长安的日常生活和宴饮娱乐。**

《长安之春》引用大量唐诗及文人笔记，对唐代长安进行了复原性的描写。书的第一篇《长安之春》正是书名的由来，也是本书研究笔法的典型代表。文章一开始描述了长安城的春花——菜花、杏花、李花、桃花、棣棠、蔷薇、海棠、木兰……随着节气与物候渐次开放，直到谷雨牡丹盛开达到高潮、落入尾声的情形。

东墙正中的春明门连接着东市，是达官贵人重要的进出口，远道而来的遣唐使、西域使臣也是从春明门而入，进入长安后才居住在西市。站在东城的城墙上，可以眺望整个长安城。兴庆宫、大雁塔小雁塔不用说，东南角的曲江池正是贵族士大夫及其家眷们看牡丹的地方。赏花之情不仅是贵族之间，也不仅是在曲江池附近——"花开花落二十日，一城之人皆若狂"。长安城各处都有看花的平民男女——"三条九陌花时节，万户千车看牡丹"，这就是全书的第一篇，为全书铺陈了人物故事展开的具体场景。

书中的《唐代风俗史钞》《唐代宴饮小景》等篇，展现了元宵观灯，夏季避暑，还有西域传来的杂技、拔河、字舞表演等民情风俗。

仅举酒桌文化一例来看，"食毕行酒"是当时的宴席习惯，即先吃饭再饮酒；"酒至何人"，即轮到哪位客人，哪位客人就要当即饮下，然后依次到下一位客人；一桌人轮完一圈，叫作"酒过一巡"。我们现在常说的所谓"酒过三巡"，就是一席人依次喝完了三圈了。书中又介绍了酒桌上用来劝酒的"酒胡子"，是一种站不住的人偶——与"不倒翁"正好相反，把它放在酒桌上的盘子里，它倒向哪位客人，就轮到哪位客人饮酒。重要的是"酒胡子"的形象是胡人——一个戴着裘皮帽子的、大胡子、高鼻碧眼的波斯人形象。读到这里，不禁令人好奇这"酒胡子"到底长得什么样呢？

另外，书中还记载了冰柱、龙皮扇、自雨亭、凉棚等唐人用来消夏降温的实用技巧，记载了长安的书店、藏书家、书籍装帧形式等唐代文化生活的一面。这些生活的智慧，很多因素都是从西域波斯文明、阿拉伯文明中借用移植而来的。

《长安之春》捕捉一个个生动的社会横截面，还原唐代生活的历史画卷。它满足了读者对于"唐诗与西域风情交织"的唐代想象，也激发了研究者进一步探索唐代文化、唐代中外交流的契机。

**第二，捕捉唐代社会生活中独具特色的人物群体和风情。**

以妇女与商人为代表。

《唐代的妇人》洋溢着女性的飒爽英姿，身穿男装、不尚化妆、骑马打球；

《长安的歌妓》描述了平康里三曲不同等级、各色歌妓的声色；

《当垆的胡姬》证明了胡姬——波斯（今伊朗）、粟特的女子存在于长安酒楼酒馆的事实，那些金发碧眼、服装独特、笑颜动人的女子与其转动的舞姿，是唐长安城胡风盛行的重要表现，延展到其他城市，也有存在。

"西域胡商重金求宝"的故事，极富传奇色彩。作者从《太平广记》等各种著作中，搜集了不同的胡人买宝物的记载，宝物是什么？定风针、夜明珠等。首篇发表以后，作者不断挖掘同类素材，一而再再而三，组成庞大的资料群，成为后来中国通俗文学研究、日本汉文学研究的一隅渊薮。

作者这些捕捉和书写具有独到鲜明的特点。

首先，妇女与商人在古代文献中，往往都是名不见经传，是中国传统史学所屏蔽的"记载盲区"，所以，作者所运用的文献资料就不可能是"史部书"，而多是从诗歌、文人笔记、传奇小说而来，不同维度的关注，导致新的史学视野和方法，这也是本书研究方法独辟蹊径的原因。

其次，书中所关注的研究主题，不是唐代长安生活中那些传承性的、常态的、相同的东西，而是中国前所未有的、唐代时期外来的、非汉族的东西，是外来因素融入汉人生活中所呈现出来的新的面貌。如胡姬、胡商，但《长安之春》的主角仍然是汉人，是享受胡姬歌舞的大唐诗人墨客，是与胡商打交道的大唐官绅和庶民。

所以说，《长安之春》写出了中西文化交融下中国人不一样的面貌。

**第三，总结性地指出了波斯文化对于中国文化的多方面影响。**

书中有一篇《隋唐时期波斯文化流入中国》，波斯，从历史上来说，就是中国古代文献里的安息、波斯帝国。石田干之助从祆教、摩尼教、聂思脱里教（景教）等外来宗教，从绘画、雕刻、音乐舞蹈、杂技等外来艺术，以及服装与化妆、饮食与酒、居住等衣食住诸方面，全面列举了隋唐时期中国受到来自西域波斯文化影响的历史事实。

另外，此篇也在附录中概述了这一时期中国文化对西方的输出和影响。关于这个问题，石田的老师辈白鸟库吉、桑原隲藏等人，已经有更具开拓性的研究。比如中国的造纸术、印刷术、火药、指南针，就都是在隋唐、宋元时期，向西传播，经由西域到阿拉伯地区，再经由阿拉伯地区，向欧洲传播发展的。

与这本书相关的研究，有中国的向达（1900—1966）的《唐代长安与西域文明》，二人在书中多有互相引用和赞许。在二人基础上，美国学者爱德华·谢弗（1913—1991，新译薛爱华）著有《撒马尔罕的金桃——唐朝的舶来品研究》（1963 年，加利福尼亚大学出版社），中文书名译为《唐代的外来文明》（1995年，中国社会科学出版社）。更早的可追溯到美国东方学者劳费尔（1874—1934）1919 年的《中国伊朗编》，书中记录了西域传入中国的植物、中亚的纺织品等。在欧洲，还有沙畹、伯希和、斯坦因等人的研究。

《长安之春》是一幅丰富生动的唐代长安画卷，带着弥漫古城的花香，让读者在阅读中谛听时光深处的遗响，在唐代中外文明之光的辉映下，思考人类生活的历史和未来。

钱婉约

2025 年 1 月

# 序

　　拙著《长安之春》于昭和十六年（1941，创元社）出版至今，已经过去了二十六年，现在市场上几乎绝版，因此希望能作为平凡社"东洋文库"书系的一册重新问世。数年前，也曾作为平凡社《世界教养全集》的一卷再版过，是与鸟山、松冈、武田诸氏的著作一起合集印行的，不过由于页数关系，删去了初版中稍长的三篇和最后一个短篇，并增加了发表于战后的《唐史丛钞》中的数篇（要书房，昭和二十三年，即1948年）。因此虽说是再版，但与初版在内容上有出入，而且删去了大部分小字注释，并根据新假名的用法改变假名标识法，与初版的体例也有很大差别。这次刊印，除少量汉字使用旧字体，其余基本使用略体文字外，初版收录的文章全部照旧收录。此外，《唐史丛钞》罕见于市场且价格不菲，因此从《唐史丛钞》中选取七篇，还补充了两三篇初版和再版中都没有的文章，并对正文和注解进行了全面的补订。因此，称此版为增订版。虽然有至今仍觉得尚未修订到足以再度面世的文章，但庶几聊胜于无，若免呵责，实为幸事。

昭和四十二年（1967）孟春

## | 初版序 |

　　为即将出版的著作写序是件快乐之事。有人会畅谈远大抱负，有人会在谦逊的言语中透露决心。不过，本书所收录的都是一些断断续续、信笔写成的文章，想来没有写序的必要了吧。这些都是六七年前乃至十几年前的旧稿，而且曾经刊载在杂志或报纸上，如今再次整理出版，就像是废品再生。只是不能丝毫不作改动，对于原来的仓促之处，还需进行必要的修订和完善。很多地方只是文字上的修改，不过也有数处补充了一些新材料。

　　本书以卷首篇名《长安之春》作为书名，并从与唐代文化有关的拙文中，选出体裁不太艰深的数篇合集成书。其中有些篇章看起来像中学生的作文，但笔者还是认真地说，那也是考证论文。那些估计普通读者读来麻烦的内容，均附上小字注释作为"参照"，以注明论述根据。读者若觉得麻烦，完全可以跳过去不读。虽说通读了《太平广记》五百卷、《全唐诗》四万八千首，可论文中依据问题的需要，只提出很少量的材料，想起来不免自嘲愚蠢；另外，或许又不免遭到旁人这样的诟病：处当今之时世，却弄这些无用的闲文字。我的想法是，关于中国的研究，自有其"今日之用"与"明日之用"的区分，明日之用又有十年、二十年后之用。如果不作这些看似无用的研究，学问终难免是沙土上的楼阁。

　　书中每篇文章的最初发表时间和刊物，请参看后记。至于本书与旧稿不一致的地方，请以本书为准。

昭和十六年（1941）三月下旬

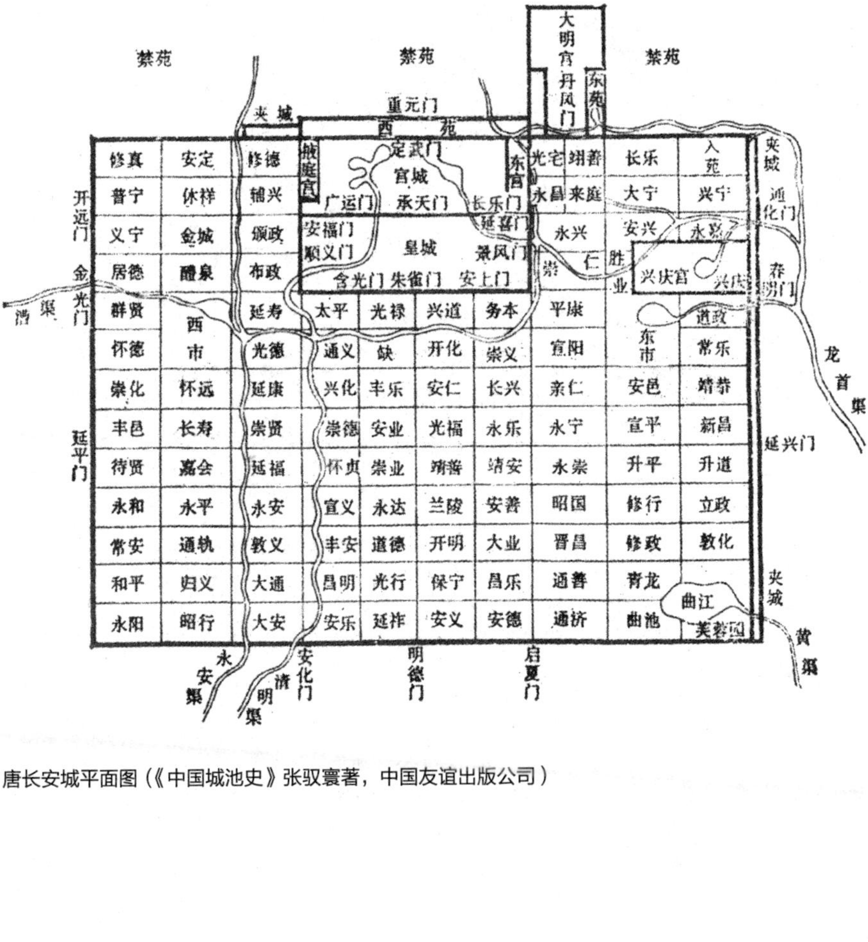


唐长安城平面图（《中国城池史》张驭寰著，中国友谊出版公司）

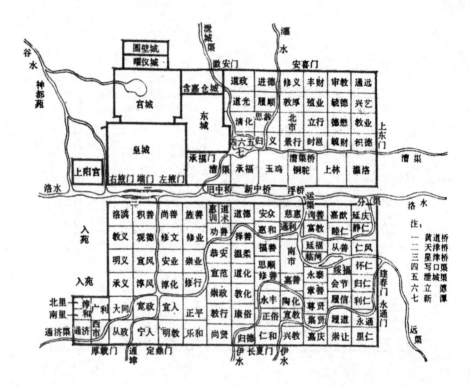

摹自《唐两京城坊考》

唐东都洛阳城图（《中国城池史》张驭寰著，中国友谊出版公司）

# | 目录 |

# 长安之春

<br>

一

长安二月多香尘，六街车马声辚辚。

家家楼上如花人，千枝万枝红艳新。

帘间笑语自相问，何人占得长安春？

长安春色本无主，古来尽属红楼女。

如今无奈杏园人，骏马轻车拥将去。

——韦庄《长安春》[1]

农历正月元旦，与群臣百官的朝贺同步，长安的春天在历书上登场了。然而，直到元宵观灯，大唐之都的春色还尚浅。立春过后约十五日，进入雨水节气，菜花开了，杏花开了，李花也接着开了，花信之风也变得渐渐温暖起来。惊蛰一到，一候桃花，二候棣棠，三候蔷薇①；及至春分，一候海棠，（二候梨花）三候木兰，各种花木竞相开放，缭乱争艳，帝都的春意日益浓酽。花香的气息吹拂在东西两街一百一十坊的上空，渭水之上落日铺霞，终南山麓骄阳笼罩。又经历了几个蒙蒙的春雨之日，清明节也过了。到了桐花现紫，郊外的田垄上麦苗青青，御沟的水面上柳絮缤纷如雪翻飞的时候，便是谷雨了，春色渐老。日光之影不由得增加了光耀，晴空碧蓝如洗。熏风舒爽地吹过，抚慰着浐、灞二桥桥头的柳丝；牡丹花盛开，王者般占尽了满城的春意；城中的士女倾巢而出，追寻着花的踪迹，曼妙度日。当楝树花盛开，恼人的香气在夜晚飘荡时，世界变成新叶绿叶的时节。令人感动的新绿，淹没了九街十二衢的里坊，道路两旁遮天蔽日的槐树、榆树的树荫，也日渐浓密[2]。人们三五参差地在人行道上舒爽地休憩，他们是略感疲惫

---

① 古代有二十四节气、七十二物候之说，每个节气分三物候，如惊蛰三候为桃始华、仓庚鸣、鹰化为鸠。这里提到的惊蛰三候指花期花信，是根据"二十四番花信风"之说，较早的文献参宋《岁时广记》。随文脚注为译者此版新补，后同。

的都市士人，是换了崭新轻衫还微露香汗的仕女，他们可是在寻求一时的休憩？初夏就这样隐约可见地来了。长安的春尽了，诗人们唱起春逝之歌，写起惜春之赋。

站在京城东城墙的中门——春明门上眺望，西北方远远可见排列着三省六部飞甍的"皇城"，其北面是最早的"宫城"的殿阁之顶，再往东北，是后来天子居住的如龙宫般浮现的东内诸宫的屋顶。盛唐之时，玄宗新建的常住宫殿——兴庆宫的一角，黄瓦与丹墀相映，勤政殿与花萼楼的画栋朱帘在望。西南面，沿着朱雀大街，荐福寺的小雁塔在一片民居之上挺立着高高的尖顶。往南遥遥可见慈恩寺大雁塔沐浴着金霞薄紫的身影。这里便是上都长安，连接着东都洛阳、北都太原。进入都城的孔道之处，车马往来非常繁忙。到地方赴任的官吏由此而出，骑着骆驼的沙漠商队也由此而出。手臂上载着海东槿域①的特产——鹰的贵公子，在城东的郊野狩猎玩乐了一天，骑着银鞍白马，也从这里而来。向着大唐朝廷的仪仗队伍，骑着华丽夺目的骅骝缓步向西、千里迢迢跨海而来的是日本国的藤原清河使者。外国使臣入朝的队伍也从东面由这里进入都城。从日本、新罗、渤海等遥远国家，为了修学求法，跨越山河万里负笈而来的人，都从此门而入。日本国的遣唐使空海、圆仁、圆珍、宗睿，也都是从这里踏入长安之都的。卷发高鼻、紫髯绿眼的胡人，往来频繁于此。在春明门附近遇到西域胡人的故事，在唐代不算珍稀逸事[3]。热闹之处虽在东市，略输一筹的西市也并不相让，那里流寓的外国人绝不在少数[4]，到"拓跋之都"的"胡姆丹"（长安城的胡名[5]）城朝见大唐的天子——天可汗[6]，逐利而来的西域胡商为数众多。往来之盛不仅仅限于陆路，南门外有名叫龙首渠的运河环绕，江浙的大米、南海的珍宝如山般载船而来，桅樯林立，锦帆鼓风，水上舟楫穿梭繁忙，热闹非凡。王贞白的《长安道》"晓鼓人已行，暮鼓人未息。梯航万国来，争先贡金帛"[7]写的正是这一带的景象。

北斗星的勺柄夜夜向着卯方偏转，傍晚鹑火星到达正南时，春天也过去了一半，天气暖和，鲜花盛开，满街尽是行乐的游人，正如"十二街如市，红尘咽不开""鞍马和花总是尘"[8]所描写的，是繁花掩埋在尘埃中那样的热闹。长安市民历来爱好出游，他们等不及春深，当寒梅才在枯野上渐渐露白的时候，就已经来到郊外探求刚刚萌动的春的影子。"都人士女，每至正月半后，各乘车跨马，供

---

① 海东槿域，古代对朝鲜的别称。

帐于园圃，或郊野中，为探春之宴。"这是《开元天宝遗事》的记录[9]。到二月二日中和节前后，都城内外的各个名胜都挤满了一日赏春的市民，从此时到三月初的上巳节、寒食节、清明节期间，都人行乐之处主要在曲江水边和乐游原的山上。曲江在都城的东南隅，是昔日秦代叫丰洲的沮洳地，经开元年间的开凿疏浚，成为观赏胜地。在有唐半世中，春天长安的繁华尽集中于此。南有紫云楼、芙蓉楼，西与杏园、慈恩寺相接，有"花卉环周，烟水明媚"[10]之称。杜甫所吟咏的"三月三日天气新，长安水边多丽人……绣罗衣裳照暮春，蹙金孔雀银麒麟"[11]，正是指曲江江畔的风物景观。乐游原在其北边的一个小丘上，是城中唯一的高处[12]。此地在唐初长安年间，是太平公主置亭游赏的地方。此后，渐渐成为都人挂杖行乐一日的名胜。"其地四望宽敞，每三月上巳，九月重阳，士女游戏，就此祓禊登高，幄幕云布，车马填塞，绮罗耀日，馨香满路。朝士词人赋诗，翌日传于京师。"所说的就是这个地方[13]。正如杜甫《乐游园歌》所写："乐游古园崒森爽，烟绵碧草萋萋长。公子华筵势最高，秦川对酒平如掌。"[14]站在乐游原上，曲江附近尽在眼底不用说，还可以一直眺望到秦川（樊川）水畔。

看花的人群不独在曲江和乐游原，"长安春时，盛于游赏，园林树木无间地"[15]，这是说有花木的地方，便有游人。他们"遇名花则设席藉草，以红裙递相插挂以为宴幄"[16]。若遇雨时，贵家子弟则携"油幕"出游。[17]或则学士"与亲友结宴于花圃中，未尝具帏幄，设坐具。使童仆辈聚落花铺于坐下"，"吾自有花裀，何消坐具"云[18]。进士郑愚、刘参以下十数辈，甚不拘礼节，"每春时，选妖妓三五人，乘小犊车，指名园曲沼，藉草裸形，去其巾帽，叫笑喧呼"，自谓颠饮[19]。然春之景物，不仅止为此辈，天宝年间，如极尽豪奢的杨国忠一门，"每游春之际，以大车结彩帛为楼，载女乐数十人，自私第而出，声乐前引，游园苑中"[20]。长安的贵戚豪门，皆竞仿效之，所谓楼车载乐之趣，今幸有斯坦因氏从敦煌石室所得的一幅古画[21]，犹可仿佛想见。而杨国忠车上置花坛，"移春槛"[22]，移植名花异木，随处赏观，今存唐代遗物中，不幸虽无可征，但"长安侠少，每至春时，结朋联党，各置矮马，饰以锦鞯金络为辔结伴于花树之下往来，使仆从执酒皿而随之，遇好圃即驻马而饮"[23]，谓之"看花马"，则斯坦因发现之鸣沙遗宝中仿佛可见之[24]。

春游之盛，苏颋所咏"飞埃结红雾，游盖飘青云"[25]之句，正是牡丹花盛开，及时行乐之写照。

二

帝城春欲暮，喧喧车马度。共道牡丹时，相随买花去。

贵贱无常价，酬直看花数。灼灼百朵红，戋戋五束素。

上张幄幕庇，旁织巴（一作笆）篱护。水洒复泥封，移来色如故。

家家习为俗，人人迷不悟。有一田舍翁，偶来买花处。

低头独长叹，此叹无人喻。一丛深色花，十户中人赋。

——白居易《秦中吟十首》之一《买花》[26]

"牡丹妖艳乱人心，一国如狂不惜金"[27]，当时对牡丹的观赏，已成了长安的风气[28]，可见帝都人对此花之特别爱好。杏园[29]的春色渐衰，曲江池那边稍稍显得闲寂的时候，长安的市民追逐着牡丹花。从朝到晚，满城赏花，如狂如醉。宫廷中自然栽着许多名花，以供帝王宫嫔玩赏。天宝年间，那有名的沉香亭北赏牡丹的故事，还有流风余韵呢①。文宗时"暮春内殿赏牡丹花"，皇帝问侍臣："今京邑之人传牡丹花者，谁为首出？"[30]权豪之家，亦恣意爱玩此花。玄宗赏赐杨国忠牡丹数株，国忠植于家，"以百宝妆饰栏楯，虽帝宫内府，不可及也"[31]。又，国忠"以沉香为阁，以檀香为栏，以麝香、乳香筛土和泥以饰壁。每于春时，木芍药（牡丹）盛开之际，聚宾客于此阁上赏花焉。禁中沉香之亭，远不侔此壮丽也"[32]。可见豪门奢侈之一斑。然牡丹之赏，不独在王侯将相之间，长安城全体市民亦耽醉于此。

长安的牡丹花期，在三月十五日前后约二十日[33]。"花开花落二十日，一城之人皆若狂"[34]，"三条九陌花时节，万户千车看牡丹"[35]，"花开时节动京城"[36]，"长安牡丹开，绣毂辗晴雷"[37]，"牡丹花际六街尘"[38]，充斥于满城的大街小巷。"看遍花无胜此花"[39]，"万万花中第一流"[40]，说不尽的牡丹，无怪乎白居易说，一丛花的价格要当"十户中人赋"[41]，柳浑叹息着"近来无奈牡丹何，数十千钱买一

---

① 《太平广记》描述："开元中禁中初重木芍药，即今牡丹也……植于兴庆池东，沉香亭前。会花方繁开，上乘照夜白，太真妃以步辇从，诏特选梨园弟子中尤者，得乐十六部，李龟年以歌擅一时之名，手捧檀板押众乐……上曰：'赏名花，对妃子，焉用旧乐词为？'遂命李龟年持金花笺，宣赐李白，立进《清平调》辞三章。……"李白《清平调词》其三："名花倾国两相欢，长得君王带笑看。解释春风无限恨，沉香亭北倚栏干。"此后"沉香亭北"典故多为唐诗宋词援引。

棵"[42]。至于"种以求利，一本有直（值）数万者"[43]，可见一时之风尚不易衰竭。长安士女春天有"斗花"习俗，戴插奇花以相夸胜，"皆用千金市名花，植于庭苑中，以备春时之斗"[44]，此中必有牡丹之名品。

长安城中牡丹之名所，自亦不少。但最有名的，当推街东晋昌坊的慈恩寺，街西延康坊的西明寺。而西明寺的牡丹，贯穿有唐一代，最脍炙人口。慈恩寺中属院内子院元果院的牡丹，是京中诸家之魁，亦最名高；同寺太真院的，则"后诸牡丹半月开"[45]，以供每年春时都中人士最后之观赏。西明寺的牡丹，诸家多有题咏，今不必一一记述[46]。两寺之外，街东靖安坊的崇敬寺[47]，其北永乐坊的永寿寺[48]，离曲江不远的修政坊宗正寺的亭子[49]等（宗正寺非佛寺，乃九寺之一的官衙）都是赏花名所。街西屈指可数的是长寿坊的永泰寺（万花寺）[50]，永达坊度支亭[51]。崇敬寺内的牡丹，散见于诗句，相当见重于时，又《霍小玉传》中说小玉的旧情人李益与同辈数人曾在此赏牡丹[52]。私家宅邸有大宁坊街东之北部的浑瑊家[53]，毗邻荐福寺的开化坊内令狐楚家[54]——都是专以牡丹花著名的大宅。

当时都中人士所专赏的花有红紫两种，白的似为一般大众所不重。白氏有"白花冷澹无人爱"[55]之句。卢纶诗"长安豪贵（一作年少）惜春残，争赏街西紫牡丹。别有玉盘承（一作乘）露冷，无人起就月中看"[56]，指白牡丹虽有如玉盘承露之姿，却是无人特地赏观。如果花色别致而簇大，"径尺千余朵"[57]，那便"能狂绮陌千金子，也惑朱门万户侯"[58]，"破却长安十（一作千）万家"[59]，这都有事实的根据，不可认为单是夸张之词。这样的奢侈之风，自易招人心之颓废，这是不是促成了唐朝衰势的原因之一，非今所欲论，这里只想叙述李唐一代繁华世相之一面罢了。

> 牡丹芳，牡丹芳，黄金蕊绽红玉房。
>
> 千片赤英霞烂烂，百枝绛点灯煌煌。
>
> 照地初开锦绣段，当风不结兰麝囊。
>
> 仙人琪树白无色，王母桃花小不香。
>
> 宿露轻盈泛紫艳，朝阳照耀生红光。
>
> 红紫二色间深浅，向背万态随低昂。
>
> ……
>
> 遂使王公与乡士，游花冠盖日相望。

庳车软舆贵公主，香衫细马豪家郎。

卫公宅静闭东院，西明寺深开北廊。<sup>60</sup>

戏蝶双舞看人久，残莺一声春日长。

……

——白居易《新乐府三十首》之一《牡丹芳》<sup>61</sup>

**原书注** ✍

1. 出自《全唐诗》卷 26（此条及以下所引《全唐诗》依据光绪丁亥上海同文书局刊行的所谓老石印本的卷数）。

2. 春秋战国之际，道路街衢的两旁，树木种植已经很发达。唐都长安的街道，两旁植树甚多，常见于唐人诗句。新旧《唐书》的"五行志"中，记大风吹伐街树的事亦多。当时道旁树以槐树与杨柳为习见，榆亦多。自宫城南门之承天门至南部之朱雀门，所谓的天门街两侧，大概都是种的槐树（参阅唐韵迟偓《中朝故事》）。开元二年（714）六月大风时，城中街树吹倒了十之七八，隋高颖所植的百年槐树，定是扶疏老干，当时已被风伤折（参阅《朝野佥载》，《宝颜堂秘笈》石印本卷 1，及《新唐书》卷 35 "五行志"等）。关于杨柳的种植，韦应物《拟古诗十二首》中第二云："京城繁华地，轩盖凌晨出。垂杨十二衢，隐映金张室。"又《陪元侍御春游》诗："何处醉春风，长安西复东……往来杨柳陌，犹避昔年骢。"可见其趣。榆树原不种道旁，德宗贞元十二年（796），官街缺少道旁树，乃以榆树代补，时京兆尹吴凑言，"榆非九衢之玩"，命以槐易之（《新唐书》卷 159 "吴凑传"，《旧唐书》卷 183 "吴淑传"附）。但实际上榆树之种植相当多，温庭筠的《乾巽子》载"窦乂致富谭"，说长安城中榆荚散乱，乂拾得斛余，可知榆树之多（《太平广记》卷 324，石印本）。关于道旁树的其他历史，参阅顾炎武《日知录》卷 12 "官树"条。

3. 春明门附近遇西域胡人的故事颇多，如张读《宣室志》载冯翊人严生，得一清水珠，在春明门卖给了胡人（《太平广记》卷 420）。

4. 长安东西二市，为城内繁华之中心，而西市尤为热闹，宋敏求《长安志》明记之。因西市附近有许多康人、波斯人、大食人的商贾居住，都麇集于此。唐人小说及杂记之类的书，提到西市胡人的不少。西市附近有祆教、景教的寺院。东市附近，西域贾胡也不在少数。

5. Tamɣač、Tamɣaj 之名，是六朝以迄唐，自塞北以至中亚、西亚及东罗马帝国的各族人，对中国之称谓。当初还只限于中华北部，入唐以后，便泛指中华全部。其语源乃北朝鲜卑种族拓跋（Tabɣač）部之名，白鸟库吉、伯希和（P.Pelliot）两博士主此说。桑原隲藏博士则别有说（《蒲寿庚之研究》，137 页，岩波书店版）。Khumdan 之名，又讹为 Khubdan、Khomdan 等，乃唐代中亚细亚、波斯、大食以至东罗马的各族人所指长安，汉语译作何音，还是聚讼纷纭、久未能决的问题。夏德（Hirth）与桑原两氏的主张，以为此字是"京城"一音之讹传，其说虽最稳当，但无确证（参阅桑原氏的《隋唐时期往来中国的西域人》，载于《内藤博士还历祝贺中国学论丛》578 页。A.C.Moule, Christians in China

before the Year 1550, London,1921, 15-18 等）。当时印度称中华为 Mahâ Cina（莫诃支那），Khumdan, 梵语语形变化为 Khumdana，或与此有关系（参阅《梵语杂名》等）。

6. 天可汗之名，是初唐声威远播四裔时，突厥种族崇拜唐太宗之尊称，由汉语与突厥语复合而成，即"天皇帝"之意，原语恐为 Tängri Qayan。当时唐天子非仅中国之皇帝，亦乃塞外诸民族与西域诸国之大君主。《资治通鉴·唐纪》"贞观二十一年"条称：突厥部族内附，请于回纥以南突厥以北开辟一道，曰参天可汗道，以便来往省视大唐天子如父母，于是置六十八驿，各驿备马及酒食以供过使，岁贡貂皮充租税，云云。值得注意的是，回纥等自称可汗而称中华之君为天可汗，今鄂尔浑河畔所获突厥毗伽可汗（Bilgä qayan）碑，可以为例（Charanneset Pelliot, Un traité manichéen retrouvé en Chine, Tirage à part, pp.202-203）。追记：其他可汗的情况，罗香林有详考，《唐代文化史》"天可汗制度考"，台湾 1954 年。这是"二战"后出版的重要著作。不过，其中未见参天可汗道之事。

7. 王贞白《长安道》（《全唐诗》卷 26 ）。

8. 都是卢延让的诗句。上句出自《寒食日戏赠李侍御》："十二街如市，红尘咽不开。洒蹄骢马汗，没处看花来。"（《全唐诗》卷 715 之八）下句出自《樊川寒食二首》之一："鞍马和花总是尘，歌声处处有佳人。五陵年少粗于事，栲栳量金买断春。"（《全唐诗》卷 26 ）

9.《顾氏文房小说》上，十六表。

10. 杜荀鹤《松窗杂记》云："曲江池本秦世隑洲，唐开元中疏凿为胜境，南即紫云楼、芙蓉园，西即杏园、慈恩寺，花卉环周，烟水明媚，都人游赏盛于中和、上巳节，即赐宴臣僚，会于山亭，赐太常教坊乐。池备彩舟，惟宰相、三使、北省官、翰林学士登焉。倾动皇州，以为盛观。"（据《唐人说荟》本。《长安志》卷 9 "南升坊"条"曲江"下注谓此为康骈《剧谈录》之文。）

11. "丽人行"之句，据仇兆鳌《杜诗详注》本卷 2。

12.《长安志》卷 8 "升平坊"条云："其地居京城之最高，四望宽敞。京城之内，俯视指掌。每正月晦日、三月三日、九月九日，京城士女咸就此登赏祓禊。"

13.《杜诗详注》卷 12《乐游园歌》注引吴筠《西京记》。

14. 游赏乐游原（园）与曲江，唐代诗歌咏之者最多，而以杜甫《乐游园歌》最为有名，今所引见详注本卷 2。

15.《开元天宝遗事》，《顾氏文房小说》本下，六表一里。

16. 同书下，十一表。

17. 同书下，十一表云："长安贵家子弟每至春时，游宴供帐于园圃中，随行载以油幕，或遇阴雨以幕覆之，尽欢而归。"

18. 同书上，十一里。

19. 同书上，十四表。

20. 同书上，十三里。

21. A. Stein, Serindia. Vol, Ⅲ, Pl, LXXVI.（编辑注：多译为《西域考古图记》，斯坦因著）

22.《开元天宝遗事》上，十五表。

23. 同书上，十一表。

24. Stein, Op. Cit., Vol. Ⅲ. 松本荣一氏《敦煌画之研究》（昭和十二）附图，七八 a、b。此虽佛传画，亦可作唐代的风俗画看。

25.《全唐诗》卷 3。

26.《白氏长庆集》卷 2。这里根据铃木虎雄博士《白乐天诗解》[京都昭和二年（1927）] 321-323 页。诗句的校勘见同书 329 页。

27. 王叡《牡丹诗》，《全唐诗》卷 19。此诗或云王毂所作，卷 26。

28. 唐以前，是否以牡丹供赏玩，不得而知。号为画圣的北齐杨子华诗、晋谢灵运诗中，都曾提及牡丹。可见此花多是可供鉴赏之用的。唐刘禹锡云："世谓牡丹花近代始有，盖以前朝文士集中无牡丹歌诗。""然杨子华有'画牡丹处极分明'，子华北齐人，则知牡丹亦久矣。"（参阅唐韦绚编《刘宾客嘉话录》，今据《顾氏文房小说》本页十一而以他本补一二句。）唐段成式《酉阳杂俎》卷 19 云："牡丹前史中无说，惟谢康乐集中言'竹间水际多牡丹'，但成式检《隋朝种植法》七十卷中，初不记说牡丹，则知隋朝花药中所无也。"似牡丹之栽培，当时并不盛。（"《隋朝种植法》七十卷"，恐是《旧唐书·经籍志》农家"种植法七十七卷，诸葛颖撰"。）入唐而后，牡丹之鉴赏实际也只到盛唐以后才大流行，最初似亦只限于北方。白居易在长安看浑瑊家的牡丹诗，有"归到江南无此花"之句。（参阅注 53；再者，居易在杭州做刺史时，才种植于开元寺，那是当时开元寺僧惠澄由京师得来的。见唐范摅《云溪友议》卷 4，稗海本。）此中消息可知。（据此书云："其时徐凝见此，有诗咏之'此花南地知难植'。"）至于蜀地，五代时尚不知之，孟氏始种植于宣华苑，因名牡丹苑。（参阅清计楠《牡丹谱》，昭和丛书本。）《花蕊夫人宫词》之一，有"牡丹移向苑中栽，尽是藩方进入来"之句。（《全唐诗》老石印本卷 29。但说者谓此诗非夫人之作。）岭南之地，五代之季，犹不知此花。南汉刘张铤到洛阳，见牡丹之美艳，为之惊倒（宋陶谷《清异录》）。

29. 杏园位于慈恩寺之南，通善坊之中，其东曲江，皆长安城之胜景（《长安志》卷 8。通唐一代，咏杏园春色之诗甚多，今不备举）。

30. 钱易《南部新书·甲》（《学津讨原》本）。

31.《开元天宝遗卷》下，十六表—里。

32. 同书下，十七表。牡丹之名木芍药，详见郑樵《通志略》卷 75 "昆虫草木略"第一。

33.《南部新书·丁》云："长安三月十五日，两街看牡丹，奔车走马。"参阅注 43。

34.《白氏长庆集》卷 4，《新乐府·牡丹芳》中之句。

35. 徐凝《牡丹诗》之句。凝又有"何人不爱牡丹花，占断城中好物华"之句。《全唐诗》卷 18。

36. 刘禹锡赏牡丹诗有"唯有牡丹真国色，花开时节动京（一作倾）城"之句。《全唐诗》卷 13。

37. 崔道融《长安春》云："长安牡丹开，绣毂辗晴雷。若使花长在，人应看不回。"《全唐诗》卷 26。

38. 徐夤《忆荐福寺南院》诗中之句。《全唐诗》卷 26。

39. 同上《牡丹花》二首之一，"看遍花无胜此花，剪云披雪蘸丹砂"。《全唐诗》卷 26。

40. 同上《牡丹花》二首中句。此与皮日休诗之称"百花王"，又"独（一作更）占人间第一香"，其意皆同（按皮诗不见集中，《渊鉴类函》405引）。

41. 见注 26。

42. 柳浑诗。《全唐诗》卷 7。

43. 李肇《唐国史补卷》中云：(《学津讨原》本）"京城贵游尚牡丹三十余年矣，每春暮车马若狂，以不耽玩为耻，执金吾铺官围外，寺乱种以求利，一本有直数万者。"

44. 《开元天宝遗事》卷下，十一表"斗花"条。

45. 《南部新书·丁》云："慈恩寺元果院牡丹，先于诸牡丹半月开，太真院牡丹后诸牡丹半月开。"又见康骈《剧谈录》下（《学津讨原》本）"慈恩寺牡丹"条。

46. 例如，白居易有《西明寺牡丹花时忆元九》诗（《白氏长庆集》卷 9），《重题西明寺牡丹》诗（同书卷 16）。元稹有《西明寺牡丹》诗（《元氏长庆集》卷 17）。

47. 《长安志》卷 7"靖安坊"条。此是尼寺。关于牡丹，见注 52。

48. 《长安志》卷 7"永乐坊"条。《南部新书·戊》说是尼寺。元稹有《与杨十二李三早入永寿寺看牡丹》诗（《元氏长庆集》卷 5），此寺也是看花的名所。

49. 《长安志》卷 8"修政坊"条。"宗正寺亭子"下注引《辇下岁时记》（唐李绰撰）曰："'新进士牡丹宴或在于此'。"关于牡丹宴，又见王定保《唐摭言》卷 3"谠名"条（雅雨堂丛书本）。

50. 永泰寺会昌五年一度被废，六年复置，改称万寿寺，据《长安志》卷 10"长寿坊"条，可见其位置与沿革之一斑。又改废之事，见卷 8"晋昌坊"条，"慈恩寺"注。翁承赞诗有《万寿寺牡丹》一首（《全唐诗》卷 26）。唐末宰相张浚尝率朝士于此寺看牡丹。其事不见于新旧唐书《张浚传》，而见同游之佟人张隐诗，参阅《全唐诗》卷 27"万寿寺歌词"。

51. 《长安志》卷 9"永达坊"条"度支亭子"下注云:"《辇下岁时记》，新进士牡丹宴或在永达亭子。"

52. 白居易《代书诗一百韵寄微之》中，有"唐昌玉蕊会，崇敬牡丹期"之句（《白氏长庆集》卷 13）。白氏的《自城东至以诗代书戏招李六拾遗崔二十六先辈》诗中，亦有"崇敬牡丹时"之句（《长庆集》卷 13）。关于李益的传说，见唐蒋防《霍小玉传》（《太平广记》卷 487引）。以上诸寺之外，大宁坊东南隅的兴唐寺，靖善坊的兴善寺等，皆栽有此花，见《酉阳杂俎》卷 19"牡丹条"之末。

53. 《长安志》卷 8虽记浑瑊宅在晋昌坊，但《唐书》卷 80瑊传则称在大宁坊。毕沅于此志本条下注"以唐书所记为是"。白氏《看浑家牡丹花戏赠李二十》诗中有"香胜烧兰红胜霞，城中最数令公家。人人散后君须看，归到江南无此花"（《长庆集》卷 13）。

54.《长安志》卷7"开化坊"条，尚书左仆射令狐楚宅项下毕沅注引《酉阳杂俎》云，"牡丹最盛"，今检《杂俎》无此说。又其他如裴士淹（长兴坊），韩愈（靖安坊），窦易直（新昌坊），元稹（靖安坊）诸人之家，牡丹似著名。官厅则有翰林院之北厅（兴庆宫金明门内），大约亦有名花（《酉阳杂俎》卷19，《白氏长庆集》卷14《惜牡丹花》二首，《微之宅残牡丹》，并参阅注56）。

55.《白氏长庆集》卷15《白牡丹》。

56.《裴给事宅白牡丹》（《全唐诗》卷10）。此诗或称裴潾作，载《全唐诗》卷19。又诸本字句上有异同，今不及论。可见一部分人亦爱赏白牡丹，特形于诗歌者不多。唐末王贞白、韦庄都有《白牡丹》诗（《全唐诗》卷26），吴融有《僧舍白牡丹》二首（同书卷25），可以为例。中唐张又新《牡丹》诗云："牡丹一朵值千金，将谓从来色最深。今日满栏开似雪，一生辜负看花心。"（同书卷18）白居易有《白牡丹》之颂（《长庆集》卷1）。

57.刘禹锡《浑侍中宅牡丹》诗有"径尺千余朵，人间有此花"之句（《全唐诗》卷13）。

58.注39引徐夤诗句。

59.注38引徐夤诗句。

60."卫公宅"，或指李卫公（靖）之宅，在平康坊，以牡丹著名，白氏之时想来已时移世变。或者李卫公是指李德裕而言，但亦无确证。

61.《白氏长庆集》卷4。

# "胡旋舞"小考

## 一

唐朝中国人大都喜欢西域的歌舞、乐曲、杂技之类。当然这种倾向不自唐始，而远发于汉，到了南北朝时期已极流行。然"胡旋舞"见于文献记载，却始于唐，以前也许尚未传入中国，也许尚未引起人们的注意。但"胡旋舞"究竟是怎样的？它是哪一国的特技？以下就想对这一方面略加叙述。愚见以为这也是唐朝文明有浓厚的波斯文化色彩之一证，同时又是谈论当时中国风俗史不应忽略的一个题目。

## 二

"胡旋舞"到底是怎样的？其详且留待下文来说，现在姑且下一定义：那是由胡地传来的旋舞——一种旋转跃动的舞蹈。而这种胡舞到底是从什么地方传来的？这就是我想首先考察的。据《唐书》（卷221下）说：开元初，康国进贡各种珍奇产物和"胡旋女子"。又据《册府元龟》（卷971）可知，这是开元六年（718）之事[1]。又在《册府元龟》（卷971）中我们可以看到在开元十五年（727）五月，康国又贡"胡旋女"[2]。再据《唐书》（卷221下）米国条，又有开元时献"胡旋女"之事，以此和《元龟》（卷971及卷975）的记载来对照，可知那是开元十七年（729）正月甲寅的事，且明白记着其数共三人。又在《元龟》（卷971）有开元十五年五月史国献"胡旋女子"及葡萄酒，以及七月史国国王阿忽必多遣使进献"胡旋女子"及豹两头。再检《唐书》（卷221下）俱密国一条，有开元中俱密国献"胡旋舞女"的记事，这据《元龟》（卷971）的记载，可以定为开元七年（719）五月之事。

根据这些记事，可以说"胡旋女""胡旋女子""胡旋舞女"实为同物异名，善于"胡旋舞"（又常略作"胡旋"）的女子，即 danseuses，她们大概来自中亚粟特地方，即康国、米国、史国、俱密国等国，而这种"胡旋舞"，也是这些国家的特技，康国即今日之 Samarqand（撒马尔罕），米国即 Mâimargh，史国即 Kesh（正确地说是 Kešš），而俱密是 Kumedh，这已经得到许多学者研究证明，殆无可疑了[3]。只是帕米尔之一角的国家如俱密是否能有跳这种舞的舞女，似乎可疑。如觉可疑的话，却可认为是俱密国出钱买了西方粟特（Sogdiana）的名产来进贡他们所谓可汗的大唐天子吧。

按唐代"胡"一词，范围很广，既可指北狄，又可指西方诸民族[4]。指西方诸民族时，多指龟兹、于阗等地的人，有时也会指西藏的部族。指葱岭以西的文化诸国如波斯、大食是不消说了，连印度方面也称"胡"——对那里的人写作天竺之胡。为此，单说"胡"虽可随意指这些民族中的任何一族，但又有明确事实证明，"胡"的用例有特别用以指粟特人的。现以这种事实与前引《唐书》及其他记载对照时，可见"胡旋"之"胡"，正是指粟特而言的"胡"，单指北地、西域的夷族，而不是泛称的"胡"。因此，上文所假设的"由胡地传来"的旋舞，也可以改写为"粟特的特技"。

三

然而，"胡旋舞"到底是怎样的舞呢？在说明以前，实有二三需解决的问题。

第一，有人说"胡旋"之伎出于康居。白居易的《新乐府五十篇》之第八《胡旋女》[5]有自注云"天宝末，康居国献之"，又在本文中咏道"胡旋女，出康居"。宋朝的钱易或许就是承袭他的意见，故在《南部新书》[6]己集也一样说"天宝末，康居国献胡旋女"。但是，我们对于康居这个称呼，实不必太拘泥。因为当时的中国人存在康国是康居后人的谬见，据高宗永徽年间关于"康国置康居都督府以羁縻之"一点看来[7]，则白氏以后诸人把康国，即 Sarmarqand（撒马尔罕）之地唤作康居，就殊不足怪了。把 Kirgiz Steppe 地带（吉尔吉斯草原）当作汉代以来真正康居之地，是不当且应避免的。

第二，应该注意的是什么？看了上面所引的史料，也许以为"胡旋舞"是与舞女一起，专靠进贡才由西域传入东方的。果真是如此吗？不，只是那些女子堪称妙手、声色无双、被用来进贡，才偶然被史料记下。而在民间，却另有许多胡旋舞伎寄寓在唐朝本土。与其他西域文物一样，不是全靠进贡才传入中国，也不是由于随着国王派使臣来觐见皇帝才传入中国的。据此实不能断定独有舞伎不在此例。自古以来就是西域交通要冲，尤其自南北朝末期以来成为胡人窟宅的凉州（武威），在唐时则为"百戏竞撩乱"，丸剑、跳掷、狮子、胡腾之类盛行之地[8]，此处虽没有明确记录到胡旋，但无疑胡旋之技也有表演。其他如甘州（张掖）、肃州（酒泉）等，同是河西要区，又同是有许多胡人来往的地方[9]，大概也一样吧。如其属实，则在那些地方作"胡旋舞"的，并不是进贡的舞女，则可断言。至如在首都，进贡的胡旋女隶属太常寺教坊，庶人实不易得欣赏的机会，但如慈恩、青龙两寺，乃当时有名的戏场所在[10]，大概也常有流寓的乐工临时组班，在那里以胡地的舞蹈博市民一粲吧。

还有一事值得注意。据最初所引之记录，作"胡旋"舞的是女子，但能为此技者完全是女子而没有男子吗？吾人虽乏可以引征之史籍，然似乎并不限于女子。唐姚汝能的《安禄山事迹》[11]（卷上）及《旧唐书》（卷200）之《安禄山传》里，可以看到禄山在玄宗御前"作胡旋舞"的记事。他虽是一个生长在唐之东北境的胡人，可是那里是有很多西胡来往的环境，富于波斯文化色彩[12]，故他能为此技，殊不足怪。其他出身胡人的男子，也许亦能为此舞[13]。一概断定这是女子之技，未免有点武断。自常识言之，说这主要是女子之舞，当然是不会错的。

四

然而，"胡旋"是怎样的一种舞呢？如字面所说，这是出于胡地的"旋舞"，是一种左旋、右转的胡旋舞。《通典》（卷146，四方乐条）记康之乐云："舞急转如风，俗谓之胡旋。"而《旧唐书》（卷28）《音乐志》里，也有着同样的记载。胡旋并非康国独有的特技，上文早已说过，但据此可以明白，这是旋转如风的急舞。形容安禄山舞姿时，在《安禄山事迹》及《旧唐书》中（卷数见前引）都记载"其疾如风"。白氏的乐府里则说：

> 胡旋女，胡旋女，心应弦，手应鼓。
> 弦鼓一声双袖举，回雪飘飘转蓬舞。
> 左旋右转不知疲，千匝万周无已时。
> 人间物类无可比，奔车轮缓旋风迟。
> ……[14]

而元稹《胡旋女》也说：

> 天宝欲末胡欲乱，胡人献女能胡旋。
>
> 旋得明王不觉迷，妖胡奄到长生殿。
>
> 胡旋之义世莫知，胡旋之容我能传。
>
> 蓬断霜根羊角疾，竿戴朱盘火轮炫。
>
> 骊珠迸珥逐飞星，虹晕轻巾掣流电。
>
> 潜鲸暗吸笡波海，回风乱舞当空霰。
>
> 万过其谁辨终始，四座安能分背面。
>
> ……[15]

元氏的诗虽不是没有难解的地方，要之，以非常之势作旋转舞，就是这种舞的特色。因此，段安节的《乐府杂录》[16]（唐末之书）在《舞工》一条说，舞有"健舞、软舞、字舞、花舞、马舞（诸舞）"，而在与软舞曲相对的健舞曲里，又说"有棱大、阿连、柘枝、剑器、胡旋、胡腾"，可见如疾风的旋舞正可称为健舞。上文所引钱易书中的"天宝末，康居国献胡旋女"云云一条，有注云"盖左旋右转之舞"，虽嫌未够详尽，但算得是简要的解释了。

然而，已故沙畹教授却说：对"胡旋"之义，仍未知其确解[17]。又说：我尚未能确定此语之精密对音[18]。他曾经怀疑：此乃"国名钬"[19]？这到底是为什么呢？又，博学如劳佛（Laufor）博士，也以为这是地名，将"胡旋"解作Khuarism（Xwārism），即花剌子模，将"胡旋女"译作Dancing-girls of Hu-süan（Xwārism）[20]，这又是为什么呢？劳佛氏之误译，日本桑原博士已有文指摘[21]。

## 五

可是，这种舞单单是飞旋急转的吗？我以为有两种情况，一种是单单飞旋急转；另一种是踏在小球上急急旋转。后者确实是一种舞，在《乐府杂录·俳优》条，解释"骨鹿舞"和"胡旋舞"时说："俱于一小圆毯子上舞，纵横腾踏，两足终不离于毯子上，其妙如此也。"[22]可以佐证。但并非都是毯上舞，因为上文所引元、白二氏的乐府，都完全没有言及毯子。

另外，舞工的服装是怎样的？杜氏的《通典》（卷146）上文所引"俗谓之胡旋"，那《康国乐》一条说："舞二人，绯袄，锦袖，绿绫浑裆裤，赤皮靴，白裤奴"，据此可见一斑了。不过《旧唐书·音乐志》（卷28）"锦袖"作"锦领袖"，"白裤奴"作"白裤帑"，第一点无大出入，第二点还是《旧唐书》正确吧。

这些都是宫廷中康国乐的胡旋舞情形，至于流入民间的是否也常如此，却不明了。对于舞工的人数也一样。是否常用两人？有时似是一人独舞，有时又似是三人、四人同舞。不，不单是舞者人数，舞时服装，连伴舞的乐队不是也一样不明吗？

这种乐队，这种伴舞的音乐又是怎样的？现在歌词和乐谱都已失传，其详已不可得知，但所用乐器有"笛鼓二，正鼓一，小鼓一，和鼓一，铜钹二"（参阅《通典》《旧唐书》，卷数见前引），如有精通当时音乐乐器的人据此研究一下，说不定可以说出其大概或仿佛的情形。不过，在任何情形下，乐队是否都以这个数目的乐器组成，实是一个疑问。在白氏乐府内有"心应弦，手应鼓"的句子，而上引乐器表中，却完全没有一件类似的弦乐器。当时所用的"弦"，虽未知其是为琵琶？为阮咸？为箜篌？可是不能否认当时是奏着某种弦乐器的。也许会有人批评我，说我抓住诗句做无用的诠释，然而，我所引用的这些句子，难道只是一种字句辞藻而弃而不顾其意吗？

关于乐工的服装，《通典》"康国乐府"条，有"康国乐，二人皂丝布头巾，绯丝布袍，锦衿"（掺有丝的麻布称丝布）等语。但《旧唐书》在前引一条下"二人"作"工人"，"衿"作"领"，不用说"二人"是《通典》之误（不如说是通行本之误较妥），"工人"才对。（这一点看了上下文便能明白，又据所用乐器既是如上文所引的本有几种，那么"二人"两字之误，殊属明显之至。）

六

又当演技奏乐之时，舞者及乐人所唱的歌词是用胡语呢还是用汉语？我以为在特殊情形之下，有时用胡语，有时用汉语，而大体上则多用胡语。证据可向那些歌咏当时中国人所爱的胡地特技的诗歌中去寻求。中唐诗人李端有诗，歌咏与"胡旋"相近的"胡腾"这种跳跃的舞：

胡腾身是凉州儿，肌肤如玉鼻如锥。

桐布轻衫前后卷，葡萄长带一边垂。

帐前跪作本音语，拾襟搅袖为君舞。[23]

……

诗中有"作本音语"的话。他虽是凉州人，然凉州地方有很多西胡，舞工是胡人可由"肌肤如玉"一句证明。又，作胡腾舞的人是从遥远的中亚细亚到中国来的，这由中唐诗人刘言史的《王中丞宅夜观舞胡腾》一诗[24]"石国胡儿人见少，蹲舞尊前急如鸟……"可证。石国是中亚 Ferghāna 的 Tashkend，出身这个地方的舞工大概是用该地土话，即用"本音语"，来一边唱歌一边演胡腾舞技的。

假若如此，则《通典》（卷 146"四方乐"条末段）所说"又有新声自河西至者，号胡音声，与龟兹乐、散乐俱为时重，诸乐咸为之少寝"的胡音声，或者就是这种以胡音唱歌的新来歌曲。所谓新声的胡音声，实指新曲调而言，也可推测那表示了胡风。这样的话，又可进一步想象在元、白二人《乐府》里所说的"西凉伎"，也许正是用本国语言来歌咏感慨、叙述事实的东西。这种想象虽缺乏确证，但所缺的只是文献上的证据，不能因为没有文献记载，就说根本没有此事。由此言之，上面的想象是否就是一种完全无稽、应该舍弃的空想？是否得不到方家的赞同？尚有待博雅之士垂教。

七

最后，还有作"胡旋"舞时的具体情形没有说到，这一点我打算试为一说。可以说，今天已经没有完全相同的舞蹈存在，唯一可指证的是如赫勃特·缪勒尔（Eerbert Muller）所指出的[25]，端方所藏秘籍中相传为尉迟乙僧所绘天王像[26]，在其下方，就是表现"胡旋"的舞女和伴奏的乐工情景的。此虽别无积极佐证，但正如对绘画鉴赏独具慧眼的缪勒尔所指出的，用右足支起全身重量，作强劲而轻盈的舞的少女姿势，正是跳着胡旋舞的情形。不过，她的脚没穿鞋，只是跣足，而又仅有一个人；其他如乐器种类和乐工人数，也跟《通典》及其他所记的"胡旋"情形大有出入。然正如上文说过的，宫廷的，所谓正式的以外的"胡旋"，说不定就是这样的。画中似有琵琶伴奏，这据白氏的《胡旋女》也可想象得知。

[2]* 三彩拱手女立俑（现藏于陕西历史博物馆）

---

* 图题前的数字，为图片相关内容对应的正文页码。后同。

[2]（唐）阎立本《职贡图》（现藏于台北"故宫博物院"）

[2]（五代） 赵嵒《八达游春图》局部（现藏于台北"故宫博物院"）

[3]（唐）周昉《簪花仕女图》局部（现藏于辽宁省博物馆）

[13] 百戏　莫高窟第八五窟（《中国敦煌壁画全集．8，晚唐卷》关友惠著，天津人民美术出版社）

[16]（唐）尉迟乙僧《护国天王像图》
（现藏于台北"故宫博物院"）

除这幅画以外，描摹"胡旋"的并非没有，但其可靠程度比不上这幅画，故不拟详述，只举其一端，以俟好学之士的研究。如敦煌石室的壁画及在敦煌发现的其他佛画中，描写佛前有一音乐队，坛上有独舞或者双舞的女子者很多[27]。像在斯坦因的 *Ruins of Desert Cathay* 卷 2 第 202 图所见的，也可以说是描写旋舞的好例证。唯据画面全部的注意及布置看来，是否即"胡旋"就不清楚了。缪勒尔用描写舞女的画作上的笔力及其他来比较，说《天王像》是动的，而敦煌的画是非常静的，这可作为鉴赏上的比较材料，但并不能作为"胡旋"姿态的引证材料。我附加一句：专门之士在仔细观察之后，也许能求得我们所希望的材料吧。

**原书注** ✍

1.《唐书》有"开元初贡锁子铠，水精杯，玛碯瓶，鸵鸟卵及越诺，侏儒，胡旋女子"等语，而《元龟》"开元六年"一条则云："是年康国遣使贡锁子甲，水精杯，玛瑙瓶，鸵鸟卵及越诺之类。"后者虽略去侏儒及"胡旋女子"，然显为所记相同，故《唐书》所载，应系于是年。

2. 沙畹的《西突厥史料》及其《西突厥史料补》都忽略了此一条。

3. Tomasehek、Marquart 及 Chavannes 诸氏及最近白鸟博士之《粟特国考》（参阅《东洋学报》第十四卷第四号，大正十三年十二月）以此文英译（Mem Res.Dep,Toys Bunko,No.2,1928），均宜参考。此技既为这些国家的特技，则认为在粟特的各名邑如何，安、穆、曹等地亦流行，虽未见记载，但亦不必否认。泽拉夫尚河流域即"河间之地"的文化大抵相似，故此推测不能视为毫无根据。

4. "羌胡据西州，近甸无边城。山东收税租，养我防塞兵。胡骑来无时，居人常震惊……"（张籍《西州》诗，见《全唐诗》卷 14）

5. 见《全唐诗》卷 15。

6. 据《学津讨原》所收本。

7. 见《唐书》卷 2，121 下康国条。

8. 元稹的《西凉伎》有"哥舒开府设高宴，八珍九酝当前头。前头百戏竞撩乱，丸剑跳踯霜雪浮。狮子摇光毛彩竖，胡腾醉舞筋骨柔"等句。丸剑乃弄丸、舞剑两种技艺，狮子大概即白居易《西凉伎》中所见的狮子舞吧。白诗云："西凉伎，假面胡人假狮子。刻木为头丝作尾，金镀眼睛银贴（一作帖）齿。奋迅毛衣摆双耳……"（参阅《全唐诗》卷 15）关于胡酝，见下注二十三及注二十四两条。凉州多胡人，西胡尤多，始于南北朝，此有明白证据。《元和姓纂》卷 4 及《新唐书》卷 75 下宰相世系表中关于安难陀的记事。即他与子孙自后魏时已从西域移居至此，成为该地祆教徒的首领，这是最好的一例，正如桑原博士一再指出的一样（参阅《史林》大正十三年十月，《读陈垣氏之西域人华化考》118-119 页，《内藤博士还历祝贺中国学论丛》所载《关于隋唐时期来华居住之西域人》611-612 页），关于隋唐时期的，可参见上引桑原博士的论文中后一篇 630 页。

9. 关于甘州（张掖），参考《隋书》卷 67 "裴矩传"，关于肃州（酒泉），参考《北史》卷 92 和士开传所附之 "安吐根传"，据北周时期河西诸郡通用西域的金银货等，已足证移民西胡之多（参阅《隋书》卷 24 "食货志"），以上三条，均据桑原博士所说（参阅上引《内藤博士祝贺论丛》所载论文第 608 页及其他）。

10. "慈恩寺，青龙寺，荐福寺，永寿寺之有戏场（正如桑原博士早已注意及之），据《南部新书·戊》所载：长安戏场多集于慈恩，小者在青龙，其次荐福，永寿尼……"已明。又可据唐张固的《幽闲鼓吹》所载宣宗时万寿公主当其夫弟危疾之际，不往视疾，依旧往戏场看戏，被宣宗所责那一条，也可证明慈恩寺有戏场。今据案头《顾氏文房小说》本，又按李绰《尚书故实》（参阅《太平广记》卷 443 畜类九所引）有 "京师顷时街陌中，有聚观戏场者……"的话，大概长安各处都有戏场。

11. 缪荃孙氏所辑《藕香零拾》本虽比《学海类编》本佳，然本文所引之处则同。

12. 参考桑原博士上引论文（第二篇），该文所据乃《安禄山事迹》及《旧唐书》卷 185 下 "宋庆礼传"等。

13.《唐书》卷 99 "李纲传"有关于隋末唐初出身安国（bokbara）的舞胡安叱奴的事。他是男子（参阅桑原博士：上引论文第二篇之 614 页）。

14. 见《全唐诗》卷 15。

15. 同上。

16. 据《守山阁丛书》本，此本有钱氏校语，有逸文辑录，实为最佳本。

17. 见《西突厥史料补》（《通报》1904 年）41 页注一：胡旋一词，尚未有满意之解释。

18. 见上书 47 页注五：余尚未能确定此一词之确解。

19. 见《西突厥史料》330 页（索引）：胡旋……地名（？）。

20. 见 *Sias-Iranica* 494 页。

21. 见《史林》五之三，大正九年七月。

22. 宋王谠《唐语林》（上海涵芬楼活字本卷 5，第 17 页），有 "今乐人又有蹾蹋毬之戏，作彩画木毬高一二尺，女妓登蹾蹾，毬宛转而行，无不如意，盖古蹋鞠之遗事也"，这种仅只是蹋鞠，恐非胡旋。

23. 现引全诗，为推想胡腾情形之助，并请参考注 24。诗云："胡腾身是凉州儿，肌肤如玉鼻如锥。桐布轻衫前后卷，葡萄长带一边垂。帐前跪作本音语，拾襟搅袖为君舞。安西旧牧收泪看，洛下词人抄曲与。扬眉动目踏花毡，红汗交流珠帽偏。醉却东倾又西倒，双靴柔弱满灯前。环行急蹴皆应节，反手叉腰如却月。丝桐忽奏一曲终，呜呜画角城头发。胡腾儿，胡腾儿，故乡路断知不知？"（《全唐诗》卷 11，《胡腾儿》）

24. 全诗如下，见《全唐诗》卷 17。王中丞是出身契丹的藩镇，《旧唐书》卷 142、《唐书》卷 136

均有传。诗云："石国胡儿人见少,蹲舞尊前急如鸟。织成蕃帽虚顶尖,细氍胡衫双袖小。手中抛下蒲萄盏,西顾忽思乡路远。跳身转毂宝带鸣,弄脚缤纷锦靴软。四座无言皆瞪目,横笛琵琶遍头促。乱腾新毯雪朱毛,傍拂轻花下红烛。酒阑舞罢丝管绝,木槿花西见残月。"本诗所注胡腾舞上但为女子,宋教坊小儿队有醉胡腾队,也当然是女子。

25. 见尉迟乙僧的天王像(Cirth-Festschrift OstasZeitschr ,1919-1920)第 200 页。

26. 此画初见于有正书局珂罗版印之《中国名画集》第二辑(1909 年),后转载于中村不折、小鹿青云合著之《中国绘画史》(1913 年),又在前引缪勒尔的论文中也有复制,缪勒尔又用线条画画出舞女和乐工,使人看得明白。(S.303.Abb,1-2)而舞女所铺的圆毡,正如缪勒尔所说,是波斯方面的产品(参阅缪勒尔前引书第 308 页)。这大概是唐代粟特方面所屡次进贡的一种"舞筵"。

27. 参考伯希和的《敦煌石室》(Pelliot:LesGrottesde Touen-Houang),斯坦因的《千佛洞》(Stieni, The Thousand Buddhas )。

追 记 | 本章所引《全唐诗》之卷数,根据光绪丁亥上海同文书局刊印的所谓老石印本。另外,上文第六部分结尾处所引《通典》之"又有新声来自河西,号胡音声",按照岸边成雄君之说,只将之解释为"胡风(西域风)的音乐"才是恰当的。但李端诗中的"本音语",自然还应是本国语言的意思。

# 当垆的胡姬

一

正如李白在《少年行》[1]中写道：

> 五陵年少金市东，银鞍白马度春风。
> 落花踏尽游何处，笑入胡姬酒肆中。

唐代长安的酒家中有胡姬侍客，这是反映当时市井社会风俗不可或缺的一面。路边酒肆里，浓妆艳抹的胡姬往夜光杯里倒着葡萄酒，以她们与"平康三曲"①歌妓不同的风情，令千金公子、少年游侠神魂颠倒，其中，惹得少年们"遗却珊瑚鞭""章台折杨柳"[2]的胡姬，也一定为数不少。

> 何处可为别，长安青绮门。胡姬招素手，延客醉金樽。
>
> ——李白《送裴十八图南归嵩山》二首之一[3]

> 双歌二胡姬，更奏远清朝。举酒挑朔雪，从君不相饶。
>
> ——李白《醉后赠王历阳》[4]

虽然后一首诗所写未必就是长安，但从这里也可见到胡姬的身影。唐代的长安并没有青绮门，不用说，它是春明门的雅称。郦道元《水经注》"渭水条"注说：汉代长安东城墙自北向南数的第三个门，"本名霸城门，王莽更名仁寿门，无疆亭，民见门色青，又曰青城门，或曰青绮门，亦曰青门"[5]。唐代长安东城墙

① 唐长安平康坊在皇城外东南，《开元天宝遗事》载："长安有平康坊，妓女所居之地，京都侠少萃集于此。"人称"风流薮泽"之地。此坊有南曲、中曲、北曲三曲，故有"平康三曲"之谓，参见本书《长安的歌妓》。后世有"身落平康"一语，隐指沦为声色之女。

从北向南数的第三个门是延兴门，春明门应当是第二个门，因此，李白并不是在严格意义上使用了它的汉代雅名。这个青绮门，参考他在《相逢行》[6]里也写到的"青绮门"等综合看，在唐代长安，指的应是春明门。

这一点，从岑参的《青门歌送东台张判官》[7]诗也能得到佐证，说明这附近的酒肆里有胡姬，是了解李白诗指春明门的又一线索。

> 青门金锁平旦开，城头日出使车回。
> 青门柳枝正堪折，路傍（一作旁）一日几人别。
> 东出青门路不穷，驿楼官树灞陵东。
> 花扑征衣看似绣，云随去马色疑骢。
> 胡姬酒垆日未午，丝绳玉缸酒如乳。
> 灞头落花没马蹄，昨夜微雨花成泥。
> 黄鹂翅湿飞转低，关东尺书醉懒题。
> 须臾望君不可见，扬鞭飞鞚疾如箭。
> ……

青门就是青绮门，是折杨柳、在长安城东与人道别的地方，既然有"东出青门路不穷，驿楼官树灞陵东"，那么要说它指春明门，正是根据当时的实际状况而言。总之，春明门、延兴门附近有很多酒楼，这是事实[8]。那么，在唐代都市长安的坊巷里，胡姬们把京城名酒"西市腔""郎官清"，甚至波斯名酒"诃梨勒""毗梨勒""庵摩勒"之类的醪酒佳酿[9]，斟满玛瑙与琥珀的杯盏，在宴席上周旋往来的情形，也就确凿无疑了。

二

酒楼的胡姬，自然以容貌秀丽的居多。李白诗曰：

> 琴奏龙门之绿桐，玉壶美酒清若空。
> 催弦拂柱与君饮，看朱成碧颜始红。
> 胡姬貌如花，当垆笑春风。

笑春风，舞罗衣，君今不醉将安归。

——《前有一樽酒行》二首之一 [10]

这里说"胡姬貌如花"，此诗的另一首 [11] 写道：

春风东来忽相过，金樽渌酒生微波。

落花纷纷稍觉多，美人醉欲朱颜酡。

......

酒醉后朱颜转酡的胡姬的绰约风姿，由这两首乐府便足以想见。说"当垆笑春风"，红唇启绽，那娇媚的笑靥也一定令人醉倒。

胡姬如此受到长安轻肥①、骚人的喜爱，逐渐深入人心，为人熟知，便有人特意以她们为诗题作诗，引起人的注意。盛唐诗人贺朝《赠酒店胡姬》[12] 的五言律诗写道：

胡姬春酒店，弦管夜锵锵。红氍铺新月，貂裘坐薄霜。

......

中唐诗人杨巨源则有《胡姬词》[13]：

妍艳照江头，春风好客留。当垆知妾惯，送酒为郎羞。

......

此为一类。而同时代人施肩吾的七绝《戏赠郑申府》[14] 写的却是：

年少郑郎那解愁，春来闲卧酒家楼。

胡姬若拟邀他宿，挂却金鞭系紫骝。

---

① 轻肥，即轻裘肥马。《论语·雍也》："子曰：'赤之适齐也，乘肥马，衣轻裘'。"指富家子弟或富裕的生活状态。

不可忘记的还有中唐章孝标的《少年行》[15]：

> 平明小猎出中军，异国名香满袖薰。
>
> 画楯倒悬鹦鹉嘴，花衫对舞凤凰文。
>
> 手抬白马嘶春雪，臂捍青骹入暮云。
>
> 落日胡姬楼上饮，风吹箫管满楼闻。

南北朝以来经常为人吟唱的乐府《白鼻䯁》，到了唐代，也有不少写到胡姬。李白的《白鼻䯁》[16] 说：

> 银鞍白鼻䯁，绿地障泥锦。
>
> 细雨春风花落时，挥鞭直就胡姬饮。

张祜的同题乐府[17] 也有：

> 为底胡姬酒，长来白鼻䯁。摘莲抛水上，郎意在浮花。

诗中描写的不一定都是长安城中的景象，但胡姬与文人墨客间的亲密之举，却完全可以从这里看出来。

## 三

然而，这些胡姬是在哪里出生的呢？按唐代"胡"的用例，既可用来称呼像突厥、回纥、奚、契丹这样的北狄，也可用来称呼粟特、波斯、大食的西域人，把印度人叫作"胡"的也有不少。蒙古、土耳其、波斯乃至于闪族人等，都是胡人，单一个"胡"字，并不能将他们区别开来。不过上述诗歌中的胡姬，恐怕指的是北狄女子。

北狄女子作为人质和政治婚姻的牺牲品，来到唐朝宫廷，确有其事[18]。但在街巷间里做生意的那些人，又是怎么一回事儿？相传为陈鸿所写《东城父老传》中记："今北胡与京师杂处，娶妻生子。长安中少年有胡心。"[19] 这里说的是在京的北狄人娶了中国女子后，生下混血的孩子，这也暗示着杂居长安的北胡，基本上都是男人这一事实。就算有北胡的女子来到京师，在朔北草原上以穹庐为家、过惯贫苦生活的她们，又怎有声色之美来引诱那些富有青春、财富的大唐首都的子弟？上述诗歌中的胡姬，都还是当时跳"胡旋""胡腾""白题"舞的高手[20]，要说她们与粟特等地来的舞女，大体上都属于波斯种族的女子，大概较为恰当。

唐代的"胡"一般指北狄西戎，已如上所述。另外，以"胡"特指粟特诸国，限于"昭武九姓"，也是人所共知的事实[21]。综合来看，要说"胡姬"是波斯系统的妇女，应该比较契合。（陆龟蒙的乐府《敕勒歌》有"敕勒金帳壁，阴山无岁华。帐外风飘雪，营前月照沙。羌儿吹玉管，胡姬踏锦花"[22]云云，不可否认，这里的"胡姬"，应指北狄女子。但退一步说，在唐代蒙古的突厥人住地，也有不少波斯系统的西域人，就像在花毯上跳舞的舞女，或许就是碧眼白皮肤的胡女。）

考察酒楼胡姬的来历，还可以参考有关酒肆"胡雏"的资料。李白《猛虎行》[23]中说：

> 溧阳酒楼三月春，杨花茫茫愁杀人。
> 胡雏绿眼吹玉笛，吴歌白纻飞梁尘。
> ……

此处写的是溧阳（江苏镇江附近）而非长安的情形，不过，却足以证明酒店里也有以管弦助兴的绿眼睛胡人少年。单说"胡雏"，指的是蒙古、土耳其等属于阿尔泰语系的少年，但与"胡姬"相似，其专门用来指西域人，好像也是唐代的惯例。刘禹锡在其《和牛相公题姑苏所寄太湖石兼寄李苏州》诗中，有"嵌穴胡雏貌"[24]句，用太湖石的洼窝来比喻西域胡人的深目。据此也可推测，凡提及胡人、胡雏，便有不少是指这种深目高鼻的人。

李贺的乐府《龙夜吟》[25]写道：

> 鬈发胡儿眼睛绿，高楼夜静吹横竹。
> 一声似向天上来，月下美人望乡哭。
> ……

> 玉堂美人边塞情，碧窗皓月愁中听。
>
> 寒砧能捣百尺练，粉泪凝珠滴红线。
>
> 胡儿莫作陇头吟，隔窗暗结愁人心。

此胡雏明显是个卷发碧眼的男儿。而李白《上云乐》形容"康老胡雏"的相貌"碧玉炅炅双目瞳，黄金拳拳两鬓红"[26]，可以肯定，这是个碧眼、金发、红须的西胡。假如真像近年来学术界一部分人所主张的，认为安禄山也是个有着波斯血统的混血儿，那么，称其为胡雏的二三例史料，也应归在此类[27]。

既然酒家有西胡的乐工，说当垆的胡姬是从西方的波斯那边过来的歌妓、舞女，也就没有什么不通了。

## 四

唐代中国，是一个充满异国情调的时代。开元、天宝以后，这一趋向尤为显著。长安就是滔滔胡风、胡俗的一个中心。《旧唐书·舆服志》记载，开元、天宝以来，胡服、胡帽、胡屐、胡食、胡乐流行，说"太常乐尚胡曲，贵人御馔，尽供胡食，士女皆竟衣胡服"。又说"开元初，从驾宫人骑马者，皆着胡帽，靓妆露面，无复障蔽。士庶之家，又相仿效"，更说妇人自开元以来，着线鞋、胡履。姚汝能在《安禄山事迹》[28]中说："天宝初，贵游士庶好衣胡服，为豹皮帽，妇人则簪步摇，钗衣之制度，衿袖窄小。识者窃怪之，知其戎（兆）矣。"这一风气的流行不一定只限于京城，但由上述记载来看，其中心在辇毂之下①，则是无疑。

稍后元稹在他的《法曲》[29]中写道：

> 自从胡骑起烟尘，毛毳腥膻满咸洛。
>
> 女为胡妇学胡妆，伎进胡音务胡乐。
>
> ……
>
> 胡音胡骑与胡妆，五十年来竞纷泊。

---

① 辇毂，帝王的车驾；辇毂之下，指京城。

它与王建歌咏边塞胡人华化之风，以"洛阳家家学胡乐"作结的《凉州行》[30]，共同讲述了中国上上下下的明显胡化。这一情形当然不只出现在洛阳，不用说，也可移到长安。元稹的朋友白居易在《时世妆》[31]的结尾处，描写京城妇女的髻形、眉样染上胡风，说：

> 元和妆梳君记取，髻堆面赭非华风。

这里的"胡风"，不能都解释为西方波斯的风格时尚，自不待论。比如，像妇女骑马之类的习惯，是从北方阿尔泰人那儿传来的[32]。而西域各国的风俗，本来也有不止一二是从北方民族那里直接传来。但是不可否认，直接由中亚、西亚输入的文物还是较多的。如音乐、舞蹈，其演奏者和表演者大部分还是从西方来中国的[33]。尽管北方民族带来的胡风，中国人也很喜欢，也去模仿；但更多追随波斯一带的时尚，是没有疑问的。唐代长安、洛阳的异国情调以波斯文化为其主流，讲得再细一点，则可追溯到萨珊王朝波斯文物及其遗绪。当其时，当垆的胡姬之所以为人喜爱，正是唐代长安追随波斯风尚的一种表现吧[34]。

原书注 ✐

1.《分类补注李太白诗集》（《四部丛刊》所收，明郭氏刊本）卷6（以下所引李诗皆据此书）。《少年行》以"五陵年少"咏起，叙述了长安的景物自不待说，"金市东"之"金市"，是按五行分配给东西二市之西市起的雅名。此诗的注者一般推测为六朝时代洛阳的南市（又名金市）之类，其不当之处无须多言。以"金市"代"西市"，是诗人为与"银鞍"相对而用的技巧吧。崔颢《渭城少年行》中也出现了金市，有五陵年少"双双挟弹来金市，两两鸣鞭上渭桥"一句，从前后文关系看，此无疑是长安的金市。（这首诗稍长，为慎重起见，抄出必要的部分。因为其中很好地反映了长安之春的一面。"……长安道上春可怜，摇风荡日曲江边。万户楼台临渭水，五陵花柳满秦川。秦川寒食盛繁华，游子春来喜见花。斗鸡下杜尘初合，走马章台日半斜。章台帝城称贵里，青楼日晚歌钟起。贵里豪家白马骄，五陵年少不相饶。双双挟弹来金市，两两鸣鞭上渭桥。渭城桥头酒新熟，金鞍白马谁家宿。……"《全唐诗》老石印本卷2。）

长安的金市还可见于薛用弱《集异记》所收的"王四郎"的故事中，但并不是"西市"之意，而是指做金工艺生意的店铺，不可混同。（《集异记》这一条目想必为《太平广记》所引，但至今尚未查出。姑且依据商务印书馆辑《旧小说》乙集第三册第318页。参照加藤繁博士《唐宋时代金银研究》第二册第596页。）追记：后来，承蒙今神户大学的志田不动磨教授指教，得知在《太平广记》卷35，神仙类之"王四郎"的故事中，记有此条目引自《集异记》。我看到了这之前的"齐映"条，却忽略了这一条。感谢志田先生的好意。

另，中国的注家在解释李白这首诗时，往往说其典故来源于后汉辛延年"胡姬年十五，春日独当炉"的故事，但不如说这是近于附会。若如本稿所考证的，胡姬的确曾在唐代中国各地居住，则自然可知诗人吟咏的是个人亲见的实景。

2. 崔国辅《长乐少年行》(《全唐诗》老石印本卷2 ) 中有"遗却珊瑚鞭，白马骄不行。章台折杨柳，春日路傍（一作旁）情"。章台指妓院。

3. 李诗卷 17。

4. 李诗卷 12。

5.《水经注》卷 19 ( 王氏校本 )。

6. 李诗卷 6。"朝骑五花马，谒帝出银台。秀色谁家子，云车珠箔开。……邀入青绮门，当歌共衔杯。"清代王琦在《李太白文集辑注》中，同明代杨慎《杨升庵外集》所载的宋代乐史本的原文相比，并把"邀入青绮门"等二句说作"娇羞初解佩，语笑共衔杯"。

7.《全唐诗》老石印本卷 7。

8. 唐代小说中常见此例。例如，称为沈既济所作的《任氏传》等（载有相约会饮于新昌里的条目，新昌里位于延兴门一侧）。参照韦庄《延兴门外作》(《全唐诗》卷 26 )。

9.《唐国史补》卷下（《学津讨原》本）中有"酒则有……京城之西市腔·虾蟆陵郎官清·阿婆清"之句，且继而又有"又有三勒浆，类酒，法出波斯，三勒者谓菴摩勒·毗梨勒·诃梨勒"。菴摩勒应是梵语 amalakade 的音译，毗梨勒同样是梵语 vibhitaka 的音译，诃梨勒是中世波斯语（Pahlavi ) halitaki 的音译。其中，诃梨勒是所谓吐火罗语（Tocharisch, tokharien）中的 arirak 这一词形变化而来，因而可以大致想象唐代前后波斯语的原形，其他方面则不能寻求到充分的线索。中世波斯语中，"菴摩勒""毗梨勒"二词是以如 amarak、vilirak 的形式存在的。这两个词在新波斯语中分别变成了 amola、balila ( cf.B.Laufer, *Sino-Iranica*, p.375 )。遗憾的是，Laufer 氏引用宋代窦苹的《酒谱》而未采用《唐国史补》(附带说一下，"虾蟆陵"另作"虾蟆陵"，位于长安东南郊)。

10. 李诗卷 3。

11. 同上。

12.《全唐诗》注 7 本卷 4。全文是："胡姬春酒店，弦管夜锵锵。红毾铺新月，貂裘坐薄霜。玉盘初鲙鲤，金鼎正烹羊。上客无劳散，听歌乐世娘。"

13.《全唐诗》上述本卷 12。全文："妍艳照江头，春风好客留。当炉知妾惯，送酒为郎羞。香渡传蕉扇，妆成上竹楼。数钱怜皓腕，非是不能留。"

14.《全唐诗》卷 18，七十七里。

15.《全唐诗》卷 10，二十二表。

16. 李诗卷 6。骝，是指黄马黑喙。关于"绿地"诸说纷纭，虽大多认为是地名，但也许不是这样。解释为"原色之绿"，或许是没有问题的。障泥，是蔽泥的意思，指安在马腹上的挡泥板。有一则汉武帝得到大宛名马，给它装上了绿地障泥的故事（《西京杂记》）。"白鼻骝"是传统的乐府题名，把这首诗看成是诗化的眼前实景，应是无妨的。

17.《全唐诗》上述本卷 2 及卷 19。或传为姚合之作。这首诗对我来说有些难解之处，遂请教了京都帝大的仓石武四郎博士。他指出关于第二句"长来白鼻骝"的"长来"，"长"是"肥、成长"之意，"来"是如近代的"了"一样的助词，结合第一句表达了"为何胡姬的美酒养肥了白鼻的黑嘴黄马？"的意思。仓石博士指示，大概是公子等人总是骑着此马前来买酒，马亦在食物上得到了满足所致。只是我未能亲蒙博士的教导，而是通过一位同学得到了博士的解释，因而不能确保理解无误。希望没有因误解而累及博士。顺带说一下，博士指出第三句"摘莲抛水上"的"莲"字，因与"恋"字同音而成为双关语。

18. 参照羽田亨博士《关于唐故三十姓可汗贵女阿那氏之墓志》（《东洋学报》第三卷第一号）及 P. Pelliot, La fille de Mo-tch'oQaghan et ses rapports avec Kül-Tegin（*T'oung-pao*,1912,pp.301-306）。

19.《东城老父传》（《太平广记》卷 485 所收）。

20. 关于胡旋、胡腾，参照拙稿《"胡旋舞"小考》。"白题"在杜甫的诗中有"马骄珠汗落，胡舞白题斜"等诗句，应是胡国舞蹈的名字。也有人把它的意思解读为"白色额头"。白题是南北朝时期与南朝通好的中亚的一个国家，所以或许是出自吐火罗地区都城 Bakhdi（Balkh）附近一带的地名，也有解说白题舞为巴克提地区的舞蹈的（参阅顾炎武《日知录》卷 27，"杜子美诗注"条）。

21. 参照拙稿《"胡旋舞"小考》。

22.《全唐诗》上述本卷 2。

23. 李诗卷 6。有说法认为这首诗非李白所作，但不足以采纳（参阅《续国译汉文大成》本《李太白诗集》上册 621-624 页）。

24.《刘梦得文集外集》（《四部丛刊》所收影宋刊本）卷 6，《和牛相公题姑苏所寄太湖石兼寄李苏州》。

25.《全唐诗》上述本卷 14。《李长吉诗歌》（官版本）外卷为吟坛之作。

26. 李诗卷 3。《上云乐》是李白效仿周舍同名诗歌所作。梁武帝时期，有西方蓝眼高鼻的老胡人文康来朝祝贺天子万寿，周舍作《上云乐》。唐肃宗时，西胡来向天子献寿，李白借旧辞吟咏其事。这是通读全文之后得出的观点，但此处"胡雏"一词只适用于西域碧眼金发之人，而且也可以看到用于老人的实例。

另，作为"胡雏"一语的用例，可见于相传为唐代蒋防所作的《霍小玉传》（《太平广记》卷 487 所收），其中人物不能确定是西胡还是北胡；岑参《酒泉太守席上醉后作》（《全唐诗》卷 7）中的"羌儿胡雏齐唱歌"，或许指的是北狄种的部族，但"琵琶长笛曲相和"一句，酒泉等许多地方都有西胡，也出现了西域的乐器琵琶，所以"羌儿胡雏"，可能表示的是西域种的部族。至于同是岑参所作的《卫节度赤骠马歌》（《全唐诗》卷 7），"紫髯胡雏金剪刀，平明剪出三鬃高"一句，则指明是波斯族的胡人。"三鬃"大概是指"三花""五花"等，同时也指把马鬃毛捆成三束（乃至五束）。且不问起源问题，这确是唐代时波斯的风俗。耿纬《凉州词》（《全唐诗》卷 2）中"毡裘牧马胡雏小，日暮蕃歌三两声"所说的应确是北胡或西藏族的牧童吧。

27. 原田淑人博士《从西域发现的绘画来看服饰的研究》，大正十四年（1926），74-75 页。参照桑原博士《关于隋唐时期来华居住之西域人》（《内藤博士还历祝贺中国学论丛》，大正十五年）624-626 页。我早先也认为安禄山较多地掺杂了波斯族血统。其论据和上述二位博士所列举的没有太大差别，但倘若如久保天随博士所说，把李白《幽州胡马客歌》（李诗卷 4）看作吟咏安禄山的诗歌（《续国译汉文大成·李太白诗集》上册 436 页），那么"幽州胡马客，绿眼虎皮冠"吟咏的主人公一定是波斯族的人物。李白见过安禄山的容貌，所以如果久保博士所说正确，这对安禄山"波斯族说"是最有力的例证。遗憾的是，对于博士的见解，其他确凿的证据尚不足（"幽州胡马客吟"所说的鼓角横吹曲，是梁代时所作，其内容和李白这首诗相去甚远。李白只是借了梁代歌曲的题目，慨叹眼前的世态人情，这应该是没有问题的）。唐代诗人常常直接或间接地用胡雏指安禄山，如果他的波斯族身份清晰的话，这些就可以作为表示西胡之意的"胡雏"的用例。如刘禹锡在《读张曲江集》序中说，"识胡雏有反相"（《刘梦得文集》卷 2），李白《经乱后将避地剡中留赠崔宣城》中的"双鹅飞洛阳，五马渡江徼。何意上东门，胡雏更长啸"（李诗卷 12，这是用石勒来比拟安禄山）。

28.《安禄山事迹》（可见于《藕香零拾》所收本）卷下。此书及《旧唐书》中的胡服、胡装是何物，原田博士上述书中的 71-76 页有详细说明。

29.《元氏长庆集》（明嘉靖三十一年刊本）卷 24。但是这本书在"胡骑与胡妆"处，脱漏了"胡音"二字。今依《全唐诗》卷 1 等补之。

30.《全唐诗》上述本卷 11。

31.《白氏长庆集》卷 4。

32. 参照原田博士《关于唐代女子骑马陶俑》（《考古学杂志》，第八卷第八号，大正七年）。

33. 参照桑原博士上述论文，向达氏《唐代长安与西域文明》（北京，1933）第五章等。

34. 直接展现胡姬风姿的绘画、泥像之类的作品没有残留至今的，实为惋惜。胡装女子虽常见于陶俑，但几乎都是中国妇人。昭和六年（1931）十月二十五日，我在东美俱乐部江藤涛雄先生的收集品展览会上，看到一座名为"唐回回美人俑"（167 号）的泥像，"回回"等称呼（参阅 P128 注释），是古玩店铺不自主地命名之的说法，当然是不足以采纳的。虽然面貌欠缺温柔娴静之趣，但高挑的姿态和服装，或许可以看作所谓胡姬之辈。若仅是印度系乃至其他印欧人系的西域妇人泥像的话，可以从斯坦因、勒科克诸氏的于阗、高昌等地发掘报告之唐代壁画类中看出一二例。倘若在唐胡姬的面貌，有如于阗发现的描绘"蚕种西传"故事的绘画中所见王女那般，那么，受到当时都市人的欢迎，也是有缘由的了（Stein, *Ancient Khotan*, II, Pl. LXIII）（编辑注：多译为《古代和阗》，斯坦因著）。关于近代波斯细密画（miniature）中出现的美人，时代较为靠后，这里不予论及。

一、晚唐诗人温庭筠也有首《赠袁司录》的七律诗（秀野草堂刊《温飞卿集》卷 4），诗中出现了胡姬。作者在自注中写道："袁司录即丞相淮阳公之犹子，与庭筠有旧也。"但翻阅《新唐书》的宰相年表也未能详细了解淮阳公，而称与袁某是老友，不知道是怎样的关系。诗中引用的故事相当多，既有我知道的又有我不知道的，总之，只能有待于大方之家赐教了。全文如下："一朝辞满有心期，花发杨园雪压枝。刘尹故人谙往事，谢郎诸弟得新知。金钗醉就胡姬画，玉管闲留洛客吹。记得襄阳耆旧语，不堪风景岘山碑。"最后两句或许与羊祜和杜予有关，与堕泪碑是否有因缘，尚不能清楚地解释。"司录"是"司禄"之误，应是官名，但不知究竟为何。

二、胡姬中也有罕见的容貌丑怪之人。咸通年间人范摅《云溪友议》中引用的传为陆严梦所作七律《桂州筵上赠胡子女》等为一例，今不详述。此女长相丑陋，唱歌也极为难听，有"舞态固难居掌上，歌声应不绕梁间"之句，继而"孟阳死后欲千载，犹有（一作在）佳人觅往还"。晋张载（字孟阳），著书《剑阁铭》而有名，但相传其容貌丑陋，走在路上，孩子们向他扔瓦。"死后千载"虽是夸张的手法，但整体的意义不明。诗句姑且依据《唐人说荟》，起首四句有"自道风流不可攀，却堪矍额更頮颜。眼睛深却湘江水，鼻孔高于华岳山"，可知是眼睛深凹鼻梁高挺的西域女子。

# 唐代风俗史钞

## （篇一）元宵观灯

在唐朝众多的节日活动中，"元宵观灯"最为灿烂夺目。元宵，是指正月十五之夜，加上此夜前后的一夜或两夜，则共三夜或五夜。在这段时间里，都鄙的家家户户都挂上了独具匠心、精巧别致的灯笼，无数的灯笼连成一片，与明月争光；男女老少身着盛装，追逐火影，载歌载舞，通宵达旦，为时间的推移、东天的泛白而惋惜。以追寻灯影、狂歌乱舞而言，则称"元宵观灯"；从悬挂灯笼、点燃灯盏来说，则称"上元张灯"。上元是正月十五，与中元七月十五、下元十月十五相对，这是道教的节日自不用说。热闹非凡的元宵节，是唐代岁时节日中最豪华的习俗。特别是在长安、洛阳、扬州等大都会，其热闹程度远非今日所能想象。挂灯笼也称为灯树或火树，有时也称为山棚，像万灯节那样竞相比大争巧 [1]，或是将灯笼挂在从无数根横向伸出的长竿上，或是将灯笼挂在以高柱为中心的像伞一样的圆锥形灯架上。宫殿和王侯贵族的宅邸自不用说，一般士庶人家也都在门口挂上灯笼，数不尽的火影将满城照耀得亮如白昼，连十五满月的澄澈光辉都相形见绌，仅此便可想见其气势是何等恢宏。人们往往把它比喻成现在的电灯照明夜景，不过也许还是比作火树、灯轮之类，或者看作我年幼时在东京闹市看到的花瓦斯灯更为恰当。

上元张灯起源于何时，意义何在，是非常值得研究讨论的问题，特别是这一习俗根源上的意味何在，张灯观灯及前后举行的其他祭祀、祈愿、占卜等意义何在，从何事发展而来？作为中国民俗学上的重要问题，也有必要进行充分研究，此处暂且不论。尽管正月十五被看作重要节日而受到重视由来已久，但彻夜的张灯结彩与歌舞游乐似乎始于六朝末，至隋而有文献明确记载，入唐更为普及，到中宗、睿宗时兴盛至极，玄宗时益加豪华。也就是说，六朝末中国北方已有类似

---

[1] 万灯节，也称排灯节，是印度教、锡克教和耆那教寓意以光明驱走黑暗，善良战胜邪恶的节日。每年10月或11月中举行，一些佛教徒也庆贺此节日。

上元张灯的活动，北齐柳彧的奏文可以佐证，"窃见京邑，爰及外州，每以正月望夜，充街塞陌，聚戏朋游，鸣鼓聒天，燎炬照地，人戴兽面，男为女服，倡优杂技，诡状异形。……竭资破产，竞此一时"。虽然不能断定"燎炬"就是后世所见的燃灯之风，但可以说这正是正月望夜节日狂欢嬉游的滥觞。根据隋炀帝的诗歌《正月十五通衢建灯夜升南楼》"灯楼千光照，花焰七枝开"等诗句可以知道，盛大的元宵观灯之风已经形成（好像记得在南方，梁代时早有此习俗，但没有深入研究尚不能阐明）。另外，这一风俗是始于中国的中国人独有的活动，抑或从国外某地传来、起源于异国的习俗？这是需要正式论证而非常棘手的问题，所以此处暂不深入讨论，后文只作粗略叙述 ①。

上元前后数夜，以张灯观灯为中心的热闹场面的出现，有众多原因，其中不得不提的一个主要原因就是，平时厉行的夜禁在这几日得以解除，因此人们能够于明月下赏灯影，欢呼漫步，唱歌跳舞，享用美酒佳肴。夜禁是自周代以来各朝各代都厉行的制度，都邑的城郭内自不必说，甚至包括近郊。虽然这是死板规定，又在一些特殊情况下，可以因时制宜、临时改变，但是，夜禁作为一项严格的规定，大体上还是得到贯彻实施的。唐代也是如此，天下太平，而对于长安、洛阳城里那些有闲有产、追求出游行乐的市民来说，夜晚时，即使是在同坊的一个区划内，连走过一条街的散步也被禁止；而在正月十五的前后数日，正值立春已过半月，春气萌动，且夜禁又被解除，因此在皎皎明月下，满城灯火如海，歌声钟声起于四方，人们盛装艳抹出行，兴高采烈。数年来，由于战争，夜行的自由自然被剥夺了，可是这几天夜行或出门游乐完全没有受到限制，所以，古人翘首盼望这一年一度的夜禁解除的心情，现代人是不能充分体会的吧。

下文拟通过征引唐代的书籍、诗文来展现上元观灯的盛事。所引不讲究顺序，只是从手头两三本书籍中选摘漫抄而成，不够完备之处深表歉意。

据今已亡佚的《雍洛灵异小录》记载：

> 唐朝正月十五夜，许三夜夜行，其寺观街巷，灯明若昼，山棚高百余尺，

---

① 《诗经·小雅·庭燎》："夜如其何，夜未央，庭燎之光……"庭燎是先秦以来宫廷中用来照明的火炬。庭燎、燃烛供佛同为后世上元燃灯的先声。参见本人受此译影响推衍写成的拙文《汉唐丝路文化"多元共生"特性探微：以"上元燃灯"习俗中儒佛道文化的共生融合为例》，载于《中国文化研究》2016年冬季卷。

神龙以后，复加严饰，士女无不夜游，车马塞路，有足不蹑地，浮行数十步者。

山棚是比前面所说的树形、伞形等普通灯树更加复杂精致的灯架，就像用来燃放烟花的架子一样。看上去像藤棚，却被称为山棚，可能是因为增加了仿照蓬莱、瀛洲、方丈仙山模样的装饰物。神龙是中宗年号，据此记载可知神龙以后的灯饰更加华丽。睿宗时，据张鷟《朝野佥载》记载：

先天二年正月十五、十六夜，于京师安福门外作灯轮高二十丈，衣以锦绮，饰以金玉，燃五万盏灯，簇之如花树。宫女千数，衣罗绮，曳锦绣，耀珠翠，施香粉。一花冠、一巾帔皆万钱，装束一妓女皆至三百贯。妙简长安、万年少女妇千余人，衣服、花钗、媚子亦称是，于灯轮下踏歌三日夜，欢乐之极，未始有之。

该记载基本属实而被《唐书》采用。安福门是宫城墙外、官衙街"皇城"西墙两门中的北门，与向西更远的外郭城开远门相对，连接两门的大道，尤其是大道北侧辅兴坊的金仙女冠观（"女冠观"是女道士居住的道观，相当于佛教中的尼寺）、玉真女冠观附近一带，"车马往来，实繁会也"，号为京城西北部第一繁华之地，可以推想当时人山人海的热闹场面。另外，《唐书》曰："（景龙）四年正月丙寅，及皇后微行以观灯，遂幸萧至忠第。丁卯，微行以观灯，幸韦安石、长宁公主第。""是夜，放宫女数千人看灯，因此多有亡逸者。"可知天子也被节日的热闹气氛所吸引，与皇后微服出行观看张灯盛况，御驾亲临公主的宅邸或高官的府第。只有在这一夜，一国之君也能暂且脱离无趣的生活，享受数刻春宵。"放宫女数千"，是说如笼中之鸟般的宫女被允许到街上观赏；"多有亡逸者"，这里不能理解为趁此良机逃亡，而是说与同行伙伴走散，因迷路而不能返回宫中。正如前面引文"足不蹑地，浮行数十步"那样人多混杂，宋代书籍（如岳珂《桯史》）也记载，上元夜都城汴京人多混杂，有夫妇同游而相失者，有名士的幼儿被人贩拐骗，多亏宫女凭借机智来搭救，最终平安无事的故事，足以想见唐都元宵夜的热闹程度，而不断有宫女迷路也就不足为奇了。

以上展现的是长安元宵欢娱的一面，洛阳的场景也不逊于长安，同样极其壮观。郑处诲《明皇杂录》记载，玄宗在东都洛阳时——

> 遇正月望夜，移仗上阳宫，大陈影灯，设庭燎，自禁中至于殿庭，皆设蜡炬，连属不绝。……时有匠毛顺[①]，巧思结创缯采为楼三十间，高一百五十尺，悬珠玉金银，微风一至，锵然成韵。乃以灯为龙凤虎豹腾跃之状……

这里展现了规模宏大的灯楼。《明皇杂录》的记事并不可全信，不过仅就对正月灯节的描写，大概的确如此。还有其他关于此地元宵节的记载，如元稹《连昌宫词》的一则自注：正月十四日夜，玄宗在上阳宫新翻一曲，命人演奏。翌日上元夜，玄宗游幸市中，灯下忽闻酒楼上传来熟悉的曲调，正是昨夜所作新曲，本应无人知晓。玄宗大骇，第二天秘密派人捕捉吹笛者，经审问，此人说是十四日夜独自在天津桥上赏月时，听到宫中传来一首妙曲，便细听韵律并在桥栏杆上把曲谱抄记下来，拿来在十五日夜吹奏。这位演奏妙音的吹笛高手，正是长安少年李谟。不用说这是一篇传说，不过作为展现元宵风情的趣闻，值得传颂。

还有一些资料，尽管是传说，但记载了长安、洛阳以外都市的燃灯盛况，也值得重视。牛僧孺的《玄怪录》说，开元十八年正月望日，玄宗问会使法术的道士叶法善："今夜灯火盛况，何处最丽？"叶天师回答说广陵（扬州）第一。皇帝问是否有法术能让其一见，天师说可以——

> 俄而虹桥起于殿前，板阁架虚，栏楯若画。……于是帝步而上之，太真及侍臣高力士、黄幡绰、乐官数十人从行，步步渐高，若造云中。俄顷之间，已到广陵矣。月色如昼，街陌绳直，寺观陈设之盛，灯火之光，照灼台殿。士女华丽，若行化焉，而皆仰望曰："仙人现于五色云中。"……帝大悦焉，乃曰："此真广陵也？"师曰："请敕乐官奏《霓裳羽衣》一曲，后可验矣。"

几天后，广陵有司上奏望夜的情况，恰好与皇帝从云中俯瞰到的一致。这一传说足以说明扬州灯火之豪华。

---

① 毛顺，唐玄宗时名匠，籍贯生卒不详。《明皇杂录》《广德神异录》中，都记载他"心多巧思，结构缯彩，为灯楼二十间，高百五十尺，悬以珠玉金银，每微风一至，锵然成韵"。

另有一个典故，虽说也是附会叶法善的幻术，但展示了甘肃凉州上元张灯的盛况。接着上面所引《明皇杂录》的故事，《太平广记》（卷26）所收录的《集异记》（薛用弱撰）中记载了这样一个故事，与玄宗皇帝共同观赏毛顺所造的壮观灯楼后——

> 叶天师说："影灯之盛，天下固无与比，惟凉州信为亚匹。"玄宗问："师顷尝游乎？"法善曰："适自彼来，便蒙急召。"上异其言，曰："今欲一往，得乎？"法善曰："此易耳。"于是令上闭目，约曰："必不得妄视，若有所视，必有非常惊骇。"上依其言，闭目距跃，已在霄汉，俄而足及地。法善曰："可以观矣。"既视，灯烛连亘十数里，车马骈阗，士女纷杂，上称其善。久之，法善曰："观览毕，可回矣。"复闭目，与法善腾虚而上，俄顷还故处，而楼下歌吹犹未终。玄宗于凉州，以镂铁如意酤酒。翌日命中使，托以他事，使于凉州，因求如意以还，验之非谬。方悟凉州一游并非梦境。

在这样一篇虚构之文中能够看作事实的是，在凉州——这一通往西域的要冲，六朝时代开始被称为"胡人的窟宅"，既有波斯系统的商贾、艺人，又杂居着突厥的军士、西藏的土民——有仅次于首都的元宵张灯之盛。凉州虽说是河西名城，与长安、洛阳相比不过是僻陬的西边一邑，竟然也有如此盛大的灯节，让人感到不可思议，但联系到我最后对该习俗的起源等问题的考察，或许能够对此现象作出解释。

描写上元观灯情形的趣话恐怕不止以上所述，如果再多涉猎一些杂书，也还能够选出若干事例，不过暂且到此为止。下面拟摘记两三则反映灯节盛况的诗赋，然后以对节日起源地等问题的考察结尾。

初唐时已经有歌咏元宵灯火的诗篇。卢照邻的《十五夜观灯》云：

> 锦里开芳宴，兰缸艳早年。缛彩遥分地，繁光远缀天。
> 接汉疑星落，依楼似月悬。别有千金笑，来映九枝前。

与"接汉（天汉、银河）"对句，是形容灯树的；"别有千金笑"，我想可能是侍宴的美人吧；"九枝前"，是指灯树有九枝。

高宗时人崔知贤在上元夜作诗：

> 今夜启城闉，结伴戏芳春。鼓声撩乱动，风光触处新。
> 月下多游骑，灯前饶看人。欢乐无穷已，歌舞达明晨。

这首诗描写了观灯人趁夜禁解除之际，彻夜载歌载舞的场景。与崔知贤同时期的韩仲宣有诗：

> 他乡月夜人，相伴看灯轮。光随九华出，影共百枝新。
> 歌钟盛北里，车马沸南邻。今宵何处好，惟有洛城春。

同样，高瑾有诗：

> 初年三五夜，相知一两人。连镳出巷口，飞毂下池漘。
> 灯光恰似月，人面并如春。遨游终未已，相欢待日轮。

这些诗作很好地展示了当夜灯光月色下人们出游、车水马龙的繁华景象，都是以一都一邑为对象描写市民出游的情形，而崔液七绝《夜游》的转结句云"谁家见月能闲坐，何处闻灯不看来"，写的是没有人会呆坐着凝眺明月，因为难得有这样一天夜禁解除，所以人们会珍惜此刻。正如起承句所说"玉漏铜（一作银）壶且莫催，铁关金锁彻明开"；苏味道的《正月十五夜》亦云"金吾不禁夜，玉漏莫相催"，玉漏、铜壶是古代滴水计时的工具，"莫相催"，是说不要再报时了。崔液还有诗（《上元夜六首》之一）云：

> 星移汉转月将微，露洒烟飘灯渐稀。
> 犹惜路傍歌舞处，踟蹰相顾不能归。

晓云已露，曙色东天，人们还是恋恋不舍，不愿回家，此种情形随处可见。与崔、苏二人同时期的诗人郭利贞在《上元》中曰：

九陌连灯影，千门度月华。倾城出宝骑，匝路转香车。

烂熳惟愁晓，周游不问家。

表达了对时间推移的感叹，这里的"周游不问家"，描写的是过于兴奋、不管是谁家都想去拜访的心情。我依然记得，自己幼时在节日的夜晚也曾经有过类似的心情和经历。崔液还有诗句曰"公子王孙意气骄，不论相识也相邀"，对于这里的第二句，我曾不甚理解，认为邀请相识的人，不是自然的事吗？联系到郭利贞的诗句，才知应解释为不论是旧识友人还是路上碰面刚有过交谈的新朋友，都不由得产生相邀结伴而行的心情，两者联系阅读就好解释了。

经过了整夜的拥挤喧闹之后，第二天会发现路上有不少出游仕女遗落的笄簪花钿，此种事情也被写入诗中，如张萧远的《观灯》：

十万人家火烛光，门门开处见红妆。

歌钟喧夜更漏暗，罗绮满街尘土香。

星宿别从天畔出，莲花不向水中芳。

宝钗骤马多遗落，依旧明朝在路傍。

又如袁不约的《长安夜游》：

凤城连夜九门通，帝女皇妃出汉宫。

千乘宝莲珠箔卷，万条银烛碧纱笼。

歌声缓过青楼月，香霭潜来紫陌风。

长乐晓钟归骑后，遗簪堕珥满街中。

与此诗歌遥相呼应的是，玄宗皇帝与宫嫔到骊山温泉避暑，卤簿经过后，宫女们的头饰散落满地。袁诗末尾的"长乐晓钟"，大概是长安东郊长乐坡佛寺拂晓的钟声吧。

接下来就讲讲上元张灯的起源，关于这一问题，已有原田淑人博士的考证《由新疆发掘壁画所见的灯树风俗》（《人类学》杂志二十九期十二号，大正三年十二月），还有向达（字觉明）的研究《唐代长安与西域文明》（1932），这里不再赘述，需要指出的是，上元燃灯之风是作为中亚（中国所谓西域）的佛教风俗东传到中国腹地的，而不是中国自然发生的产物。向氏认为张说的诗"帝宫三五戏春台，行雨流风莫妒来。西域灯轮千影合，东华金阙万重开"[1]，可以作为证据。若此属实，鉴于所有传入中国的西域文物，经过改造提炼后都会变得更加华丽优美，所以可以推想，灯树的陈设经过匠心独运、花费巨资后，也会变得更加艳丽奢华。不过，在西域，灯树、灯轮是正月元日摆设，应该是传入自古视上元为"三元佳节"之一的中国后，才成为十五日夜晚的风俗。晋代陆翙的《邺中记》谓，石虎在正月元日殿前设置一百二十枝灯，均为铁制，这应是此风俗传入之初的情况，仍然保留着西域风俗的原样，尚未被中土之风消化，不过这也反而成为外来习俗的明证。如此想来，唐代凉州的张灯盛况，是由于靠近西域而较早地接触到了西域风俗，作为边陲之地却有盛大的节日活动便不难理解了。正如开篇所述，在上元节，中国自古以来流传着很多习俗，而且都是民俗学上非常有意思的学术问题，本节只是论述了其中的唐代观灯习俗而已。

## （篇二）拔河

在上元日，除有热闹的观灯之外，还有拔河活动。拔河，是一种拉绳的游戏。至于为什么把拉绳称为拔河，有种种说法，但都有牵强附会之嫌，没有特别可信者。"拔河"一词出现在唐代，但是这一游戏本身更为古老，大概是上古以来的民间习俗。古时称拔河为"牵钩"或"施钩"（"拖钩"），主要是汉水流域特别是襄阳一带的风俗，至于拔河在古代是否仅盛行于这一带则不能确定。尽管如此，根据南朝梁宗懔《荆楚岁时记》的记载可知，至少南北朝中期在荆楚即襄汉地区已有此活动。另外，拔河作为唐代民间习俗，脱离了民间信仰所带有的宗教意味，而完全成为游戏或竞技。通常是在正月十五即上元日举行（通过封演《封氏闻见记》及王谠《唐语林》的记载可知，"常以正月望日为之"），但宫中不只是在上元节举行，在春分后十余日（准确地说是冬至后的一百零五天）、清明节等时候

---

[1] "东华金阙万重开"，日文原书作"禁阙"，据中文本改。

举行也并不稀奇。

拔河很容易被认为只是游戏或竞技（现在也大多忘记了其原本的意味），而实际上与其他比赛一样，拔河是一种探知神意的占卜形式，即神事，这是对民俗学稍感兴趣的人士早就知道的。这一仪式主要是用于占问年岁丰凶之神意。与现在日本各地仍然举行的祈年祭，每年岁首由村里的社头主持的占年神事的含义一致，对于中国的拔河、牵钩等游戏，不管是想要说明其名称由来还是意义所在，首先应该将其视作占问神意的仪式。只是在唐代，拔河的含义有所变化，由占卜丰欠转变为只是祈祷丰年。根据唐玄宗御制《观拔河俗戏》诗序所云"俗传此戏，必致丰年。故命北军，以求岁稔"，可知当时人们认为，在民间举行此活动，会使神欢喜而承诺一年的丰收。因此可以说，这是从占卜丰凶转变为祈祷丰年的含义。

想要进一步了解唐代的拔河，还要引用前述的《封氏闻见记》，书中说道，春秋时期楚国将军伐吴时，以此活动训练军队，后来梁简文帝禁之而不能绝（不知梁简文帝为何禁止拔河），接着进入正题：

> 古用篾缆，今民则以大麻𦈌长四五十丈，两头分系小索数百条，挂于胸前，分二朋，两向齐挽，当大𦈌之中立大旗为界，震鼓叫噪，使相牵引。以却者为胜，就者为输，名曰"拔河"。

这与现在学校运动会上所见的拔河一样，稍有不同的是，不是直接握着大绳拔河，而是通过拉拽系于两头的小绳索来牵动大绳，这是根据日本拔河游戏所见而言。我不谙中国当地习俗，未见实例，还想请教于大方。

这样的民间习俗，脱离了本来的意义，而成为方便玩耍的游戏竞技，玩的人会觉得很有趣，看的人也会觉得很有意思。一些传入中国的活动，本为传来地的传统风俗仪式，传入后才变成纯粹的活动表演，供人观赏。如在中亚撒马尔罕名为"泼寒"（又名"乞寒""苏莫遮"）的农耕仪礼风俗就是一例。拔河也不免此种命运，在长安成为供皇帝皇妃消遣的活动形式，所以没有固定举行时间便可理解，虽然原本意义消失有些遗憾，但作为繁盛唐朝的荣华一梦，留给了后世许多趣闻逸事。

中宗时，曾于清明日御梨园球场，命侍臣为拔河之戏。时七宰相、二驸
马为东朋，三宰相、五将军为西朋。东朋贵人多，西朋奏胜。东朋不平，请
重定……西朋竟输。仆射韦巨源、少师康休璟[1]，年老，随绲而踣，久不能
兴。上大笑，令左右扶起。

此段出自根据已佚武平一《景龙文馆记》而成的《封氏闻见记》《唐语林》，
可知在宫掖举行此种活动并不罕见。《旧唐书·中宗本纪》的记载是，景龙四年，
皇帝与皇后在宫城北门即玄武门"观宫女拔河"，召集并观看后宫丽人、仕女做
此游戏。《文馆记》与《旧唐书·中宗本纪》所记载的时间一样，有疑问的地方
是，《文馆记》中没有写到女子参加，而《旧唐书·中宗本纪》中没有提到宰相
大臣参加，可能是同一事情的不同记载，也可能是两件不同的事情。尽管如此，
梨园是玄武门外禁苑的一角，二者所指地点略同，所以暂且作如上陈述。

玄宗皇帝喜好观看拔河，封演的《封氏闻见记》（以及依据此书而成的《唐
语林》）云：

玄宗数御楼设此戏，挽者至千余人，喧呼动地。蕃客士庶观者，莫不震
骇。进士河东薛胜为《拔河赋》。其词甚美，时人竞传之。

此处只说是"御楼"，但由于是玄宗时的事情，所以可能是兴庆宫内的花萼
楼或勤政楼。皇帝大多数时候都是在这个地方举办豪华盛事，大宴群臣，并让长
安市民百姓同乐。薛胜的《拔河赋》有幸流传至今，可内容令人意外地非常空洞，
陷入赋文惯有的通病。这篇赋文很多地方较难，我并不能十分理解，因此我尽量
避免轻率之谈，但不得不说"挽者至千余人，喧呼动地。蕃客士庶观者，莫不震
骇"这样的描写，多少仿佛展现出了场面的壮观性。文中还描写了千尺长的绳
索被东西两向拉拽的情形，"派别脉分，以挂人胸腋，各引而向"，印证了前面
提到的把小绳系在大绳上间接牵引的方式，在正中间立长旗作为评判胜负的标
识，也和《封氏闻见记》的记载一致。此赋接着写"勇士毕登，嚣声振腾，大
魁离立，麾之以肱……"，生动再现了拔河力士与指挥者的神态。"汗流珠而可

---

① 日语原书引文为"康休璟"，应为"唐休璟"之误。

掬""颜若渥丹""体如瘿木",壮士力斗,互不相让,"绳攙仆而将断,犹匍匐而不回。大夫以上,停眙以忘食;将军以下,虓阚而成雷。千人拚(鼓掌),万人哈(开口大笑)",结尾处有"信大国之壮观哉"(这里的大夫与将军应该是观赏者)。


## (篇三) 绳技

自中国汉代打通与西域、印度的交通以来,数种魔术杂技从西域、印度及更远的埃及等地传入中国,这是东洋史上有名的佳话。当然,中国古来也有不少自己发展起来的魔术和杂技,不过这些从遥远的西方异国传来的幻术奇技类,更加引人注目。表演者既有身怀技艺来到中国的外国人,也有不少学习传承了此类技艺并赖以为生的中国人。这些技艺在汉代的东西两京已经相当流行,魏晋六朝逐渐兴盛,唐朝达到鼎盛。通过东汉张衡的《西京赋》,我们可了解其大概,当时的画像石更是对其有精巧的描绘,可资参考。即使到了唐代,吞刀、吐火、跳丸、舞剑、植瓜、种枣(播下种子后马上会发芽长枝,然后开花结果)一类,还有原被称为都卢寻撞,后被称为缘竿、险竿、长竿等的爬梯子类杂技,在大都会的集市、寺院附近的戏场等仍有举行,博得人们的喝彩和喜爱。此类杂技中的一种——绳技,在汉代也称走索,是备受欢迎的一种技艺,尽管不知是否传自国外。绳技说起来简单,实际做起来难度很大:盛装的美人分别站在两头,穿着高高的木屐,踏着音乐的节拍,或急或缓,在绳上或缓步或疾走,两人相遇时还要巧妙地错身,让观众手捏一把汗,将险些掉下的惊险展现出来;现在中国东北有踩高跷的艺人,腿上绑着木跷在绳索上走,还会有人踩在他人肩上,甚至再加一个人更添一层,艺人们在保持平衡中前进或后退来展示绝技。虽说是绳技,却有很多花样,人们对这种惊险刺激的表演有着浓厚的兴趣。

《封氏闻见记》对此有很好的记载,大体如下。此为玄宗时某次表演的实见记录。

明皇开元二十四年八月五日,御楼设绳技。技者先引长绳,两端属地,埋鹿卢（滑车）以系之。鹿卢内数丈立柱以起。绳之直如弦。然后伎女.自绳端蹑足而上，往来倏忽，望若飞仙。有中路相遇，侧身而过者；有着屐而行，从容俯仰者。或以画竿接胫，高五六尺；或蹋肩蹋顶至三四重，既而翻身掷倒至绳，还住曾无蹉跌，皆应严鼓之节，真奇观者。

接下来：

卫士胡嘉隐作《绳伎赋》献之，辞甚宏畅。上览之大悦，擢拜金吾卫仓曹参军。

接着写：

自胡寇覆荡，伶官分散，外方始有此伎，军州宴会时或为之。

胡嘉隐所献之赋，今有流传，如下。

结绳既举，彝伦攸序，杳若天险之难升，忽尔投足而复阻。来有匹，去无侣。空中玉步，望云鬟之峨峨；日下风趋，见罗衣之楚楚。足容捷，貌容恭；乌斯企，云相从。晔晔兮映朱楼之花萼，焕烂兮开甲帐之芙蓉。横竿却步，叠卵相重。缋人不能窥其影，谋士不能指其踪。既如阿阁之舞凤，又如天泉之跃龙。徘徊反覆，交观夺目。

还有不少记录亲眼所见绳技表演的诗赋，这里再介绍一两篇。初唐以法律家闻名于世、著名的《翰苑》的编者张楚金有《楼下观绳伎赋》，此处略去文章前面部分，仅摘出歌咏绳技的部分。

披庭美女，和欢丽人，身轻体弱，绝代殊伦。被罗谷与珠翠，铺琼筵与锦茵。其彩练也，横亘百尺，高悬数丈，下曲如钩，中平似掌。初绰约而斜进，竟盘姗而直上。或徐或疾，乍俯乍仰。近而察之，若春林含耀吐阳葩；远而望之，若晴空回照散流霞。其格妙也，窈窕相过，蹁跹却步，寄两木以更蹑，有双童而并骛。迂回不恒，踊跃无数。惊骇疑落，安然以住。虽保身于万龄，恃君恩于一顾。

此外，刘言史有《观绳伎》诗：

> ……
> 银画青绡抹云发，高处绮罗香更切。
> 重肩接立三四层，著屐背行仍应节。
> 两边丸剑渐相迎，侧身交步何轻盈。
> 闪然欲落却收得，万人肉上寒毛生。
> 危机险势无不有，倒挂纤腰学垂柳。
> 下来一一芙蓉姿，粉薄钿稀态转奇。
> ……

绳技便是这样的表演。

本想就此结束此文，但还有一点想要说明。上面说到的绳技，一般都是指走绳索，但有时也指另一种意义上的绳技——一种奇幻术。有人自称见过这种奇幻术的实际表演，并用文字记录下来了。这或许只是毫无根据的玄虚之谈，不管怎样，记载是这样的：表演者将一根长绳投向空中，绳子就像穿进了金属丝一样挺直，直指远方天空。绳子延伸得又高又远，直至进入云端、消失在人们的视野中。于是表演者沿着像柱子似的绳线攀登，有的如飞鸟一般迅速升腾，不知去向；有时后面又有一人追逐而上，至不见身影……如此这般，被追逐者的躯体被分解为身首四肢纷纷坠地，而追逐者回到地面后唱起祝文，那被分解的人就又变成完整的人且不见任何伤痕。从中世纪到近世，这一奇幻术是西方人或西亚诸国人所写东洋奇谈中有名的故事，虽然声称这是亲眼所见或是从亲眼所见之人口中听来，但是否真有这样的艺人，甚为可疑。

据说印度克什米尔一带是此术发源地，若探寻此术而到达此地，就会发现实际上是在附近的另一个村子，像武藏野的海市蜃楼一样并没有原型；或像伊本·白图泰写入其旅行记中的杭州所见，仍有种种问题一样；另外，马可·波罗《东方闻见录》的著名译注者裕尔、高第等对此有更详细的介绍；十年前有位英国人（现在此书借给他人，想不起著者姓名）写了一本题为《绳技之谜》（*Mystery of the Rope Magic*）的专著，倡导否定论。该书汇集了自称亲眼见到过这种奇幻术的人的叙述，并加以批判，认为纯属空谈，无限延伸到天空的绳索就像《杰克与豌豆》中的豌豆树，这类故事可以说是神话学领域的情节。现在此书不在手头，很遗憾不能详细引用，如果有记错的地方，之后再改正，还请读者谅解。

对于第二种意义上的绳技即奇幻术，在唐代已确有流传。皇甫氏《原化记》所收录的《嘉兴绳技》记载，开元年间，嘉兴牢狱的囚犯中有会此项绝技的，在嘉兴县的宴会上，命牢狱必须派出该杂技艺人表演，于是此人出来表演，结果从绳端爬向空中而逃走了。虽然这个故事没有说到合并被肢解的人的四肢的情节，但据此可知唐代已有此种意义上的绳技。与爬绳无关的四肢"肢解"的故事，还流传着多种说法，此处从略。


（篇四）字舞


在唐代，舞蹈发展到全盛阶段，不仅种类多样，还流传着舞蹈名家的很多逸话。其中最为精彩的，是国家大典或天子飨宴之际在宫廷举行的大规模演出。演出伴有盛大的音乐，舞蹈者都是盛衣盛妆的内教坊美女或眉清目秀的梨园少年。阅读关于当时舞蹈的文字记载，音乐的旋律与绚烂夺目的冶容如在眼前。我对其中被称为"字舞"及属于字舞之一种的"花舞"有了兴趣，兹借助相关资料予以说明。距今一千二百年前就已经有了这样的乐舞表演，这件事现代人多少会感到有趣吧。

那么，字舞及花舞，究竟是一种怎样的舞蹈呢？首先，可以认为是由多人数舞者表演的群舞。唐代盛行的舞蹈中当然有一人的独舞或二三人乃至五人、七人的舞蹈，字舞、花舞属于由众多的舞者随着笙、鼓、觱篥、琵琶、箜篌、方响、拍板等管弦乐，或集或散，整齐有序地进行舞蹈表演。至于所说的众多人跳的舞，具体地说少则六十四人，多可达一百二十人、一百八十人，最盛大的甚至有数百人的阵势，"数百人"还是有些笼统，大概是二三百人吧。

举例来说，由隋代文舞发展而来的《治康》，由武舞发展而来的《凯安》，都是八人一列共八列即六十四人的舞蹈，与八佾之舞的舞者人数一样。后来，前者被改称为《功成庆善乐》（略称《庆善乐》，又称《九功乐》）；后者被改称为《秦王破阵乐》（或称《破阵乐》），后又改为《七德舞》。这个《破阵乐》多在唐代国家大典时表演，而且只由男子表演，而《庆善乐》是由六十四个儿童演出，不愧为文舞之名，颇为优美。《破阵乐》改为《七德舞》以后，舞者增加到一百二十人，由成年男子扮演执矛拥盾的战士，威武勇猛。参照《旧唐书·音乐志》《新唐书·礼乐志》《唐会要》卷33等，这些情况不难知晓。

还有名为《安乐》的舞曲，为后周平定北齐时所作，当时称为《城舞》。《通典》卷146记载，舞者八十人，虽然没有详细写舞蹈的情形，不过简单提到"刻木为面，狗喙兽耳，以金饰之，垂线为发，画袄皮帽，舞蹈姿制犹作羌胡状"，表现了羌族的容姿，别有趣味。

另有高宗皇帝亲制的《上元乐》，"舞者百八十人，画云衣，备五色，以象元气"，规模相当壮观。还有更为庞大的即前面所说的数百人的舞蹈，如《叹百年舞》，虽是临时编曲，没有永久流传，但足以说明情况。唐末，唐懿宗有长女同昌公主，为郭淑妃所生，初称文懿公主，下嫁韦保衡，咸通十年（869）薨。皇帝和皇妃都非常宠爱公主，丧事完毕而思念不已，频频悲叹。当时有声乐名手李可及，领会到帝、妃的心情，创作并献上了《叹百年》。《旧唐书·曹确传》（卷177）云"舞人珠翠盛饰者数百人，画鱼龙地衣，用官绝五千匹。曲终乐阕，珠玑覆地"，非常壮观，但本为悼亡追思之悲曲，故华丽之中无不显出凄凉悲怆，"词语凄恻，闻者涕流"。（这里的"画鱼龙地衣"，大概是织出鱼龙式纹样。此事在《新唐书·曹确传》卷181也有记载，用"刻画"二字，后世又有"刻丝"一词，综合考虑来看，"刻画"应理解为织出图案花纹。）

最后，还有宣宗时流行的《播皇猷》《葱岭西》《霓裳曲》诸曲，可作为数百人表演的例证加以说明。《唐语林》（今本卷7）记载：

> 旧制三二岁，必于春时，内殿赐宴宰辅及百官，备太常诸乐，设鱼龙曼衍之戏，连三日，抵暮方罢。宣宗妙于音律，每赐宴前，必制新曲，俾宫婢习之。至日，出数百人，衣以珠翠缇绣，分行列队，连袂而歌，其声清怨，殆不类人间。其曲有曰《播皇猷》者，率高冠方履，褒衣博带，趋赴俯仰，

皆合规矩；有曰《葱岭西》者，士女踏歌为队，其词大率言葱岭之士，乐河湟故地，归国而复为唐民也；有《霓裳曲》者，率皆执幡节，被羽服，飘然有翔云飞鹤之势。如是者数十曲。

由此便可知的确有由数百名舞女参与的集体舞蹈了。

通过以上叙述，可以知道阵容庞大的舞蹈并不罕见。接下来回到正题——字舞是怎样的舞蹈？这是一种多人数舞蹈，跟着伴奏有节奏地集散开合，由人摆舞出文字的形状，舞蹈会根据所摆舞的文字之不同而有不同的名称，而花舞则特指舞出"花"字的舞蹈，下面举例说明之。例如，段安节《乐府杂录》云"字舞，以舞人亚身于地，布成字也。花舞著绿衣，偃身合成花字也"。又如，武则天所作《圣寿舞》，"舞者百四十人，金铜冠，五色画衣。舞之行列必成字，十六变而毕。有'圣超千古，道泰百王，皇帝万年，宝祚弥昌'"（出于《通典》）。这样恭祝唐室隆昌的十六个字，集合而现，分散而解，然后不断重复。因此，这一舞蹈根据字样被称为《圣超千古舞》《宝祚弥昌曲》等，在这个意义上，也有被称作《太平万岁舞》的。中唐诗人王建有名作《宫词一百首》，其中一首七言绝句云：

> 罗衫叶叶绣重重，金凤银鹅各一丛。
> 每遍舞时分两向，太平万岁字当中。

由此可知，跳舞时每边分两队，向中央靠近并摆成太、平、万、岁四个字，但或许理解为摆成"天下太平，皇帝万岁"八个字更加接近事实，因为有可能是诗歌字数限制而只取了四个字。一首曲子只表现四个字的话未免有些过于简单，而且宋代乐史的《柘枝谱》（书中谈到在唐宋时代流行的柘枝舞，是发源于中亚名邑的舞蹈，我打算对此单设一节进行说明）有对字舞的相关介绍，"以身亚地，布成字，如作'天下太平'字者是也"，故可以推察有摆出"天下太平"等文字的舞蹈。此书也只提到了四个字，可能是漏写了皇帝万年、圣寿无穷等，也可能是故意省略。然而这只是我的臆测，并不能轻率断定，因为有只舞出"天下太平"四个字的史料记载，如元代杨允孚歌咏上都（今内蒙古多伦县一带）杂事的诗的自注云，天子从外面进入宫城时，"千官至御天门，俱下马徒行，独至尊骑马直入，前有教坊舞女引导，且歌且舞，舞出'天下太平'字样"。

字舞作为由众多人出演的群舞中尤为瞩目的一种，深受当时中国上层社会人士的喜爱，以至于外国君主为了迎合中国宫廷的喜好，编排字舞或创作乐曲，献给中国的天子，这是音乐舞蹈史上的佳话。综合《新唐书·南蛮传》《新唐书·礼乐志》《旧唐书·音乐志》以及《唐会要》等书的记载，中唐德宗贞元十六年（800）正月，南诏国王异牟寻献上精彩的字舞——《奉圣乐》。南诏是由聚居在今天云南山区的藏缅语系的民族所建立的，输入唐代物品、学习唐代文化，是西南边疆兴盛一时的独立国家，其国王通过当时唐朝地方官员韦皋（统押近界诸蛮及西山八国、云南安抚使，职责在于镇守四川并观察南诏动静）向中国皇帝进献亲编新曲。德宗皇帝在长安大明宫麟德殿延请他，并一同观赏表演，表演人数仅为十六人，四行四列，规模虽然不是特别庞大，但手执羽翟，舞出"南诏奉圣乐"五个字，每舞一个字，便插入一段歌曲：舞"南"字，歌《圣主无为化》；舞"诏"字，歌《南诏朝天乐》；舞"奉"字，歌《海宇修文化》；舞"圣"字，歌《雨露覃无外》；舞"乐"字，歌《辟土丁零塞》（结束后还有《辟四门》舞表演，舞者皆稽首称臣，并且表演《亿万寿舞》，表达对大唐皇帝的献寿之意）。遗憾的是，关于此《奉圣乐》的衣裳等没有记载流传，冠帽裤褶的样式颜色、舞蹈的动作等，还有歌唱的曲调、伴奏乐器的音色等，都具有藏缅民族特色。以灿烂文明自夸的唐朝天子缙绅们对此或许不屑一顾，但是对于有幸陪赏的宗室贵戚们来说，则成为他们一时的谈资。

字舞的绚烂夺目，不单在于人数之多、音乐之美，更加独特的魅力在于表演达到高潮时的变装。随着舞蹈的进行，舞者衣服的颜色会突然变换，令人炫目。这在前面屡次引用到的崔令钦《教坊记》中也有记载，书中有写到"皇帝万年，宝祚弥昌"的《圣寿乐》的段落如下。

> 圣寿乐舞，衣襟皆各绣一大窠（窠，"鹤之巢窠"，可能是指"对凤纹"或"双鱼纹"一类的圆形图纹，若按本意解释为鸟巢，不如解释为像巢窠一样的圆形图纹更容易理解），皆随其衣本色（与衣服同一色系的刺绣）。制纯缦衫（纯色无袖短衫），下才及带，若短汗衫者以笼之，所以藏绣窠也。舞人初出，乐次，皆是缦衣舞。至第二叠，相聚场中，即于众中从领上抽去笼衫，各内怀中。观者忽见众女咸文绣炳焕，莫不惊异！

据此可知表演大概情形，且《旧唐书·音乐志》有"若《圣寿乐》，则回身换衣，作字如画"，文句虽短却可以补充上述记事。第一段曲子在静静的舞蹈中即将结束时，突然传来了羯鼓类的轰鸣，五彩霞般的一队丽人幡然改变衣服颜色，或横或竖或斜，匍匐倒地以成文字，如此情景，即使未亲眼所见，通过诗文也能想象得出。

　　需要补充说明的是，这些人跟着节奏一丝不乱、不出差错地跳舞，离不开指挥者训练、准备的功劳。《教坊记》对此也有记载，在引用之前先对引文中的"宜春院"和"挡弹家"作简单解释。宜春院，宫中内教坊名，宫妓居住之地，隶属于此的"内人"，为已经在两都宫外的教坊进行了充分练习、姿色才艺俱优的尤物。挡弹家，是平民女子，只是以容姿美丽入选，音乐技能仍有待提高。《教坊记》谓：

　　　　开元十一年初，制圣寿乐（不过此乐曲武后时已有，或有误，或玄宗时为改编）。令诸女衣五方色衣，以歌舞之。宜春院女教一日，便堪上场，惟挡弹家弥月不成。至戏日，上令宜春院人为首尾（队伍的首尾），挡弹家在行间，令学其举手也。宜春院亦有工拙，必择尤者为首尾。首既引队，众所属目，故须能者。乐将阕，稍稍失队（部分舞者退场），余二十许人。舞曲终，谓之"合杀"，尤要快健，所以更须能者也。

　　从"尤要快健"可以想象出曲终时的激烈舞姿（不用说，这里的"快"是迅速的意思，不是愉快。"合杀"为当时俗语，《教坊记》中有很多俗语，这里不是十分理解）。

　　关于歌咏字舞的诗歌，唐代名叫平洌的人作有《开元字舞赋》：

　　　　雷转风旋，应鼍鼓以赴节；鸾回鹤举，循鸟迹以成文。周瑜之顾不作，仓颉之字爰分，竦万方之壮观，邈千古之未闻。其渐也，左之右之，以引以翼，整神容而斋斋，被威仪而抑抑。烟霏桃李，对玉颜而共春；日照晴霓，间罗衣而一色。雾縠从风，宛若惊鸿，匿迹于往来之际，更衣于倏忽之中。始纤朱而曳紫，旋布绿而攒红，傅仲之词，徒欲歌其俯仰。离娄之目，会未识其变通。懿夫乍绩乍绝，将超复发，启皓齿以迎风，腾星眸而吐月。摇动赴度，或乱止以成行；指顾应声，乃徐行而顺节。

我对自己的理解并无十足把握，诚请大方指正。"周瑜之顾不作"承接"应鼍鼓"句，使用了吴国名臣周瑜精通音律，稍听乐曲便能知道错误之处的典故，用来说明伴奏曲没有声调音阶上的错误；"仓颉之字爰分"对应"循鸟迹"句，采用了仓颉从鸟迹中获得启发造字的传说。"裔裔"作静止貌，"抑抑"作谦谨貌。傅仲大概是指东汉傅毅（此处留待他日查证），离娄是传说中上古时代视力极佳之人，能望到百步之外，看清秋毫之末。

最后说一说由字舞改变而来的图舞。既然能够舞出字样，那么只要通过舞者的适当集散也可跳出简单的图形，据我管见，八卦舞即为例证。根据张存则《舞中成八卦赋》可知，贞元十四年（798）二月，德宗皇帝制定中和节（二月一日），亲制新曲《中和舞》，并于当月七日在麟德殿与群臣共赏实演，从舞蹈中摆出八卦图样可以推断有这样的舞曲。张存则是中唐人还是晚唐人未知，此赋铺陈《易》之义，非常枯燥难解，"体利贞而疾徐有度，法行健而循环不穷……初配六以回旋，状马行于此；及变三而成列，如龙化其中……叠若奔溜，散如繁丝……乍离乍合，若翔若滞。随方辨色，非前代之旧章；应节成文，实我唐之新制"，据此可知有舞出八卦图形。并且，从德宗观看《中和舞》初演所作"前庭列钟鼓，广殿延群臣。八卦随舞意，五音转曲新"，也可以想见该舞蹈的大致情形。

要言之，唐代的乐舞规模宏大、场景壮观，数百名盛装美女和着钲鼓管弦的节奏一进一退，迅速换衣构成文字图案，转瞬间戛然而止，舞曲达到高潮。此外，长寿二年（693）正月，武则天在洛阳万象神宫排练其自制《神宫大乐舞》时，"用九百人"（《旧唐书·音乐志》），唐代上层文化是怎样的繁荣昌盛，值得我们思考。现在欧美大剧场的歌剧、舞蹈演出，大概也没有能够容纳九百名舞者并排而列的舞台吧。关于换衣成字的大体情形，或许可以看作球场看台上在啦啦队长的口令下，嘈杂的观众席上忽然之间呈现出字母K、W的先例吧。

## （篇五）长安的歌妓（上）

讲到唐代的社会史、风俗史，不能不讲歌妓。市井琐事可以忽视，但歌妓与唐代上层、中层士庶的生活密切相关，必须给予重视。特别是文学，屡将烟花柳巷作为舞台，歌妓则是登场的演员，因此，要想理解文学作品，就有必要了解歌妓的相关知识。然而，三言两语并不能说清楚唐代前后三百年、两京以下南北各地的歌妓情况，因为史料缺乏——尽管不是没有部分的、零碎的史料可引用，但是没有系统的记载，没有能够一读便知歌妓概况的著作。例如，虽有崔令钦的《教坊记》，但记载的主要是玄宗皇帝时的事情，而且是隶属宫廷的歌妓的日常生活（今日所见此书并非完本，而有部分脱落）。非要说的话，唐末翰林学士孙棨的《北里志》比较系统，值得重视，可惜也只是记载了作者生存的当时——宣宗皇帝大中年间的事情，而且仅是长安庶民间的歌妓倡优，而不包括初唐、中唐，也不包括其他地方，故只能据此了解首都花街情况。因此，要探明此问题，必须要查阅卷帙浩繁的唐代文献、搜集细小的例证，此种工作极为烦琐，说时容易做时难。此时笔者没有充沛的时间精力做正式的考证，不过还是可以根据比较系统的《北里志》的记载并辅以两三种史料，来说明长安城中民间歌妓生活的方方面面。以下未作特别交代的引用文献，皆出自孙棨《北里志》，在此预先说明一下。

唐代歌妓，（广义上说，无论哪个时代、哪个国家都一样）几乎没有只是凭技艺周旋于酒桌杯盘间助酒兴，而绝然与倡优界限分明的歌妓，其中对客人自荐枕席、服侍就寝的，不用说也有很多。这里所讲的，便是此种意义上的歌妓，又可大致分为不同种类。

第一类宫妓，是为以天子为首的宫廷设置的。玄宗开元年间以降，她们隶属于长安、洛阳的教坊，以及长安宫城内宜春院或禁苑一角的梨园，专门以声乐、乐器、舞蹈、杂艺为典礼仪式助兴，倡优的意味最小，尽管也不是没有。她们未必专事天子与宫廷，在曲江池畔的例行盛宴等场合，可能被借给科举新及第者，还有像元稹《连昌宫词》所写的那样，也有歌妓会悄悄陪伴诸郎外宿。顺便说一下，长安教坊有两处，右教坊在光宅坊，左教坊在延政坊（原名长乐坊），均在宫城之东、大明宫正南。右教坊中多善歌者，左教坊中多工舞者。洛阳教坊也分两处，左右教坊都在明义坊内。

第二类是官妓，设在州郡、藩镇的衙内，在刺史、节度使等地方长官的公私宴会上侍奉左右。营妓也属于此类，由于设在军营而得名。她们可以由地方上主要文武长官任意处置，在长官任满返乡或是转任他地时，可以从中随意挑选尤物带走；也会应邻郡之请求，把妓女借出；常见的还有，若恰好有人看上某个歌妓的话，地方长官也可以给予此歌妓自由并赠送。只是官妓在嫁给庶民时，必须获得地方长官的许可。

第三类是家妓，以宗室诸王为首的将相富豪之家自不待言，有一定地位的文武官僚们，也都在私邸或别墅内蓄养少则数人多则数十人的妓女，用来接待宾客、陪侍宴饮，或是作为自己的女伴一起玩赏丝竹管弦、诗书翰墨。严格地讲，她们既非婢亦非妾，而是介于两者之间的、带有伶人性质的群体。此种例子不胜枚举，众所周知的，有白乐天的爱妓樊素、小蛮。再举两三个豪门大户蓄养众多家妓的例子，宗室宁王曼家里有宠妓数十人，皆"绝艺上色"（孟棨《本事诗》）；李逢吉宅邸里有家妓四十余人（同上）；李愿的洛阳宅院里有"女妓百余人，皆绝艺殊色"，"声妓豪华，为当时第一"（同上），此仅为冰山一角。段成式所撰《剑侠传》中有一篇《昆仑奴传》，想必是以唐室再兴的功臣、天宝以后权势并失的汾阳王郭子仪为原型的，在被称为"盖天勋臣一品某"的大官员宅院里，家妓满十院。假如以一院十人计算，便有百人，而实际上可能更多。

这些女性，容色秀丽自不用说，更且天性俊敏聪慧，才艺非同寻常，束高鬟，缠锦绣，紫帔红裙，花钿雅黄，打扮精美，但是，从社会身份上看，属于奴婢阶层，在主人看来，不过是可以自由处置的个人财产，既可以送给他人，也可以换取金银来买兰陵的丰醇、新丰的绿醑[①]。这样的例子多不胜数。《本事诗》中记载，李将军将爱妓柳氏送给以《寒食诗》而出名的韩翃；集贤学士司空李某把家妓赠给刘禹锡；李绅以郡妓赠给郎中张某，以成全张某的凤愿。其他国家到底有没有这样的风俗习惯，现在不甚明了，至少中国唐代在法律上允许官吏蓄养家妓，"以展欢娱"，甚至还有鼓励这种做法的意思。只是根据地位高低，在蓄养人数上有不同规定，神龙二年（706）九月敕令，严格规定数量，但终归不能严格执行，天宝十载（751）九月，取消了人数限制，公开允许，因此，上流士人家中或多或少都蓄养此类家妓（参阅《唐令要》卷34）。

由上可知，唐代有各种各样的妓女，下文拟讨论其中"民妓"一类，具体说是与一般士人交往的私营妓馆里的妓女，范围限定在晚唐、长安。

当时，长安城中此种歌妓聚居而成为花柳街的地方，是位于东市西北角的平康坊的东北角。王仁裕《开元天宝遗事》："长安有平康坊，妓女所居之地，京都

---

① 李白《客中行》："兰陵美酒郁金香，玉碗盛来琥珀光。"兰陵，今属山东临沂市。王维《少年行》："新丰美酒斗十千，咸阳游侠多少年。"新丰，今属山西临潼。

侠少萃集于此。兼每年新进士以红笺名纸，游谒其中。时人谓：'此坊为风流薮泽。'"寥寥数语可知大概，而前面提到的《北里志》的开篇，有相对详细的描述：

> 平康里入北门，东回三曲，即诸妓所居之聚也。妓中有铮铮者，多在南曲、中曲。其循墙一曲，卑屑妓所居，颇为二曲（南曲、中曲）轻斥之。其南曲中者，门前通十字街。

从文字上可推测，长安的各坊（俗称里），除中部的三十六坊以外，其余八十多坊正中间有十字街，东西南北四个方向的尽头有坊门。平康坊正是这样，进入北门后向东转的一个区域，妓院鳞次栉比，其中有北曲、中曲、南曲三曲，各个曲又有东西向并排的三列，而南曲的各家妓院面对东西向的十字街。北曲为三四流卑妓居所；一二流的妓女居住在南曲和中曲，她们高傲地不把北曲的妓女放在眼里。由北曲称为前曲来推测，南曲也许称为后曲。另外，南曲中有一条叫鸣珂曲的有名的小路，固然是小说情节，那里正是郑生初见李娃的地方。

在叙述妓院的情况之前，先说说平康坊这一区域所处的环境。首先，东南面与东市相邻，东市集聚了长安繁华之一半；北面与崇仁坊相对，崇仁坊车马辐辏，其繁华程度甚至胜过东西两市，"昼夜喧呼，灯火不绝，京中诸坊，莫之与比"（宋敏求《长安志》卷8）；西面与务本坊相望，此处国子监、孔庙太学、四门学等六学建筑林立；南面与宣阳坊相接，此处坐落着杨贵妃之姊虢国夫人美轮美奂的大宅邸，还有杨兄杨国忠、杨妹韩国夫人和秦国夫人的馆舍。平康坊北与崇仁坊之间的横街，东可至春明门，西远通金光门，为京城交通要道，车马行人川流不息，旅馆聚集。总之，平康坊在长安城中可谓数一数二的热闹之地。关于坊内名士的宅邸、佛寺、道观的布置，《长安志》中有详细的记述，此处不能尽举。择要介绍，南门东边有名刹菩提寺，后改称保唐寺，南门西边有同州、华州、河中、河阳、襄州、徐州、魏州、泾原、灵武、夏州、昭义、浙西东、容州等地的进奏院。进奏院是各地节度使在都城设立的办事机构，以方便地方机构与中央官厅之间的联络。正像朝鲜总督府在东京的办事处、桦太厅在东京的分厅（此种机构也被称为邸，节度使因此被称为邸将，天子的敕令、政府的布告等传达到邸并向藩镇通报则被称为邸报或邸钞）。不知道进奏院为什么会大都聚集在这片区域，算上在北面崇仁坊、南面宣阳坊的，共有三十余藩的京邸。平康坊所处大体就是这样的一个地方。

关于妓女住所的样子，《北里志》谓："(中、南)二曲中居者，皆堂宇宽静，各有三数厅事(前厅、客厅)，前后植花卉，或有怪石盆池，左右对设，小堂垂帘，茵榻、帷幌之类称是。诸妓皆私有所指占(每人有各自房间)，厅事皆彩版以记诸帝后忌日。"由此可知门口和中庭的大致模样，从后世的情形推测，大概还栽种石榴，放置天水桶等。怪石可能是太湖石一类，盆池指的是庭园式盆景。茵榻、帷幌应该是椅子、坐垫、垂帘等。垂帘是非常精巧之物，上面可能装饰了吉祥寓意的镂空文字图案等。植木一类，从白乐天晚年赠给老友萧彻、回忆游平康的诗句"花深态奴宅，竹错得怜堂。庭晚开红药，门闲荫绿杨"(态奴、得怜是歌妓名)可以看出，种有芍药、杨柳、修竹；另外，蒋坊《霍小玉传》中写到有种樱桃及悬挂鹦鹉笼的，虽然这是针对平康坊以外的散娼所住的妓馆而言，但可资推测平康坊内女校书的住所情况。彩版上写有帝后的忌日，可能是在这些日子要避免歌舞宴饮，因此作为备忘挂在醒目的地方。

《北里志》接着写道："妓之母多假母也，亦妓之衰退者为之。……诸母亦无夫，其未甚衰者，悉为诸邸将辈主之。或私蓄侍寝者，亦不以夫礼待。""假母"条下注"俗呼为爆炭，不知其因"，最后一句下面注"多有游惰者，于三曲中而为诸倡所豢养，必号为庙客，不知何谓"。妓女大多是从人贩子手中买来的养女，自然称妓院的女主人为假母，同理可知，日本歌舞伎称为"妈妈"的也是假母。当时用"爆炭"这个绰号，类似于现在说的"老爆子"，对稚妓鞭打怒骂就像爆炭一般，因此，并非"不知其因"。《北里志》的作者自注云"应以难姑息之故也"，可谓恰当。她们大部分原是妓女，但后来境遇发生变化，转而从事蓄养妓女之业，扯起一个名号，另立门户，经营妓馆。在唐代长安，有权势的节度使的妾中兼营书馆(妓馆)的也不少见(这样想来，似乎就可以明白平康坊及其周围进奏院众多的缘故了，但是，这是邸将暂时在此地设置的京邸，不能因果倒置)。此外，古今中外都有被此种女子养活的游手好闲的男子，对于"庙客"一说，佩服孙氏的学识，笔者不能追溯语源。这种男子也被称为"假父"，见于《北里志》"妓女王莲莲逸事"条下。

从以上内容来看，虽然时代不同、地域不同，歌妓的社会状况与日本的风俗有一脉相通之处。《北里志》不止一处记载了诸女是怎样走上妓女道路的：或是收养的乞讨幼女，或是"佣其下里贫家"，此外，社会上也常有"不调之徒，潜为渔猎"欺骗良家女子从妓的，还有利用人们的需求来谋取不正当利益的女侩。良家女子一旦落入这种地方就很难逃脱，而且要学习歌舞音曲，极为严厉，"微涉退怠，则鞭扑备至"。这样的事情无论古今，都给人同样的感慨吧。

又如，平康的妓女如笼中之鸟："诸妓以出里艰难，每南街保唐寺有讲席，多以月之八日，相牵率听焉。皆纳其假母一缗，然后能出于里。其于他处，必因人而游，或约人与同行，则为下婢，而纳资于假母。故保唐寺每（月）三次的八日，士子极多盖有期于诸妓也。"保唐寺上文已讲，每月八日、十八日、二十八日的讲席，妓女们暂时放下工作挣钱，三五成群地享受半日清闲。去保唐寺以外的地方时，要依靠虚构的客人，向老妈子表明要出远门，否则是绝对不会被允许的。当时称为"买断"，即为全部买下的意思。唐代诗人好咏"携妓出游"，便是如此情况。那么，他们去游玩的是什么样的地方呢？首先，当数京城第一胜地曲江之畔，以及长安市民行乐的乐游原高台；另外，慈恩寺、西明寺的牡丹，唐昌观的玉蕊花，玄都观的桃花，在盛开时节人们曳杖接踵而至。尤其是到曲江散步，四季皆宜：早春池边的柳条嫩绿如烟；雨水时节杏园的杏花淡红如云、簇簇芬芳；夏天满池的荷叶上挂着银铃般的露珠，红白的花朵飘送微微清香；三月上巳节时，参加被褉仪式的人群中，携带平康美妓的风流士子随处可见。以"三月三日天气新，长安水边多丽人"开篇的杜甫《丽人行》，虽然主要是歌咏杨贵妃，但也写到了一般市民中的美人，描写了光彩夺目的场面，可供参考。

携妓女出游的去处，不限于名胜或寺观。薛用弱《集异记》记载说王之涣等人在街头酒楼与妓女邂逅，拥炉火观之，伶官暖酒唱流行新曲；还有的人在西市或青龙寺、永寿尼寺的寺内或是门前的戏场等地，观看西域新传来的奇术、杂技等，共度一日时光。这和今天去看一场电影如出一辙。

再将话题转回妓女的生活，一家妓院内的歌妓，"皆冒假母姓，呼以女弟女兄为之行第，率不在三旬之内"，可知一家之内的同辈女子都随假母之姓，以兄弟相称，确定排行，如有称赵一、苏三的，相当于日本有屋号或席名的女主人之姓氏，排行"不在三旬以内"，是说一家妓院大致总有三十个女子以上吧，不知这样推测是否有误，有待大方指教。有意思的是，同一妓院内的人以同胞相称固然是好，但不以姐妹而是以兄弟相称，这样的情况在日本似乎未见，故笔者不能理解。我们习惯把某吉、某奴、某太郎作为男性名字，不管怎么说名字中可以透出一鳞半爪的信息，不过这只是笔者臆测，不成一说，读者可以忽略。《教坊记》

里关于这方面的记载，不是就某家妓院而言，而是针对整个教坊的情况，所以可能多少有些差别，"坊中诸女，以气类相似，约为香火兄弟。每多至十四五人，少不下八九辈。有儿郎聘之者，辄被以妇人称呼。即所聘者，兄见呼为'新妇'，弟见呼为'嫂'也"。无论什么情况下，都把自己当作男性，颇有特色。书中继续写道，"儿郎既聘一女，其香火兄弟多相奔，云学突厥法"，我不能明白这句话的意思，姑且做一假设，首先需要说明"奔"不是"跑"的意思，有一人被客人买走的话，其所谓的兄弟们也就都会被同一客人买走，为什么说是"学突厥法"呢，因为这种做法是突厥民族的婚嫁风俗——夫兄弟婚（levirate），妻子在丈夫去世后会和丈夫的兄弟再婚，更古老的也有诸多兄弟共有一妇的制度。隋代下嫁突厥启民可汗的义成公主，在可汗死后成为其子始毕可汗之妃，始毕可汗死后又成为其弟处罗可汗之妃，处罗可汗死后又做了其弟颉利可汗之妃，可以说是兄弟共有一妇制度的残存。《教坊记》中所说"突厥之法"是指此种情况吗？《教坊记》所记实际上反映了以女为男、以男为女，因此不能算作夫兄弟婚，而是妻姐妹婚（sororate）①。然而，这些香火兄弟的妓女对此有自己的解释，"我兄弟相怜爱，欲尝为妇道也"，这也许是妓女们的真心话吧，因此前面所说学习突厥之法大概就是一时的玩笑。"主者知，亦不妒"，妓女们初入行时应该是事先知道的，所以并不会特别嫉妒，至于"他香火即不通"一句，大概是说，其他七人或十人的香火小组，属于另外的小组，则是互不相通的。


## （篇六）长安的歌妓（下）

香火兄弟中自然有领头的妓女，相当于几人小组的组长，给予组员各个方面的照顾。平康三曲的妓女也分为数班，每个班都有各自的首领，称为"都知"，《北里志》云"曲内妓之头角者为都知，分管诸妓，俾追召匀齐"，当时的名妓郑举举、绛真等均为都知。"俾追召匀齐"可能是说，对于宴会的邀请，合理安排

---

① 夫兄弟婚，中国一般称收继婚、转房婚；妻姐妹婚指男子娶某家之女为妻，同时或稍后将妻子的姐妹娶进门。

妓女出场，避免过与不及，协调名妓与非名妓，对于客人的聘请，不偏不倚，使之都有机会参加。尽管笔者对于日本的此类情况不甚了解，但是这样的任务应该不是一两个妓女的职责，应该还有专人负责。都知也被称为"酒纠"，但不一定都是酒纠，被选为酒纠的，也多为都知一样才貌俱佳的女子。酒纠（或称席纠），为宴席上的指挥者，在杯盏间周旋，并兼任酒令执行官（酒令，即酒席上的规定，或是用来罚杯或是用来让某人展示个人才艺）。酒纠，也称觥使、觥录事，担任者固然有男子，也有美艳聪慧的名妓。妓院宴饮之际，并不是只有低唱微吟，与一般的盛宴相同，也有饭后巡杯[1]，可能使用酒胡子等[2]，酒胡子倒向的客人，则要干杯而不能推脱；还可能用到酒筹、酒签之类，让客人抽签，抽到的客人要根据签上文字的指示行事，都要劝酒而不能推辞，全场热闹不断。此种场合下的酒令令官，所谓掌管筋政的酒纠，就要施展才华，以妙语或幽默来活跃宴会气氛。

虽然唐代的酒令没有像现在的这样复杂巧妙，但是也多种多样，除了上述以外，还有藏钩、无声乐、口令等游戏，使宴会的气氛更加热闹，因此，都知中的酒纠需要有这样的本领和才能。藏钩，即手握松球，让人猜其数目；无声乐，即模仿即各种乐器演奏的姿态并夸大，但不能出声音，要诱使观众发笑，先笑者罚酒；口令，即所谓的绕口令，如日本"和尚屏风上画和尚""生麦生米生玉子（鸡蛋）"等拗口的语句要快速说出，唐代就有"鸢老头脑好，好头脑鸢老"等。

话题从妓女偏离了宴席，不过，从酒席间活动需要开动智慧并与当时诗文名士相唱和这方面来看，长安歌妓要胜过地方妓女。孙棨在书中说，"比见东洛诸妓体裁，与诸州饮妓固不侔矣，然其羞匕箸之态，勤参请之仪，或未能去也"。作者认为，陪酒洛阳的妓女虽然优于其他地方的妓女，但也是专门侍奉酒饭而近乎侍女，比长安妓女略逊一筹。《北里志》中留名的妓女，不愧是姿色与才艺俱佳的一流妓女，所以，孙氏的评论还算合理。房千里《杨娟传》的主人公杨娟，白行简《李娃传》的主人公李娃，蒋防《霍小玉传》的主人公霍小玉，都是名副其实的名妓，尽管不能把小说中的人物故事全部当作事实，但还是可以认为长安当时确实有这样的女子。杨娟其人，"长安里中之殊色也。态度甚都，复以冶容自喜。王公钜人享客，竞邀致席上，虽不饮者，必为之引满尽欢。长安诸儿一造其室，殆至亡生破产而不悔。由是娟之名冠诸籍中……"承蒙大官宠幸，以死谢恩，既义且廉。李娃的故事脍炙人口，无须赘述。霍小玉是唐代皇族霍王的庶女，命运一波三折而成为歌妓，隐居市井而无人知其是王室之女，有关于其美貌才华的描写："资质秾艳，一生未见；高情逸态，事事过人；音乐诗书，无不通解。"若是这样的妓女有很多，那么《北里志》中所记载的应该是尤为突出者。

说到霍小玉的故事，顺便说一下北里平康坊以外的妓女接客的地方。平康坊自成一坊，三曲中妓女聚集；与此相对，长安城中还有散娟，有自己独立的接客院落，她们也是妓女的一种。霍小玉便是典型一例。根据《霍小玉传》，其住所位于胜业坊的古寺曲。胜业坊，在东市正北方，西面邻接崇仁坊，西南面是平康坊，虽说是郭外，但相隔不远。段成式《酉阳杂俎》记载"时靖恭坊有姬，字夜来，稚齿巧笑，歌舞绝伦"，可知此处也有妓院。靖恭坊在东市的东南方，以祆教寺院闻名。史料中应该还会有此方面的实例，有待他日查证。不过，仅据上述史料可以推论平康坊以外也有妓女居所。另外，根据骆宾王《帝京篇》的"朝游北里暮南邻"、卢照邻《长安古意》的"娼家日暮紫罗裙，清歌一啭口氛氲。北堂夜夜人如月，南陌朝朝骑似云。南陌北堂连北里，五剧三条控三市"等诗句，可以得知平康坊以外的城南也有花街，即便诗歌是借汉代故事寓讽意。像霍小玉，自己积蓄钱财独立开业，不用受假母的鞭笞，可以比较自由地接客[3]。

唐代在科举考试发榜之际，新科及第的进士与科举考官及相关官员一道，参加曲江盛宴。那时，通过礼部等机构，可以借出教坊妓女，为宴饮助兴。同时，如开篇所讲，新科进士流连于平康校书门下，沉醉于美酒中，这样的故事见于《开元天宝遗事》《唐摭言》《北里志》。不过，这不仅是新登第之人的荣耀，还有不少即将参加考试的应试者，即所谓的举子亦来此地游玩，还有很多取得资格但尚未接到任职令的，即"未通朝籍、未直馆殿者"，也会在这种地方短期游荡。此外，还有多次参加考试但仍然落榜的举子，有的是岁数已大仍不回故乡抚养妻子的老穷措大，有的是靠着家里资助、生活宽裕的地方膏粱子弟，后者中像《李娃传》里的郑牛一样，沉迷美色、误送前程的不在少数。正是由于有这些客人，北里妓女要比其他地方的妓女条件优越，《北里志》的序文便道破长安妓女的特色：

> 如不吝所费，则下车水陆备矣。其中诸妓，多能谈吐，颇有知书言话者。自公卿以降，皆以表德呼之。其分别品流，衡尺人物，应对非次，良不可及。……比常闻蜀妓薛涛之才辩，必谓人过言，及睹北里二三子之徒，则薛涛远有惭德矣。

文中提到"不吝所费",那在此地游玩一夕的费用是多少呢?我本想展开研究,遗憾的是相关材料并不充分,《北里志》只有简单记载,如"每饮率以三镮,继烛即倍之""曲中常价,一席四镮,见烛即倍。新郎君更倍其数。故云复分钱也"。大概是新客加倍、见烛加倍,但对于关键的镮、镮等货币单位的价值,笔者不甚明白,故有隔靴搔痒之感。我也尝试深入调查,但是没有收获,不能给出恰当解释,诚请经济史专家赐教。

《北里志》写到的妓女有天水迁哥(字绛真)、楚儿(字润娘)、郑举举、牙娘、颜令宾、杨妙儿、王团儿、俞洛真、王苏苏、王莲莲、刘泰娘、张住住等,为有特色的妓女作列传,将她们的逸事、品行娓娓道来。虽然不知哪些是事实、哪些是传闻,但这些文字在一定程度上能帮助我们了解曲中的风俗世态、妓女的气质性格等,此处不再展开。最后再对全文作三点补充。

第一点,这样的花街何处都有,有一个汴州老妪积蓄了一定钱财,在蓄养妓女开妓院的同时,又购置了许多衣服、器用,租赁给三曲的妓女,可谓深谙货殖之道。仅仅二十多个字的记载,鲜明刻画出一个欲求强烈的人物。当然,这是像非法向妓女们放高利贷一样,以不正当手段敛财。文章接下来写道,"亦有乐工聚居其侧,或呼召之立至","其侧"的"其",似乎指老妪,意思是在唱歌、弹琵琶、吹笛子之辈与附近妓馆、嫖客之间充当中间介绍人。

第二点,在大中年间(847—859)以前,北里为"不测之地",即危险的地方。欢乐之地也是滋生各种罪恶的温床,蕴藏着很多阴暗面,北里也不例外。奸恶凶暴之徒聚集,制造案件,危及游客,这样的事情并不罕见。《北里志》有一段记载,是担任金吾一职的王式与令狐滈的亲身经历。有人要杀王式,但把另外一个人误认为王式而杀掉了,王式才幸免枭首之难。令狐滈是宪宗皇帝时名臣令狐楚之子,在读书时常常出入此地,某日去一熟悉的妓院,却被告知有亲戚聚会休业,于是去隔壁妓院窥视究竟,正好看到这家熟悉的妓院假母和妓女杀死一个醉汉并掩埋在后室。第二天,他若无其事地来到此妓院,晚上质问妓女,妓女大惊,扼住其喉,呼叫假母,打算掐死滈,假母制止,滈才得以平安返回(第二天归朝后赶紧告诉京兆尹前去逮捕母女,到达时发现二人已经逃走了。孙氏极为惊讶,故把这件事情记录下来)。北里果然是混乱之地,大中以后也不能说不危险,之所以说"大中以前",是因为王式担任左金吾大将军,手握长安东半城的警察权,顾及其治安责任,所以才含糊其词(王式,为武宗时宰相王起之子)。

第三点，打算通过史料展现士人在北里胜游狎宴的场景，白乐天的长诗恰好是个匹配的材料，题为《江南喜逢萧九彻因话长安旧游戏赠五十韵》的五言长篇。此诗没有被收入《白氏长庆集》，清代汪立名编《白香山诗集》时，从五代韦谷的《才调集》中摘出，收进《白香山诗集》第十九卷（补遗卷上）。长诗共有三段，第一段回忆了壮年时代在长安和亲朋游平康的事情；第二段写的是分别后的飘零，世路艰难；第三段写到江南的偶遇，抚今忆昔，堪为感慨；第二、第三段充满凄凉之情，这里节选与主题相关的第一段，并附简单注释[4]。

> 忆昔嬉游伴，多陪欢宴场。寓居同永乐，幽会共平康。[5]
> 师子寻前曲，声儿出内坊。花深态奴宅，竹错得怜堂。[6]
> 庭晚开红药，门闲荫绿杨。[7]经过悉同巷，居处尽连墙。
> 时世高梳髻，风流澹作妆。戴花红石竹，帔晕紫槟榔。[8]
> 鬓动悬蝉翼，钗垂小凤行。拂胸轻粉絮，暖手小香囊。
> 选胜移银烛，邀欢举玉觞。[9]炉烟凝麝气，酒色注鹅黄。
> 急管停还奏，繁弦慢更张。雪飞回舞袖，尘起绕歌梁。
> 旧曲翻调笑，新声打义扬。名情推阿轨，巧语许秋娘。[10]
> 风暖春将暮，星回夜未央。宴余添粉黛，坐久换衣裳。
> 结伴归深院，分头入洞房。彩帷开翡翠，罗荐拂鸳鸯。[11]
> 留宿争牵袖，贪眠各占床。绿窗笼水影，红壁背灯光。
> 索镜收花钿，邀人解袷裆。暗娇妆靥笑，私语口脂香。
> 怕听钟声坐，羞明映缦藏。[12]眉残蛾翠浅，鬟解绿云长。
> ……

**原书注**

1. 需要特别点明的是"饭后"，是因为有所依据。中国古代直至唐宋时的宴饮，不是边饮酒边吃饭，而是一定要吃完饭后再饮酒。段成式的《诺皋记·许汉阳传》云"食讫命酒"，张说的《虬髯客传》云"食毕，行酒"，张读的《宣室志》云"食竟，饮酒效杯而散"，常沂的《灵鬼志》、徐铉的《物怪录》等也有"食毕命酒"，可以为证。另外，唐代的酒宴并不像现在看到的一齐干杯，也不是随意喝酒，而一定是按巡逐人进行，被斟酒的客人要随即喝下。

2. 酒胡子，又称捕醉仙，是个滑稽的小人偶。样子看上去像是不倒翁（小法师），但不是怎么推都不会倒；相反，它的下面是尖的，即使想让其立住也一定会倒下。酒胡子多为戴着胡帽、深目高鼻、紫髯绿眼的胡人形象。唐代诗人徐夤、卢汪都作有《酒胡子》同名诗，提到了其形制。

3. 霍小玉和母亲同住，但不知道是亲母还是假母。本文漏说了段成式《寺塔记》中一条与妓女有关的记载，见于长安"道政坊宝应寺"条目下，讲的是在寺院墙壁作画的著名画家韩幹年轻时候的故事：韩幹年轻时帮酒肆给买酒人送酒，始终负责给王维家送酒，去收钱时没有见到王家人，便在地面上画人、马等作为记号。王氏看到后非常欣赏韩幹，便开始资助韩幹学习丹青，勤奋的韩幹最终成为著名画家。书中继续写道"今寺中释梵天女，悉齐公妓小小等写真也"，总之创作了很多以当时著名美妓为原型的菩萨、飞天等壁画，不仅是豪门贵族的家妓，北里的歌妓也成为名家作品的原型（无论在何时何地，此为常有之事，不足为奇）。只是，此处的齐公所指何人呢？按时代推测，我认为可能是指杨贵妃的父亲杨元琰，他被封为齐国公，故可以暂且认为是他。

4. 白乐天一诗，请参考拙稿《关于白乐天的长安旧游回顾诗》（《中国文学》九十三，昭和二十一年三月）。

5. 永乐、平康，均为坊名。

6. 师子、声儿、态奴、得怜，均为妓女名。

7. 红药，红芍药。

8. 时世妆，当时流行高髻淡妆。帔，围巾。

9. 胜，胜侣、胜伴之意。欢，女对男的称呼。

10. 阿轵、秋娘，妓女名。

11. 罗荐，丝绢席褥。

12. 缦，通"幔"，幔帐类。

# 唐史杂钞

## （篇一） 斗歌

瓦尔特堡的竞歌，借助瓦格纳（Wilhelm Richard Wagner，1813—1883）的名曲而家喻户晓；游吟诗人在图卢兹街头的新歌比赛，凭借劳伦斯的画笔而流传至今。唐代长安城中也有一种歌唱竞赛，白乐天之弟白行简的《李娃传》中有所记载。当然这只是小说情节，不一定完全符合历史事实，但至少可以据此了解唐代都城流行的市井风俗。

《李娃传》脍炙人口，这里仅述其梗概。荥阳大姓郑氏之子，赴长安应试，一日在平康鸣珂曲偶见李娃，深为其容色所迷，最终流连妓院而荒废他事。"日会倡优侪类，狎戏游宴，囊中尽空"，妓院老鸨便不让其与李娃相见，郑生遂沦为穷巷之落魄书生。郑生寄宿的房东开始还同情他，郑生因怨懑而重病不起后，房东也将郑生驱逐到凶肆。凶肆是办理丧事的地方，有如现在的殡仪馆，既要布置丧礼会场，还要准备葬礼用品，从棺椁、车舆、香花到陪葬的土偶、刍灵、纸钱类，都要准备齐全。雇用善唱挽歌者来满足办理者的要求也是业务的一部分。当时，长安东西两市都有凶肆，从《李娃传》的文字来看，郑生被驱逐到的凶肆应该是在东市。市内一般都是同类店铺聚集林立，所以凶肆区域飘荡着香烛的气味。

在凶肆工作人员的照顾下，郑生身体逐渐好转，能拄杖而行后，他便开始为凶肆帮忙，赚一些工钱维持生计。郑生每次听到哀歌，都自叹不及，回来后自己学唱。其性本聪敏，经过练习后，能做到歌尽其妙，直至长安无人能比。当时，两市的凶肆会自夸其业，一争高下，东肆以车舆、棺椁之美见长，西肆以唱挽歌见长。东肆长听闻郑生的歌唱妙绝，便厚币聘请他，让肆中德高望重者悄悄教给郑生新曲，无人知晓此事。

两肆约定，把各自的商品拿到承天门街进行展览，以五万钱赌输赢。两肆陈列的用于陪葬的三彩陶俑、泥像等，虽说是明器，但今天看来都堪称精美艺术品，这样的陈列也可以说是工艺美术品展览会。还有，歌唱比赛的消息一经传开，备受瞩目，人们议论纷纷，都盼望比赛之日的到来。对于当天的混乱场面，长安各坊的里正自然早有预见并报告给警察当局，警察当局又会告诉京兆尹，从而让官府提前做好治安筹备工作。果然不出所料，那天的人数约达数万。有记载：

> 四方之士，尽赴趋焉，巷无居人。自旦阅之，及亭午，历举辇舆威仪之具，西肆皆不胜，师有惭色。

西肆只好打算在唱歌环节打败东肆。于是写到斗歌：

> 乃置层榻于南隅，有长髯者，拥铎而进，翊卫数人，于是奋髯扬眉，扼腕顿颡而登，乃歌《白马》之词。恃其夙胜，顾眄左右，旁若无人；齐声赞扬之，自以为独步一时，不可得而屈也。

西肆本以为能够雪耻，然而：

> 有顷，东肆长于北隅上设连榻，有乌巾少年，左右五六人，秉翣而至[①]，即生也。整衣服，俯仰甚徐，申喉发调，容若不胜。乃歌《薤露》之章，举声清越，响振林木。曲度未终，闻者歔欷掩泣。西肆长为众所诮，益惭耻，密置所输之直于前，乃潜遁焉。四座愕眙，莫之测也。

以上便是《李娃传》中描写的歌唱比赛。不过，两凶肆唱《薤露》《蒿里》相互角逐，当时的这类风俗仅限于此吗？京师左右两街选派选手，在宫城前的广场或朱雀大街边竞唱一般歌谣，演奏钲、鼓、琵琶、阮咸等以分出胜负，当时这样的大会其他地方没有吗？唐代的笔记、小说中此类市井杂事未必少见，只是笔者寡闻，尚未闻见。据段安节的《乐府杂录》记载，德宗贞元年间，长安西市的商贾在天门街"较胜负、斗声乐"。遗憾的是，语焉不详，仅记载到琵琶高手康昆仑作为东街的代表登场，西街不能匹敌，此时，一个由僧人乔装的女子选手代

---

① 古代出殡时侍守在棺木旁的人，手持有手柄的团扇，称翣。秉翣而至，可视作凶肆斗歌者的装束。

表西街登场，最终以妙计压过东街。

> 即街东有康昆仑，琵琶最上，必谓街西无以敌也。遂请昆仑登彩楼，弹一曲新翻羽调《录要》（绿腰）。其街西亦建一楼，东市大诮之。及昆仑度曲，西市楼上出一女郎，抱乐器，先云："我亦弹此曲，兼移在枫香调中。"及下拨，声如雷，其妙入神。昆仑即惊骇，乃拜请为师。女郎遂更衣出见，乃僧也。盖西市豪族厚赂庄严寺僧善本，姓段，以定东廊（古同"廛"）之胜声。

段氏的叙述到此结束，可见当时在东西两市的主办下，长安分为左、右（东、西）两街派出各自的歌手、乐工竞技。至于置层榻、建彩楼，虽说长安与南法地方不同，但劳伦斯描写的1324年图卢兹的歌唱比赛，大概和唐代天门街头的情景类似吧，虽说街道屋舍的样式、台下观众的服饰不同于中国。但道两旁古木葱郁下的皂衣歌者，不难让我们想到在黄花深绿的槐树下，戴着乌巾，唱着冰泉鸣咽的韵律，让全城士庶无不落泪的郑生的形象吧？在洛阳出土的陶俑中，表现以轻罗细腰、悠扬高音迷住两街观众的形象不在少数。低眉、斜身、凝眸，"欲歌未歌愁远山"（南宋陆游），姑且将此作为歌唱比赛选手的神态，史学家们不会见怪吧。


## （篇二）"落花时节又逢君"

史料记载，天宝十四载（755）冬十一月，营州胡人安禄山在范阳发动叛乱。不久，两京相继陷落，玄宗皇帝逃入蜀地，宫阙焚毁，百官四散，梨园弟子、教坊美女多落入贼营，被迫仕于伪朝，而那些幸免于难的也都流离江湖，生存艰难。

避居成都的杜甫于数年前离开浣花草堂，沿长江而下，经江陵、游潇湘，在战乱后的第十五年（代宗大历五年庚戌年初），刚到潭州，又赶上了兵马使臧玠之乱，于是在晚春初夏之交，不得不逃难到衡州。在这江南春色已老、百花将谢之时，诗人偶遇旧识乐工李龟年。李龟年是享誉当时的少年歌手，集明皇殊宠于一身，在安禄山兵临京师时，漂泊江潭，历尽辛酸，而每遇良辰美景，则为人唱歌数曲，追怀往昔，悲叹世事变迁。杜甫也感慨此次相逢，遂赠七绝一首，即《江南逢李龟年》：

> 岐王宅里寻常见，崔九堂前几度闻。
> 正是江南好风景，落花时节又逢君。

杜少陵为诗家旷古未有的大手笔，有几百韵的长诗，也有像这样的压卷七绝，诗中既没有偏僻的文字，也没有难解的语句，却将世变之惨蕴藏在字里行间，茫茫江南暮春，桃花零落如红雨，余味无穷。

渔阳之乱以来，流落民间的乐工不止李龟年一人，江左偶遇旧识的也不只是杜甫。段安节《乐府杂录》记载了歌者永新在战乱后与爱其才、荐其能的将军韦青不期而遇的故事。永新，江西吉州永新县的乐家女，开元末被选入宫，因籍贯而被称为永新，隶属于内教坊宜春院，既美且慧，能歌善舞，会作新曲，韩娥、李延年殁后千余载，"旷无其人，至永新始继其能。遇高秋朗月，台殿清虚，喉啭一声，响传九陌"，关于这样的妙技，流传着各种各样的逸话。安禄山之乱，六宫星散，永新跟随一位士人销声匿迹。韦青躲避到广陵（扬州），日夜凭栏思念永新，一日"忽闻舟中奏水调者，曰：'此永新歌也。'乃登舟与永新对泣久之"。这多半是小说情节，未能确定是否果有其事，结合白香山在浔阳江头所作《琵琶行》，虽然地点、人物不同，但能知道的是，这种离合奇缘并不稀奇。不知永新与韦青的相见是在何年何月，也许是柳芽初萌、春寒料峭的清晨，也许是月白风清的秋夕，大乱之后辗转流离的京卿、宫人，在这样一个假定的场景下相遇，此情此景大概不难体会吧。

杜甫和李龟年分别后，打算去郴州投靠亲族崔氏，溯流而上时因大水受阻，只得改变计划返回北方，年末，客死湘江之畔。李龟年的消息也杳然不可知。

安史之乱是唐代历史的转折点，这是事实，但说盛唐的文化破坏殆尽，举国上下陷入离乱之中，是事实吗？罗马不是一日建成的，罗马也不是一日灭亡的。天宝以后，京洛之地王气日衰，中国北部游民遍布，班田制度遭到破坏、贡赋不收，盗贼出没村间、阻隔交通，万里萧条，渺无人烟，街巷乃至阡陌都听不到鸡犬之声。不过，不用说，岭南与西川僻地远离祸乱，江淮沃野也幸免乱离，富庶依旧，吴门、维扬的繁华持续着盛唐的文化，尔后很长一段时间内，成为唐运中兴的财源供给地。而且，上京和东都重建宫阙，都民驾着车马返回，重建着繁荣发达的文明景观。退一步想，虽说初唐国运渐强，而能讴歌太平的只有上层贵族富豪之家，黎民百姓连一点恩泽也沐浴不到，这一点是现在社会史家、经济史家们反复强调的。从这一意义上说，唐朝国基到安史之乱才开始暴露问题，大概不恰当吧。不过，对于明皇时惯于享受京华风光的人来说，玄宗入蜀、蛮夷当权，实在是难以接受的千秋恨事。众所周知，一部《杜工部集》，有一半内容与历史有关，被称为七律绝唱的《秋兴八首》，便篇篇都是寄寓这般感怀的作品。追忆往昔的繁荣，感慨如今的变迁，千百部史书，都不及少陵一首《江南逢李龟年》。

## （篇三）王之涣

在论及唐代风尚时，应该阐明唐代长安歌妓的生活，只可惜相关的详细记载非常缺乏。不过，关于唐末民间妓女的记事，有孙棨的《北里志》，可以窥见平康三曲妓女的日常生活及名花逸事；关于隶属宫苑内教坊的女乐，有崔令钦的《教坊记》，可以了解当时流行的歌曲及女乐生平。尽管如此，对于妓女的坐卧住行、服饰梳妆、技艺练习、侍客制度乃至世界上独特的民俗风情等，仅通过两书不能详细了解。若没有其他合适的书籍，只有从唐、五代的诗文和随笔中广泛涉猎，搜集零碎记事，并进行整合。如白乐天的长诗《江南喜逢萧九彻因话长安旧游戏赠五十韵》、小说《李娃传》等都是有用的资料。接下来要讲的这则逸事与盛唐诗人王昌龄、王之涣、高适有关，讲的是梨园伶官出宫城，与平康佳丽到街上旗亭（酒楼）饮酒吟唱，恰巧遇到三位诗人低酌，于是同席共饮，热闹非凡。这则脍炙人口的故事，虽然多半是小说情节，没必要查证事实的有无，但作为风俗史研究的例证，从中可以窥见市井趣事，同时也可以捕捉到妓女们的生活片段。

故事出自薛用弱的《集异记》。开元年间，王之涣和王昌龄、高适是忘年交。没有参与政事、伸展大志的三人，常形影相伴、一同游玩。某日，天寒欲雪，三人相携到旗亭，买酒小酌。看到梨园伶官十数人到酒楼宴饮，三位诗人避到角落拥炉窥视。不久，又有妙妓四五人相继而至，奢华艳曳，无比都冶，与伶官共坐，奏乐讴歌，皆是当时名妓名伶。王昌龄三人约定说，我们都以诗歌出名，但不知高下，现在就看伶妓所唱，谁的诗被他们唱得多，谁就获胜。有一伶人打着拍子唱：

> 寒雨连江夜入吴，平明送客楚山孤。
> 洛阳亲友如相问，一片冰心在玉壶。

是王昌龄诗，于是王昌龄在壁上写"一绝句"，接下来又有一伶人唱：

> 开箧泪沾臆，见君前日书。夜台何（一作今）寂寞，犹是子云居。

高适在壁上记下是自己的诗。伶人又唱：

> 奉帚平明金殿开，且将团扇共徘徊。
> 玉颜不及寒鸦色，犹带昭阳日影来。

王昌龄在墙壁上记下了"二绝句"。

但没有伶人唱王之涣的诗，不过，王之涣非常自信，毫不介意，谓："此辈皆潦倒乐官，所唱皆巴人下里之词耳，岂阳春白雪之曲俗物敢近哉！"又指着诸妓中最佳者说："待此子所唱，如非我诗，吾即终身不敢与子争衡矣。脱是吾诗，子等当须列拜床下，奉吾为师。"

三人大笑，终于等到他所指的双鬟开唱：

> 黄河远上白云间，一片孤城万仞山。
> 羌笛何须怨杨柳，春风不度玉门关。

正是王之涣的七绝《凉州词》。王之涣于是揶揄二子说："田舍奴，我岂妄哉！"三人于是又大笑起来。

诸伶听到角落传来的欢噱，不明其故，前去询问："不知诸郎君何此欢噱？"三人于是把刚才的事情告诉伶人。诸伶竞拜曰："俗眼不识神仙，乞降清重，俯就筵席。"三子应允，饮醉竟日。

由此可知梨园优伶有时会走出禁苑，而且根据《北里志》也可知道，妓女们在每月逢八的三天里，向假母纳缗一匹，与士人相携游曲江、杏园，以尽半日之欢的情形，所游之处也不仅限于牡丹闻名的西明寺、玉蕊闻名的唐昌观等，还会到道政、昇道诸坊的酒楼旗亭等，与文人骚客共享盛在琥珀钟里的新丰的芳醇和装在琉璃灯盏里的高昌葡萄酒。三人当日所见伶官、妓女所唱诗歌，都被后人作为唐代的绝唱，王龙标（昌龄）在绝句上可以和李青莲（白）相媲美。王并州（之涣）在绝句上也名闻一世，此《凉州词》被王渔阳评为唐代七绝压卷之作，上面的逸事中亦有压轴之意。高常侍（适）与岑嘉州（参）在边塞悲壮之曲与送别凄怆之调方面独领风骚，长于五律、七律。

追　记　宋代姚宽的《西溪丛语》怀疑"落花时节又逢君"七绝非杜少陵所作，理由是在岐王（李范）、崔九（湜）逝世的开元十四年（726），杜甫才十五岁，梨园还没有设立，不可能认识李龟年。这是曲论，没有必要去辩驳。本文中关于王昌龄诗歌的训读，多受到吉川幸次郎博士《唐代的诗与散文》（昭和二十三年三月）的启发，在此深表谢意。

# 唐史关系诸考补遗

到目前为止，我写了一些与唐代文化相关的小文章，登载在各种杂志上。文章大都是信笔写来，缺少深入的考证与反复的推敲。事后想来，还有不少资料和事例需要补充。而且，投稿的杂志大多不是学术性的，不需要注明考证过程或出处。我一直想要以某种形式进行补充，在本刊约稿之际，无暇重新起稿，姑且选取二三项加以补充。至于仍然没有涉及的，将另寻机会依次追补。

## （篇一）斗歌

昭和十九年（1944）十二月、昭和二十年（1945）一月的《文艺》杂志上，刊载了笔者的随笔式小考《双槐庐杂钞》，共有四篇，第一篇题为《斗歌》，讲了唐代长安的赛歌习俗，类似歌剧《唐怀瑟》或游吟诗人的竞歌，所引资料仅有小说《李娃传》及段安节《乐府杂录》的一节，属于由东西两市民间商人发起的、在承天门外大街上举行的竞技比赛。根据《唐会要》卷51的记载可知，唐初也有遵天子之意在宫廷举行的比赛：

> （高宗）上元元年（674），高宗御含元殿东翔鸾阁观大酺①。时京城四县及太常音乐分为东西两朋。帝令雍王贤为东朋，周王显为西朋，务以角胜为乐。中书令郝处俊进谏曰："臣闻礼所以示童子无诳者，恐其欺诈之心生也。伏以二王春秋尚少，意趣未定，当须推功让美，相视如一。今忽分为二朋，递相夸竞。且俳优小人，言辞无度，酺乐之后，难为禁止。恐为交争胜负，讥诮失礼，非所以导仁义，示和睦也。"高宗瞿然曰："卿之远识，非众人所

---

① 酺，聚会饮宴。国有喜庆，皇帝赐臣民聚会饮酒，谓之大酺。

及也。"遂命止之。

比赛因此中止。玩味上述文字可知，这一活动在此前已举行过多次，此后实际上也仍有举行。活动虽然因为大臣的反对被取消，但是，太常乐人、梨园伶官乃至民间高手的唱歌和演奏比赛，果真就不在御前表演了吗？虽说没有详细的文字记录，却可以想象如果天子喜好，又没有群臣反对的话，或许世世代代都会举行此种活动吧。

（会昌）三年（843）十二月，京兆府奏："近日坊市聚会，或动音乐。皆被（御史）台、（京兆）府及军司所由恐动，每有申闻。自今已后，请皆禁断。"从之。

可惜，市民的这一娱乐活动就这样被禁止了，不过，这也许是为了维持当地治安、管理社会风俗，而采取的必要对策吧。

## （篇二）永新

拙文"落花时节又逢君"一节，写道：天宝之乱后，因避难流落江湖的梨园弟子与教坊声妓，偶遇故人、追怀过去并悲叹世事变迁的事情，举了杜甫在江南遇到李龟年、将军韦青在广陵水楼遇到永新的例子。

旧文说，永新是江西吉州永新县乐家女，开元末被选入宫，因籍贯而被称为永新，隶属于内教坊宜春院，既美且慧，能歌善舞，会作新曲，韩娥、李延年没后千余载，"旷无其人，至永新始继其能"，并号称"遇高秋朗月，台殿清虚，喉啭一声，响传九陌"，有很多关于其妙技的逸话流传。不过，旧文只写到这里，未再展开。现稍作补充。

唐代在太平之日、国家大典之际，天子与官民同乐，御赐大酺。这让人想到盛世余芳、君臣丰乐的景象。《乐府杂录》云：

又一日，赐大酺于勤政楼，观者数千万众，喧哗聚语，莫得闻鱼龙百戏之音。上怒，欲罢宴，中官高力士奏请命永新出楼歌一曲，必可止喧。上从之。永新乃撩鬓举袂，直奏曼声，至是广场寂寂，若无一人，喜者闻之气勇，愁者闻之肠绝。

"鱼龙"是汉魏以来盛行的百戏中的一种，作鱼龙状，上下舞动，奔驰纵横，入水变化百态。"莫得音"，意思是不能听到伴奏的音乐。"曼声"，意为舒缓长歌。我们不能断言这则记事一定不是史实，但是传说色彩非常浓厚。不过，从记事中可以了解到永新的技艺与名气。

此外，玄宗皇帝统治时，百姓纷纷赶到勤政楼参加大酺，人声鼎沸，喧闹至极。这样的事情有记载流传，并不罕见，无须在熟悉唐代笔记小说的人面前班门弄斧，下面仅略作说明。宋代王谠的《唐语林》卷1说：

> 玄宗御勤政楼大酺，纵士庶观看百戏，人物嗔咽，金吾卫士指遏不得。上谓力士曰："吾以海内丰稔，四方无事，故盛为宴乐，与万姓同欢；不谓众人喧闹若此，汝有何计止之？"力士曰："臣不能止也。请召严安之处分打场，以臣所见，必有可观。"上从之。安之周行广场，以手板画地，示众曰："逾此者必死！"是以终日酺宴，咸指其画曰："严公界境。"无人敢犯者。

此则记事采自唐代郑棨的《开天传信记》，除一二字外二者几乎完全相同。只是在严安之出场前，有一句"金吾卫士白棒雨下，不能制止"。严安之，史传不载，《旧唐书·酷吏传下》"吉温传"中记载，曾为河南丞，"性毒虐"，治狱行刑非常残忍，人甚畏之。这条记载，足以说明君臣宴乐之际的热闹混杂，至于其是否属实似不必深究吧。

像这类展现唐代盛世的宫廷宴席，很多书中都有记载，不足为奇，原田淑人博士曾论述过玄宗皇帝千秋节实况，不仅有百戏竞技，也有歌舞表演，此处不再重复。本文开头说，高宗皇帝组织的竞歌，由于郝处俊的谏言而中止，不过可能只是宗室子弟不能参加，而倡优还是可以继续。郑处诲《明皇杂录》中一则记事的开头，很好地描写了酺宴盛况：

唐玄宗在东洛，大酺于五凤楼下，命三百里内县令、刺史率其声乐来赴阙……较其胜负而赏罚焉。时河内郡守令乐工数百人于车上，皆衣以锦绣；伏厢之牛，蒙以虎皮，及为犀象形状，观者骇目……

上述记事，应视为乡间技艺比赛，包括唱歌，但又不仅限于唱歌。这些内容本应该放在早先那篇小考内，兹补于此。

## （篇三）元宵观灯

昭和二十一年（1946）四月，我在《艺林闲步》杂志第一号上发表了《唐史漫钞》[1]，第一篇为《元宵观灯》，叙述了灯节的繁华。在以正月十五日夜为中心的前后三夜或五夜里，严厉的夜禁得以开放，上下和谐，彻夜欢乐。关于此趣，也不是没有其他资料可用，只是已经大体论述清楚，无须补充。不过，有的记载让人以为燃灯是在二月举行，果真如此吗？下面就针对这一问题进行考证。

（玄宗）先天二年二月，胡僧婆陀请夜开城门，燃灯百千炬，三日三夜。皇帝御延喜门，观灯纵乐，凡三日夜。左拾遗严挺之上疏曰："……伏望昼尽欢娱，暮令休息。务斯兼夜，恐无益于圣朝。惟陛下裁择。"（《唐会要》卷49）

严挺之上了长篇谏文。我认为，胡僧婆陀的燃灯请求是在正月十五日，严挺之的谏止是在次月，可能谏言并非针对燃灯之事，而是不分昼夜驾临酺宴。同样，在《唐会要》卷34"论乐"条下谓：

（先天）二年正月，胡僧婆陀请夜开门燃百千灯。其夜，太上皇御安福楼门观乐，凡四日方罢。是月，又追作先天元年大酺。太上皇御诸楼观之，以夜继晷，尽月不息。

到了二月，宴乐仍然不止，左拾遗严挺之疏谏乃止。由此可知，卷 49 的记事是把两件事当作了一件事记载。而卷 34 所记载的正月十五日的观灯，是太上皇（睿宗）的事情，地点在安福门。不过，两处记载均为事实，那么可以理解为：皇帝玄宗在延喜门观灯，太上皇睿宗在安福门观灯，卷 49 只写前者，卷 34 只写后者。

《旧唐书》卷 7（此卷为《睿宗本纪》，卷末记载了玄宗即位后的事情）云"（先天）……二年春正月……上元日夜，上皇御安福门观灯，出内人连袂踏歌，纵百僚观之，一夜方罢"，可知确有太上皇安福门观灯一事。书中继续写道，"初有僧婆陀请夜开门燃灯百千炬，三日三夜。皇帝御延喜门观灯纵乐，凡三日夜"，同样，玄宗皇帝应婆陀燃灯请求在延喜门观赏也是事实。（有一点需要指出，在上面两段引文之间还夹有二十一个字："二月丙申，改隆州为阆州，始州为剑州。分冀州置深州。"乍读起来，还以为"初有僧婆陀请夜开门燃灯百千炬"也发生在二月，大概是文字有错乱吧，否则，不该有"初有……"这样的措辞。行政区划的变更和燃灯活动本无联系，只是作为太上皇安福门观灯的由来，从而使用能够引出胡僧奏请的"初有……"。这样的理解或许可以行得通。）

进一步来看，《旧唐书》卷 99 中的"严挺之传"，不但可以成为笔者上述推断的佐证，对于《资治通鉴》卷 210"开元元年（先天二年）二月"条目中与《通鉴》不一致的地方、《新唐书》卷 5"睿宗纪"的疏漏以及《新唐书》卷 129"严挺之传"中感觉混乱的记载，也可以作为补充。篇幅所限，不再详说。

这样，我们可以认为二月没有观灯习俗，但不能因此说，在元宵以外的时间就一律没有举行过观灯活动。开元二十八年（740）正月十五日，天降大雪，玄宗便命观灯之事推迟到二月望日之夜举行，天宝三载（744）十一月才敕令恢复其旧，所以在这五年时间里，都是二月举办张灯观灯之事。详见《唐会要》卷 49"燃灯"条。

原书注 ✎

1.《唐史漫钞》收入本书时改为《唐代风俗史钞》。

# 唐代宴饮小景

今年春天开始，我在杂志上发表了数篇关于唐代市井琐事的文章，在最后写到长安歌妓的时候，涉及了当时的宴饮风俗。在当时的宴席上，吃饭与饮酒分别进行，吃完饭后再饮酒。所论不够详细，这里稍微展开论述。

在常沂的《灵鬼志》里有这样一则故事，富家遗孀崔夫人设晚宴招待女婿郑氏，写道"食毕命酒"。在据称是张说所作的《虬髯客传》中也有写道，杨素的侍妾张某投奔将军李靖，二人在路上遇到一位虬髯怪客，之后二人到长安拜访其宅邸，虬髯客夫妇共同款待二人，先命家妓奏乐，然后"食毕行酒"。还有，在段成式（著有《酉阳杂俎》）的《异疾志》中记载，伶人刁俊朝之妻的颈部长了一个奇怪的瘿瘤，常有怪事发生，于是将瘿瘤切开，一只猿猴忽然从中跳出来逃走了。瘿瘤虽然治好，伤口却没有愈合，正在刁家发愁之际，第二天那只猿猴化作黄冠道士敲门，解释了潜藏在瘿瘤中的原委，并以从凤凰山神处得来的膏药相赠。刁俊朝给妻子涂上后，伤口很快愈合了，于是为猿猴"烹鸡设食，食毕，贳酒欲饮"（"贳"字，日本训读为买，本义为赊账，这里是让酒肆送酒）。再有，据张读的《宣室志》记载，山东人计真游玩长安时，与偶然相遇的故友一起饮酒，大醉，归途中从马上摔下来，马也跑丢了，不得不到李某宅邸请求夜宿，竟受到主人的热情接待，"既而设馔共食。食竟，饮酒数杯而寐"。此外，徐铉的《物怪录·白蛇记》云，陇西李黄在长安西市遇到一位美人，并到美人住处与其共进晚餐，"食毕，命酒欢饮"。这类的记载还有很多，尽管都是虚构的小说，而且作者多为后人假托，不过可以说明的是，先吃饭后饮酒这是当时社会通行的做法。

从这些故事中我们还能看出，吃饭与饮酒顺序不能错乱这一古代习俗，未必始于唐代，只是在唐代古风犹存。

在之前发表的拙文中，叙写道古代的宴席饮酒习俗不同于现在，是按照一定顺序为在座的客人逐个斟酒，并且客人要随即喝下。下面援引更多例证加以论述。

有关当时宴饮情景的文献，写道酒过一巡、酒至何人等，总之是按顺序斟酒，轮到喝酒的客人若不喝下，是不会给下一位客人斟酒的。按顺序是常例，不过也有破例的时候，如王建的诗歌"劝酒不依巡"。关于人们逐个干杯的情形，在任蕃《梦游录》的"张生"一节有很好的记载。张生迫于生计而离别妻子游走他乡，五年后从河朔返回故乡汴州。在途中的某个夜晚，他看到草丛中灯火煌煌，有五六个人在宴饮，走近一看，发现妻子也在其中。于是，张生躲到白杨树下窥探：长须的男子，白面的少年，紫衣、绿衣的壮汉，黑衣、紫衣的胡人等人，巡杯而饮，轮到他们自己饮酒时，便要求张生妻子吟唱。终于，张生不能忍受，把脚下的瓦片投向长须的男子。当然，故事到此并未结束，但通过"酒至黑衣胡人""酒至绿衣少年"，已经可以了解到行酒的情景。李浚编的《摭异记》收录了玄宗皇帝还是临淄王时的逸事，对于酒至皇帝，书中记载为"酒及于上"。此类事例甚多，不再赘述。

在酒席上，到了酒酣意浓的时候，往往会有才艺表演，无论在哪个国家、哪个时代大概都如此吧。即使是平日威仪凛凛的显官要员，酒席上的情形也大致相同。虽说没有能达到史料程度的记载，但唐代保存下来的一些相关文字，还是比较珍贵。《旧唐书》卷189"郭山恽列传"记载，中宗皇帝常设宴宴请近臣或文士，有时命诸臣表演才艺，以供笑乐。工部尚书张锡跳《谈容娘》，将作大匠（掌管土木营建）宗晋卿舞《浑脱》，左卫将军张洽舞《黄獐》，左金吾卫将军杜元琰诵《婆罗门咒》，给事中李行言唱《驾车西河》，中书舍人卢藏用模仿道士读经。虽然有文武之分，但作为上层高官酒宴的记载，都非常有趣，这在中国卷帙浩繁的资料中并不多见吧。张锡表演的舞蹈《谈容娘》，可能是隋末开始流行的《踏摇娘》，故事讲的是，踏摇娘嫁给了貌丑且嗜酒的苏郎中，总是遭到醉酒丈夫的殴打，于是用舞蹈表现悲怨，不停摇动身体，故被称为踏摇娘；宗晋卿表演的《浑脱》，简单说来，是身着兽皮、模仿动物姿态的舞蹈；左卫将军张洽表演的《黄獐》，是模仿像鹿一样的动物的舞蹈；我对《驾车西河》不太了解，大概是当时流行的歌曲；杜元琰诵读的《婆罗门咒》，为梵语的真言（陀罗尼），我认为是一些艰涩难懂的内容，结合卢藏用的模仿道士读经来看，可能确实如此。

以前的拙稿曾提到劝酒的一种方式——酒胡子。酒胡子也称捕醉仙，样子看上去是像不倒翁一样的滑稽小人偶，只是与不倒翁的怎么推倒都会立起来并恢复平衡相反，酒胡子下面是尖的，不管怎样想让其立住，最终也会倒下。酒席上，把酒胡子放到盘中，酒胡子会倒下，指向的客人则要饮酒。关于酒胡子的形制，通过诗人卢汪（唐人，时期不详）、唐末诗人徐夤的诗可窥见一斑。徐氏《酒胡子》曰：

红筵丝竹合，用尔作欢娱。直指宁偏党，无私绝觊觎。

当歌谁撮袖，应节渐轻躯。恰与真相似，毡裘满颔须。

　　首先，结合诗中"毡裘满颔须"一句以及卢诗的"鼻何尖，眼何碧"来看，可知酒胡子是波斯人或胡人的形象。其次，根据卢诗的"雕镌匠意苦多端，翠帽朱衫巧妆饰"可以知道，酒胡子是一种精致的工艺品，并可大致想见其形态。另外，徐氏说酒胡子直指各种人不偏不倚，公正无私，没有事先的预定，卢诗中的"可亦不在心，否亦不在面"也表达了同样的意思，倒向谁的方向，一开始心里并没有预定，不倒向谁的方向，脸上也没有表现出来。还有卢诗的首句"同心相遇思同欢，擎出酒胡当玉盘"，生动表现了三四个好友相聚饮酒、拿出酒胡子以资欢谐的场面。

追　记 | 文中提到的酒胡子，也称"指巡胡"。元稹有五言绝句《指巡胡》："遣闷多凭酒，公心只仰胡。挺身唯直指，无意独欺愚。"

讲到宴饮，还想再说说酒令或是助兴的游戏，只是本文无暇顾及，姑且放在本书末尾的译者跋，请读者参看。

# 唐代中国北方的一种异俗

一

自古以来传入中国的外国文化中，西域与印度系统的文化最值得重视，但北方民族的文化对中国文化的影响也不容忽视。如战国时代北方民族的服装、战术、战法等，又如五胡十六国到南北朝时流行的凳坐之风，一扫古来跪坐之习。此外，周末秦汉以来，在工艺美术方面也吸收了北方系统的构思、图案（如通过匈奴传入的斯基泰文化）。

这里要讨论的是迄今鲜有人注意的、传自北方文化的一种异俗。即中国北方的冬天寒气逼人，上流社会在自己的府邸内安置北方草原游牧民族的毡帐，酷寒时节便在帐内设火炉，作为置酒消闲的器物。这原本是极为寒冷的蒙古草原等地流行的一种理想的防寒设备，能够关注这种事物不得不说是中国人的一种智慧。在当时的长安、洛阳等地也设有暖阁、炕（暖炕、暖床），然而在庭前搭设用于防寒的毡帐，风雪之夜围坐在红红的炉火旁，则别有一番趣味。这与《开元天宝遗事》所见的豪奢不同，是一种别样的奢华。

我不知道这一习俗在唐代文献中有多少记载，据我管见范围，仅有白乐天的诗歌两首，收录于非常流行的《白氏长庆集》《白香山诗集》，想必人们都知道有这两首诗，然而却没有人从上述角度加以关注和解读，故借此机会进行介绍。

二

白氏的第一首是题作《青毡帐》的二十韵长诗。原诗为：《青毡帐二十韵》

> 合聚千羊毳，施张百子卷。骨盘边柳健，色染塞蓝鲜。
>
> 北制因戎创，南移逐虏迁。汰风吹不动，御雨湿弥坚。
>
> 有顶中央耸，无隅四向圆。傍通门豁尔，内密气温然。

远别关山外，初安庭户前。影孤明月夜，价重苦寒年。

软暖围毡毯，枪掀束管弦。最宜霜后地，偏称雪中天。

侧置低歌座，平铺小舞筵。闲多揭帘入，醉便拥袍眠。

铁檠移灯背，银囊带火悬。深藏晓兰焰，暗贮宿香烟。

兽炭休亲近，狐裘可弃捐。砚温融冻墨，瓶暖变春泉。

蕙帐徒招隐，茅庵浪坐禅。贫僧应叹羡，寒士定留连。

宾客于中接，儿孙向后传。王家夸旧物，未及此青毡[1]。

与下面的一首相比，这首诗作于白氏中年以后，具体说可能是晚年。根据其年谱，乐天于宪宗元和十五年（820，四十九岁）从忠州被召回长安，任尚书司门员外郎，后升为主客郎中、知制诰，穆宗长庆元年（821）迁为中书舍人、知制诰，直到长庆四年（五十三岁）为太子左庶子分管东都前，都住在长安。此后，在洛阳居住了四年。文宗太和元年（827，五十六岁）拜秘书监，二年除刑部侍郎，此期间居住在长安。太和三年以太子宾客分司东都，五年成为河南尹，开成元年（836）在东都任太子少傅，直至武宗会昌六年（846）八月七十五岁卒，一直住在洛阳。由此可知，乐天晚年长期生活在京、洛。如此便可认为，冬天在庭前设毡帐是中国北部上流社会的风俗。至于春回大地较早的江南，是否也有这样的特殊风俗，则很难说。

三

白氏还有一首诗《别毡帐火炉》，叙述了在享受了冬天帐内的温暖后，随着春风拂来，不得不与毡帐告别的心情。

忆昨腊月天，北风三尺雪。年老不禁寒，夜长安可彻。

赖有青毡帐，风前自张设。复此红火炉，雪中相暖热。

如鱼入渊水，似兔藏深穴。婉软蛰鳞苏，温炖冻肌活。

方安阴惨夕，遽变阳和节。无奈时候迁，岂是恩情绝。

毳帘逐日卷，香燎随灰灭。离恨属三春，佳期在十月。

但令此身健，不作多时别。[2]

与前面一首诗相辅相成，足以窥见个中趣味。

这首诗歌寄托了拆除毡帐之时的感怀，充分展现了毡帐的用处。

尽管就是这些，但在西方文化大量传入、西域风情全盛的唐代，也有这样的北方民族的生活方式被中国人借鉴采用了，不是饶有趣味吗？

**原书注** ✎

1. 第二句末自注"司马迁书云，张空弮"，最后一句自注"王子敬（献之）语‘偷儿，青毡我家旧物’"。司马迁书，指的是《报任安书》，弮指弓弩。王子敬的故事见《晋书》卷80"王献之传"："夜卧斋中，而有偷人入其室，盗物都尽。献之徐曰：‘偷儿，青毡我家旧物，可特置之。’群偷惊走。"不过，这里的青毡不是毡帐，而仅是地毯。

兽炭，用炭粉做成兽形。《晋书》卷93"羊琇传"云："琇性豪侈，费用无复齐限，而屑炭和作兽形以温酒，洛下豪贵咸竞效之。"《开元天宝遗事》卷中所见"凤炭"大概也是此类，曰："杨国忠家，以炭屑用蜜捏塑成双凤，至冬月则燃于炉中，及先以白檀木铺于炉底，余灰不可参杂也。"

2. 两首诗分别收录在《全唐诗》卷17、卷16（根据老石印本的卷次）。据我所知，对白诗的全部注解，中日两国间似乎只有佐久节教授的《续国译汉文大成》本《白乐天诗集》四册。此书倾注了教授的劳力，我也常受惠于此书。白氏非常喜欢用青毡，其去世之年创作的《自咏老身示诸家属》（《全唐诗》卷17）亦云，老年的时候因为有了毡帐才能舒适度过寒冬。

# 无题二则

## （篇一）骊山温泉

说起中国古代温泉，恐怕谁都会首先想到骊山温泉。它脍炙人口固然是因了唐玄宗和杨贵妃的故事，不过，中国北方温泉不多，除了北京以北的汤山温泉，几乎数不出其他像样的温泉，也是一个原因。

唐代以后，作为洗浴场所，骊山温泉依然久负盛名，清康熙帝巡幸途中，在此入浴。义和团事件时光绪帝和西太后蒙尘西逃，在这里新设环园以充行宫。《栈云峡雨日记》的作者竹添井井先生于明治九年（1876）五月往蜀中旅行，在这里住了一夜，一洗一月有余的尘垢。桑原、宇野两博士也在明治四十年（1907）十月从长安出发的东归途中，于骊山温泉洗去旅途劳顿。

竹添先生写道：

> 三十一日，黎明往浴骊山温泉。泉在（临潼）县城南门外，即唐华清宫遗址，结构华丽，男女异室而浴。一室在最后者，为御泓（皇帝用水）。叠砖覆之，穹窿如桥。泓底敷白石，方可三十尺，莹彻可鉴。寒温适体，尝之略不觉臭味。余自发京已月余日，客店无复设浴，面腻体垢，臭秽欲呕，至此洗沐数次，殊觉爽快。

他因此又写了一首七绝，抒发感慨：

> 湿烟缕缕日升迟，风冷华清晓鸟悲。
> 最是远来憔悴客，温泉如鉴照须眉。

桑原博士则在他的《雍豫二州旅行日记》中写道：

山籁飒飒，泉响淙淙，似诉说旧时，因觉感慨不能自禁。到行台（旅馆），先沐浴温泉。行台缭墙二百间余。中有温泉五泓，华清池最大。广袤约四间，四方叠石，泓底亦敷石，清澄可鉴，寒温适体。无色无味，唯微有硫磺气。池上构阁楼，题"华清池上佳夕楼"。予辞燕京，殆已四旬，客舍概不能浴，尘垢堆积难堪，今得华清池，洗浴数次，心神已觉快畅。（收入《考古游记》，并改题为《长安之旅》）

唐代华清宫之豪华屡见传闻，但有关它结构规模的具体叙述，并不为大家周知。下面引用两条资料，来说明它在唐代的面貌。前者出自"小说"中的一条记载，多少有点夸张，但足以传写帝王入浴时的情况，后者为目睹者的谈话记录，较为可信。

首先是选自唐代郑处诲《明皇杂录》中的一节：

玄宗幸华清宫，新广汤池，制作宏丽。安禄山于范阳（今北京）以白玉石为鱼龙凫雁，仍为石梁与石莲花以献，雕镂巧妙，殆非人工。上大悦，命陈于汤中，又以石梁横亘汤上，而莲花才出于水际。上因幸华清宫，至其所，解衣将入，而鱼龙凫雁皆若奋鳞举翼，壮欲飞动。上甚恐，遽命撤去。其莲花至今犹存。又尝于（华清）宫中置长汤屋数十间，环回甃以文石。为银缕漆船及白香木船置于其中，至于楫橹，皆饰以珠玉。又于汤中垒瑟瑟及丁香为山，以状瀛洲方丈。

瀛洲、方丈与蓬莱，都是被秦汉以来的中国人当作东方神山来崇拜的仙境。瑟瑟，猜想是产于波斯的宝石或祖母绿，但并不能确定。

以上见于《太平广记》卷 236 所引《明皇杂录》，《唐人说荟》本也无不同。文中有"至今"云云，因郑处诲是文宗大和年间（827—835）的进士，所指当为这前后之事。

其次是《贾氏谭录》开头的一段记载。《贾氏谭录》一书，是五代南唐知制诰、中书舍人，入宋而为翰林学士、参知政事的张洎在就任南唐大臣期间，受命于国主李煜出使宋朝，在怀信驿的旅馆，访问当时宋朝左补阙贾黄中时写下的笔记。贾黄中，是唐德宗时有名的宰相魏国公贾耽的后裔，张书在《序》中说他

"好古博学",《宋史》本传（卷265）说他"多知台阁故事",《四库全书总目提要》认为张氏的记录"皆足资考核",大概可信。

> 骊山华清宫,毁废已久,今所存者唯缭垣而已。天宝所植松柏遍满岩谷,望之郁然,虽经兵寇而不被斫伐。朝元阁在北山岭之上,基址最为崭绝,前次南即长生殿故基。东南汤泉凡一十八所,第一所是御汤,周环数丈,悉砌以白石,莹澈如玉,面皆隐起鱼龙花鸟之状,千形万品,不可殚记。四面石座,阶级而下,中有双白石莲,泉眼自瓮口中涌出,喷注白莲之上。御汤西南角即妃子汤,汤面稍狭,汤侧有红石盆四所,作菡萏于白石之面。余汤迤逦相属,下凿石作暗窦透水出。东南数十步复立石表,水自石表出,灌注石盆中。贾君云,此是后人置也。

以上选自"守山阁丛书"所收《贾氏谭录》。由此看来,经过唐末的大乱,盛唐壮观景象已逝,到贾氏的时候,所剩只是松柏和宫垣了。与上面引述的《明皇杂录》相对照,便能稍稍窥见它在鼎盛时期的样子。

此外,《明皇杂录》还记载了玄宗带着杨贵妃游骊山时的华丽卤簿:

> 上将幸华清宫,贵妃姊妹竞车服。为一犊车,饰以金翠,间以珠玉。一车之费,不下数十万贯。既而重甚,牛不能引,因复上闻,请各乘马。于是竞购名马,以黄金为衔辔,组绣为障泥,共会于国忠宅,将同入禁中。炳炳照灼,观者如堵,自国忠宅至于城东南隅,仆御车马,纷纭其间。

杨国忠的住宅在东市西、宣阳坊的东北,这里说直到城的东南隅,一路都被车水马龙堵塞,但东南隅是曲江的离宫和林泉所在,附近并没有城门,因此记载或许有误。大概是把它同曲江游幸时的供奉场面混为一谈了。不过这毕竟是杨氏家族随天子外出时的盛况,《杨太真外传》也有类似的描写:

> 扈从之时,每家（杨氏一族有五家）为一队,队著一色衣,五家合队,相映如百花之焕发。遗钿坠舄、瑟瑟珠翠,灿于路岐可掬。曾有人俯身一窥其车,香气数日不绝……（《顾氏文房小说》所收本,下卷）。

## （篇二）陆羽的陶像

《茶经》的作者陆羽（字鸿渐），是中国煎茶品茗文化的集大成者，其陶像常被作为茶铺的招牌放在门前。我也听说在西方，有的医师会用希波克拉底像作为医家的标识，只不过是放在室内而非门前。商家将所卖商品或相关物品放在店外作为展品招牌，这在各个国家都很常见，并不仅限于中国和日本，而茶铺铸造并供奉恩人陆羽像，且将其作为店铺经营内容的标识，大概是特例吧。唐末无名氏撰《大唐传载》云：

> 陆鸿渐嗜茶，撰《茶经》三卷，行于代。常见鬻茶邸烧瓦瓷为其形貌，置于灶釜上左右，为茶神。有交易则茶祭之，无则以釜汤沃之。

上述记载是根据《守山阁丛书》所收本（第四页正面），而《唐人说荟》（第二页正面）云：

> 鸿渐性嗜茶，始创煎茶法。至今鬻茶之家，陶为其像，置于锡器之间，云宜茶足利。至太和，复州有一老僧，云是陆僧弟子，常讽歌云："不羡黄金垒，不羡白玉杯，不羡朝入省，不羡暮入台。唯羡西江水，曾向晋陵城下来。"鸿渐又撰《茶经》二卷，行于代。今为鸿渐形者，因目为茶神。有交易则茶祭之，无以釜汤沃之。

后者在语句上和前者有出入，并加上了陆羽的传记。陆羽生于何时不详，只说他是竟陵（湖北省）龙盖寺僧人陆某在堤上捡到的弃婴，及长"聪俊多闻，学赡词博，诙谐谈辩，若东方曼倩（朔）之俦"，所以，下文提到另一位僧人时才说"复"。从提到的晋陵来看，"西江"并非指珠江，不过我也不能确定究竟所指何江。《茶经》详细讲解了煎茶应注意水的选择，但没有具体讲要选何地之水，张又新在《煎茶水记》中记载了刘伯刍对天下七处水的品评，并且引用了李季卿笔录的陆羽关于水的评语，里面并没有提到晋陵附近有好水（晋陵在江苏省武进附近）。更有意思的是，茶商有大宗交易而获利的时候会以茶祭祀陆羽，不获利的时候，则"以釜汤沃之"，这样的事情与祭祀晴天娃娃、油煎欢喜天之像等习俗相似，都是中国民俗上应该深入研究的问题。唐代的茶铺把陆羽的陶像作为商业的守护神，当然主要是供奉，作为招牌只是偶然之事，这样来理解大概行得通吧。

# 唐代的妇人

若以《唐代的女性》为题，"女性"一词会使文章变得过于复杂和正式，本文所讲不过是唐代的"妇人"或"妇女"而已，故题目写作《唐代的妇人》。我想要讲的内容很多，所以对于如何展开甚为困惑。一种比较方便的方式是对历史上留下足迹的著名妇人，如作为政治家闻名的武则天，以美貌倾国倾城的杨贵妃，以及鱼玄机、花蕊夫人、薛涛一类的女作家和闺秀诗人等，说说她们每个人的故事。此外，妇人们在音乐、舞蹈等方面人才辈出，流传着各种各样的有趣逸话，当然也可以从这一角度展开话题。

然而，到底没有时间逐一来讲每个妇人，故此处着眼于唐代妇人生活的全貌，对她们的显著特色以及与其他时代女性相比的不同之处，选择一二论述之。由于史料的关系，主要论述都城长安的妇人，也包括周边。此外，本文还会附带提及长安一带的名物、特殊阶层的妇人等。

那么，唐代妇人的生活有哪些显著的特色呢？

首先是其勇武与活泼，这样说可能有些过头，但有着胜过男子的机敏与爽快，确实是她们的特征。说到中国的妇人，很容易认为她们非常畏缩、一味沉静，而实际上，这个时代的人们有着意想不到的时尚气质，用狂野来形容可能不太好，不过很多人的确都有着相当自由、开放的心态。唐代总体说来是一个耀武的时代，一个与尚文相比更加尚武、重用并优遇军人与武官的时代，因此，有着历代不能比拟的气派。汉族即中国人本是一个尚文轻武的民族，及至唐代呈现出史无前例的风潮。这或许是由于长年与北方的蒙古勇猛游牧民族交融并吸收其风俗习惯，无论原因如何，总之，唐代是一个尚武、耀武的时代，进而影响到妇人的喜好，外在的表现有很多，现选取特别引人注目之处，论述如下：

一、妇人外出时喜欢露面而不遮蔽。

二、妇人喜好乘马出行，也会身着男装。

三、部分妇人厌弃浓妆，崇尚淡妆，甚至以不化妆为美。

四、妇人间运动风潮盛行，很多人尝试"打球"等勇武的竞技，还有很多人以外出张弓狩猎为乐，完全不像女子所为。

这样的例子有很多。第一点，外出时不用遮挡物。唐初妇人外出时要戴幂离，即披上一种能把人从头到裙底都包裹起来的薄绢。后来稍微改变，只戴用来遮蔽脸部的帷帽。所谓帷帽，是一种在乌帽子的边缘垂下短小薄纱的帽子，也可以说是附有面纱的帽子。到了唐代中期玄宗的时候，妇人们更是抛弃这种帷帽，露面从容出行。不仅如此，她们还戴着一种中国从未见过、完全外国风格的像如今女子在打网球、划船或登山时所戴的白色遮阳帽，像男士所戴的一般英姿飒爽地前进。这样的事情虽然微小，却是风俗上的转变，值得注意。

随着这一势头的继续发展，于是有了第二点乘马的风俗习惯。中国女子骑马绝不是自古以来的风俗。常有描写汉代王昭君远嫁蒙古荒地途中，在马上抱着琵琶哭泣的绘画，正是女子乘马的绘画。但在南北朝末期以前是不会有这样的描写的，因为从南北朝末以后，女子乘马才随着北方习俗的传入而逐渐出现（实际上，王昭君是乘车出使西域的，琵琶也不是王昭君本人所弹，而是她的随行女子弹奏）。这种女子乘马之风在进入唐代以后快速流行，玄宗皇帝时更加盛行，而且，这种风尚是从侍奉宫中的女子即宫女中间向世间普通妇人扩散的。杨贵妃姐妹竞相购买名马，配备金光灿灿的黄金马具，并佩戴上灿烂夺目的锦绣铠甲，在大路上结队而行，令当时不少长安市民都侧目而视。而且，一般妇人乘马通常是"横乘"，即侧身斜坐在马鞍上，而唐代的风尚是像男子一样"纵乘"，即骑在马背上，当时的陶制品和泥塑人像，就有很多表现的是骑马的妇人。随着这种风尚的流行，女子服装的不便性凸显出来，于是开始流行女着男装，即女子穿与男子一样的衣服、靴子。在长安、洛阳的大街上，这样的丽人并不罕见。

当时的诗人也喜欢把妇人骑马写入诗中，杜甫咏杨贵妃姐姐虢国夫人的诗歌最为有名。

> 虢国夫人承主恩，平明骑马入宫门。
> 却嫌脂粉污颜色，淡扫蛾眉朝至尊。

此诗可以反映出，当时的人们认为过于浓艳反而有损天然之美，所以，摒弃浓妆而追求轻描淡抹、略施脂粉的淡妆。这首诗描写的是自诩美貌的虢国夫人，表现了她即使素面朝天也非常自信的派头。相对而言，那种涂抹白粉、施用胭脂、擦上口红、额头或脸颊贴上花钿的妆容有些浓艳，就像在日本，文金高岛田发髻（编辑注：一种日本妇女结婚时的发型）还好，水发的银杏卷发型则更加浓艳。因此，淡妆才是化妆的更高境界，这样的审美趣味开始流行起来。这是第三点。

第四点，参加体育活动的妇人逐渐增多。当时妇人的娱乐多种多样。有的亲自参与其中，有的观看他人的表演。其中，作为户外的团队游戏或娱乐的，是打毬和狩猎。

所谓打毬，现在名为波罗球，是一种打毬者骑在马上以杖击毬并将毬打入对方阵地者为胜的激烈运动。这一运动自古是波斯的国技，后向东方、西方传开，现在欧洲举行的此运动正是传自波斯。在中国唐代，打毬不仅是太宗皇帝的喜好，更受到充满尚武气息的整个唐代社会的欢迎，在军人和贵族子弟间尤为流行。从宫中的庭院，到皇室的宅邸、文武大官的邸院别墅等，都有很多打毬场地。该种场地是以油铺地面而成，平坦如砥，非常气派，类似于现在的网球场。据传唐室与西藏选手竞技，唐军大胜。打毬原本是男子的活动，不过在崇尚勇武的唐代，宫女之间也有举行，于是，渐渐有妇人尝试。歌咏的诗文有很多，足以让人想见当时身着轻便而精美服饰的宫女们，在天子御前展开盛大的竞技，马蹄声戛戛，金色小球如电交织的场面。还有当时的塑像，也向人们展现了女子在马上翻身打毬、用力拉住缰绳的情形，趣味盎然。但这毕竟是一项激烈的运动，即便有不少血气方刚的女子，也不可能适合所有的妇人。因此，有的就以驴代替普通的马，还有的改用徒步方式进行。这与前些年日本妇人喜好小型高尔夫球的道理相同。

另一项妇人的野外娱乐活动便是狩猎。妇人身带弓箭，在马上射猎鸟或兔，还有一种方式是用鹰捕获猎物，称为鹰狩。杜甫、张籍等人有相关诗歌，歌咏的是银鞍白马的贵族公子们相互争夺着进行一日狩猎的情形：

> 辇前才人带弓箭（才人指女官），白马嚼啮黄金勒。
> 翻身向天仰射云，一箭正坠双飞翼。
>
> ——杜甫

也有写鹰狩的：

> 新鹰初放兔犹肥，白日君王在内稀。
> 薄暮千门临欲锁，红妆飞骑向前归。
>
> ——张籍

以上便是唐代妇人间的流行风尚，可能偏重于长安、洛阳等大都市的上流社会和有产阶级人士，不过从当时妇人的普遍倾向亦可窥见一斑。下面要附加论述的是一类独具一格的女子，未必仅限于长安，但至少是长安的一种名物。即在当时诗歌等作品中被称为"胡姬"的外国女子。"胡"一语，秦汉时用来指称北方阿尔泰系某一特定种族，后来含义范围逐渐扩大，只要是外国人，不管是东西南北方向的，都可以使用。及至唐代，对居住在中亚粟特地方的波斯系统的波斯人，也多称"胡"。以现在撒马尔罕为中心，在当时既从事农耕，同时也东奔西走进行国际贸易活动的粟特人，便是胡的中坚力量。这些人无论是商人，西方诸种宗教的传教士，天文历法等方面的学问家，绘画、工艺、音乐方面的艺术家，还是杂技、魔术等艺人，都纷纷来到长安。在长安一带的酒肆、茶铺里周旋于杯盘间，唱着流行歌曲来取悦客人的卷发碧眼的女子，便也是其中一类，即"胡姬"。李白的《少年行》云：

> 五陵年少金市东，银鞍白马度春风。
> 落花踏尽游何处，笑入胡姬酒肆中。

此诗为歌咏胡姬的经典代表作，李白还有二三首同类诗歌，此外，岑参、贺朝、杨巨源、施肩吾、章孝标、温庭筠等人的诗歌中，也有以此为题材或有所提及的，由此可知，来到长安的这类女子很多，为唐代市井增添了一抹异国色彩。胡姬们用玻璃、玛瑙制成的雕花酒杯，盛着西域名产葡萄酒，唱着粟特小曲，擒获了都市少年子弟的心，不能不说传达出了一种唐代特有的风情。

接下来要说的是平康的歌妓。歌妓并非长安、洛阳专有，只是长安的更为出众，领先天下。当时的歌妓有专属宫中的宫妓，私人家养的家妓，属于中央或地方机构或军营的官妓、营妓等，不过，特别有名的是住在长安平康坊的民间妓女。

根据唐末熟悉花街柳巷的老手的说法，洛阳的歌妓尽管优于其他地方的歌妓，但还是有乡土味，在容色、才藻、品位上与长安的歌妓相比仍不可同日而语。大概盛唐时亦是如此。她们的居所位于长安左街、东市西面的平康坊的东北角，号称京城歌吹海、风流薮泽。文武大官、权豪巨富自不用说，赴京参加科举考试的年轻士子与新科及第的进士等，也都来此处游玩。世间流传的此类逸话多不胜数，我有文章专门论述。

　　本文杂芜地罗列了很多微不足道的事情，不过这些细小的方面也展现了唐代文化的一个特色，即广泛吸收东西方文化而成为世界性、国际性的文化，异国情调极为浓厚。若读者能够有所领会，则是我的荣幸。

# 唐代图书杂记

　　我打算写一写中国的图书，只是这样的题目过大，短短一文不能尽言其盛，故以唐代为限，从各个方面叙述与典籍相关的事情。

　　首先要说的是，唐代已有书肆。这看似微不足道，仔细考察会发现，这是文化史上相当重要的问题。尽管笔者尚未充分调查并了解西洋的情况，但欧洲在八九世纪时大概还没有书肆吧。

　　唐代已有书肆的证据，首先是白乐天之弟白行简创作的《李娃传》，里面提到了长安书肆的情况。虽然《李娃传》只是小说，作者白氏固然也是出于假托，但作为故事背景反映了唐代中期的社会世相，这一点大概不会有错。李娃为了让情人郑生重新振作而劝其参加科举，并陪郑生到市中"鬻坟典"的书肆购买备考图书，可知当时长安坊巷中确有书肆。从一次性购买了"百金"的图书来看，书肆的藏储也是相当丰富。东都洛阳也有书肆，由吕温的诗歌《上官昭容书楼歌》可知。这首诗记载，贞元十四年（798），友人崔仁亮在洛阳南市的"卖书肆"买到上官昭容题名的《研神记》。上官昭容本名婉儿，是则天武后所宠爱的女才人，位列昭容（女官的一种），上官是姓。此外，张籍的七律《送杨少尹赴凤翔》也有关于书铺的记载，尽管不知道是在何地。在周贺寄给姚合的一首诗中也有买书的事情，似乎也与书肆有关。另外，像元稹在《白氏长庆集》序文中所说的那样，元白诗歌卖于市肆——即使不是纯粹的书肆，也是经营图书的商铺，作为书肆的一种，业已发达。特别是从中唐到晚唐，以历书为代表的阴阳杂说、占梦、相宅、五纬、九宫等与民间信仰风俗相关联的俗书类，以及字书、韵书类，均有印行，这些大量刊印的书物要流传，从常识来看，是应该有书肆存在的。宋代叶梦得引用唐代《柳玭家训》序，称《柳玭家训》的作者于中和三年（883）夏天在成都重城东南阅览了上述图书，其阅览之地应该是书肆。且不论这究竟是序文的明确记载还是叶氏的推测，解读为在书肆的事情未必是无稽之谈。

　　无论哪个时代，爱书家都大有人在。在唐代，作为爱书家、藏书家而留名于世的亦不在少数。李咸用的"名流古集典衣买"与李白的"千金骏马换少妾"一样脍炙人口，对于爱书的人来说，"典衣买"大概不足为怪。当时以藏书丰富著称的，除了宫中秘阁，私人的收集也值得一提。仅以散见于新、旧《唐书》的记载来看：吴兢藏书一万三千余卷；蒋乂家藏一万五千卷；韦述蓄书两万余卷，皆有亲手校定，宫中之书不能企及；李磎家藏书至万卷，号称李书楼；韦处厚、田弘正家各有一万余卷；苏弁家集书两万卷。据无名氏所撰《大唐传载》记载：刘伯刍聚书两万卷；杜兼集书万卷，每本书的卷末必题"倩俸写来手自校"。晚唐作家张祜的诗云"朱氏西斋万卷书"，朱氏何人不详，想必是著名藏书家之一。上文提到的崔仁亮的书楼，在藏书家中可以称霸，吕温描写崔氏的书库云：

> 玉楼宝架中天居，缄奇秘异万卷余。
> 水精编帙录钿轴，云母搥纸黄金书。
> 风吹花露清旭时，绮窗高挂红绡帷。
> 香囊盛烟绣结络，翠羽拂案青琉璃。

书楼雅趣窥见一斑。此外，崔氏也十分注意对于藏书的保存，正如其收藏的《研神记》有语"纸上香多蠹不成"。

当时的书籍几乎全是写本，而且几乎全是卷子本。据今日敦煌发现的资料可知，还有一些线装本、粘页本，然而大多数都是卷轴。将卷轴装的图书摆放在书架上，讲究的人会把每数卷装进一个经帙。所谓经帙，从日本正仓院的御物或斯坦因在西域沙碛中发掘的遗物来看，极其奢华精巧，因此推知上流藏书家们使用的经帙，应该是非常珍贵的材料（日本习惯称之为经帙，大概是因为多用来包裹佛经。其实并不仅用于佛典，也适用于一般卷子本）。

排列卷轴，还会用到更为巧思奢华的东西，即牙签。牙签，是卷轴轴端垂下的象牙或是骨制的小牌，上面刻有书名、卷次，以便于检索。韩退之的诗云"邺侯家多书，插架三万轴。——悬牙签，新若手未触"，姚合的诗云"海图装玉轴，书目记牙签"，说的都是这种牙签。其中，有的人还会根据书籍的部类改变牙签颜色，某书属于何部便可一目了然。上面提到的邺侯（宰相李泌）的藏书正是一例，经、史、子、集所用牌子颜色各异，这仿效的是玄宗时宫中书籍的排架样式。即根据《唐六典》《旧唐书·经籍志》的记载，开元年间，宫中书籍分为甲、乙、丙、丁四部，每部收藏于一库而成四库，皆用益州（四川）所产麻纸缮写，其所用的牙签，甲（经）部书用红色，乙（史）部书用青色，丙（子）部书用碧色，丁（集）部书用白色。李家的四色牌可能就是来源于此。添加这种牙签的书籍在书架上排列，架间薰风吹来，增添了"风吹签牌声，满室铿锵然"（陆龟蒙《奉和袭美二游诗》两首之一）的风情，想象一下红白青碧的牙签发出清脆的声音，真有舒爽至极的感觉；至于郑賨的诗句"万蕴千牌次碧牙，缥笺金字间明霞"，则让人为楮墨的香气所俘，进入徘徊不忍离去的意境。

当时书籍的装帧，即卷子本的制作，轴、带、帙、签四者俱备，尽善尽美，上文讲了帙、签，下面就再讲讲轴、带。卷轴用螺钿、玉、象牙等精巧之物制作，这从前面引用的吕氏、姚氏的诗中可窥见一斑。隋代已有红碧（绀）的琉璃轴，不用说唐代更有水晶、玻璃轴。日本严岛的《平家纳经》等极为精美，它的轴等装饰物，继承了隋、唐卷子的华丽样式。所谓的带，是指用来捆绑书卷的带子，大多仅限于绢制的穗带或绳带，假若日本正仓院所传奈良朝文物是传承了唐代的样式的话，则可以知道，编织极为精致，印染颇为高雅。财力雄厚的藏书家对于轴、带不惜所费，唐代帝室的收藏便是佐证。前文讲到开元年间宫中的书籍附有牙签，对四部书籍使用了各不相同的材料、颜色装饰，不仅是牙签，也包括轴和带。经部的书"钿白牙轴，黄带"，史部的书"钿青牙轴，缥带"，子部的书"雕紫檀轴，紫带"，集部的书"绿牙轴，朱带"，加之前述的红、绿、碧、白的牙牌垂下，一定非常绚烂夺目。此种样式的书籍，在开元末长安与洛阳的宫中、集贤书院各藏正、副两部，共计十二万五千九百六十卷。唐室藏储丰富至极，至于安史之乱后书籍的集散情况以及唐初藏书事业之一斑等，此处从略。

此外，当时也有藏书目录。居于首位的自然是宫中藏本目录，民间个人藏书家编成精细的目录，也不在少数，如《贞观政要》的撰者吴兢，其西斋的藏书有一万三千四百余卷，"尝录其卷第，号《吴氏西斋书目》"，为编制书目的一方之雄。十多年前，我曾论及此书目，认为它就是近来所说的附有书架番号的目录（我的文章见《大阪每日新闻》，昭和五年四月三十日），所论有偏颇，想撤回此种草率的论断。

本文篇幅所限，关于目录的内容就谈这些。

最后，以一位与众不同的藏书家的故事收尾。中唐高官兵部尚书柳公绰，经、史、子、集各书皆有三本，最好的一本用来库藏保存，稍次的一本供平时阅览，再次的一本用作后生子弟的课本，三种分开对待，绝不错杂（此故事出自宋代钱易《南部新书》丁集，并非虚构）。世间藏书家不乏其人，而真有像柳氏这样为了自己的宗旨而不惜费用的人吗？关于这个话题，就讲到这里吧。

**追 记** | 关于上文，还想简单补充一二事。

据《大唐传载》，汝南的袁德师买下洛阳娄师德的故园，并建一座书楼，也可算作一位藏书家。不过，"守山阁丛书"本的《大唐传载》云"袁德师"，而《渊鉴类函》（卷350）写作"袁师德"，不知哪个正确。或许师德正确，由于同名的缘故，所以才购买娄氏的故园。还有，此书中提到与刘伯刍一样均有藏书两万卷的"苏并"，为本文所记"苏弁"之误。

本文中提到的个人藏书家之事，出典如下（《旧唐书》简称《旧书》，《新唐书》简称《新书》）。

| | | | | |
|---|---|---|---|---|
| 吴 兢 | 《旧书》 | 卷 102 | 《新书》 | 卷 132 |
| 韦 述 | 《旧书》 | 卷 102 | 《新书》 | 卷 132 |
| 蒋 乂 | 《旧书》 | 卷 149 | 《新书》 | 卷 132 |
| 田弘正 | 《旧书》 | 卷 141 | 《新书》 | 卷 148 |
| 李 磎 | 《新书》 | 卷 146、李蔚传附 | | |
| 韦处厚 | 《旧书》 | 卷 159 | 《新书》 | 卷 142 |
| 苏 弁 | 《旧书》 | 卷 189 | 《新书》 | 卷 103、苏世长传附 |
| 柳公绰 | 《旧书》 | 卷 165 | 《新书》 | 卷 163 |
| 刘伯刍 | 《旧书》 | 卷 153、刘迺传附 | 《新书》 | 卷 160 |
| 杜 兼 | 《旧书》 | 卷 146 | 《新书》 | 卷 172 |

关于吴兢的藏书，《旧唐书》云"兢家聚书颇多，尝目录其卷第，号《吴氏西斋书目》"，没有具体数目记载，《渊鉴类函》（卷194）引《鸿书》称"吴兢西斋一万三千四百余卷"。《新唐书》没有此人藏书的相关记载。

韦述的藏书，新旧两《唐书》均有记载，《新唐书》云"蓄书二万卷，皆手校定，黄墨精谨，内秘书不逮也"，除书籍外，"兼古今朝臣图，历代知名人画，魏晋以来草隶真迹数百卷，古砚、古器、药方、格式、钱谱、玺谱之类，当代名公品题，无不毕备"（《旧唐书》）。

关于苏弁，《新唐书》云"聚书至二万卷，手自雠定，当时称与秘府埒"，《旧书》有大致相同的记载。关于蒋乂，"虽甚寒暑，卷不释于前，故能通百家学，尤明前世沿革。家藏书至万五千卷"（《旧书》《新书》基本相同）。关于田弘正，"性忠孝，好功名，起楼聚书万余卷"（《旧书》《新书》基本相同）。李磎，李栻之子、李蔚之孙，不载于《旧书》，《新书》云"家有书至万卷，世号'李书楼'"。

韦处厚"性嗜学，家书雠正至万卷"（《新书》），《旧书》云"聚书逾万卷，多手自刊校"（"刊"字，不是出版刊行，而是修正谬误）。杜兼，《旧书》无传，据《新书》："家聚书至万卷，署其末，以坠鬻为不孝，戒子孙云。"对于刘伯刍，两书的传都没有关于其藏书的记载，除了《大唐传载》以外别无线索。袁师德亦是如此。

柳公绰"各藏三本"的故事在《新书》中有简单记载，不仅是《南部新书》有传。《新唐书》多将小说巷谈作为史实采用，由于这个缘故后人评价不高，然而也不能全部认为是虚构。《旧唐书》中有关于其子柳郢的逸事的记载，尽管此人三为重镇大官，但性清廉，家不留余财，"厩无名马，衣不薰香。退公布卷，不舍昼夜。《九经》《三史》（《史记》《汉书》《后汉书》）一钞，魏、晋已来南北史再钞；手钞分门三十卷，号《柳氏自备》。又精释典，《瑜伽》《智度大论》皆再钞；自余佛书，多手记要义。小楷精谨，无一字肆笔"。顺便说一句，郢父柳公绰，是柳公权之兄，也是本文所说《柳玭家训》的作者柳玭的祖父。柳公权是著名的书法家，书有《大达法师玄秘塔碑》等。

唐末吴门（苏州）有一人名叫徐修矩，生于俊才辈出之家，到他这一代家传万卷书。皮日休与徐氏有交往，常借徐氏藏书阅读；皮氏还与一位名叫任晦的人相往来，并非常喜爱任氏庭园的林泉之美。皮氏到两个人的家游玩，作长篇《二游诗》（歌咏徐氏与任氏的两篇）赠给二人，并寄给了唱和之友陆龟蒙。陆氏遂作《奉和袭美二游诗》（皮日休字袭美）两篇作答。赠答诗中均赞美了徐氏的书楼。本文引用了陆氏诗歌的一节，引文前面还写道"插架几万轴，森森若戈鋋"。皮诗中还说道"轴闲翠钿剥，签古红牙折。帙解带芸香，卷开和桂屑"，据此可知，当时把芸草、桂片插到书籍中，以防书蠹之害（参阅《全唐诗》石印本卷22、卷23）。

本文提到了邺县侯李泌的藏书，韩退之的七言古诗《送诸葛觉往随州读书》可作佐证（《昌黎先生集》卷7）。李泌之子繁当时任随州刺史，所以应该完整保存了父亲的藏书，诸葛觉此行正是去读他的藏书。

柳宗元的诗文集《柳河东集》卷11收录了《东明张先生墓志》一文，此张氏名字不详，但科举及第，授长安尉，一年后辞官，入东明观[1]，学黄老之术，三十余年而得道。墓志曰"聚经籍图史，侔于麟阁"，应该也是一位民间藏书家。若将"麟阁"理解为汉代麒麟阁那样收藏描绘功臣图像的地方，稍嫌不得其意；若解释为未央宫中的麒麟殿，则如《三辅黄图》所说"扬雄校书处"，即兰台、石渠一类的宫中藏书处，就比较合理了。

**原书注** ✎

1. 东明观，位于长安普宁坊东南隅，是一座极为壮观的道观。参照《两京新记》卷3。

# 唐代杂事二则

《世界美术全集》第八卷隋唐部分即将出版之时，编辑部邀请我写一些与此卷内容相关的文字作为月报。当时，我抱恙在床，在不妨碍休养的前提下，正好可以写些东西，于是就接受了。然而，情况并没有想象的那么轻松，约有一个月的时间我都在床上度过，直到近几天才能坐起来，文章也一直拖到了现在。编辑部的意思，是让我根据当时的笔记、小说一类，完成一篇介绍与唐代美术相关的逸事、杂事的文章。不过，我也只能借助枕边的两三种书，选择多少与美术、市井风俗相关的内容来塞责交差。

对于唐代的绘画、雕刻，即使不能说十分了解，我也算是了解得比较多。绘画方面的文物，除被带到日本的李真的画《真言五祖像》等以外，西陲佛教洞窟也偶见乡土画残存，仅靠这些略显单薄；雕刻方面则有相当的杰作传世，对于这些文物的鉴赏与研究自然不能懈怠。工艺品方面，毕竟有正仓院保存下来，通过那里的御物，唐代的精湛工艺可以窥见一斑。最近在中国出土的这类文物（多为镜鉴及服饰用品类），有的出售给了欧美，也有部分卖到了日本，然而和正仓院的传世珍品相比，不可同日而语。

至于建筑方面，几乎没有令人满意的资料。残存的古建筑物自不必说，有关构造、工程的详细记载，即使在文献丰富的中国也没有流传下来。固然是我孤陋寡闻，但的确未曾听闻有对此专门记载的书籍文献。到宋代，才有像《营造法式》这样的书籍残存，可以作为建筑的知识库，在唐代，却没有哪一本书能及此书内容的百分之一。山西大同保存了与唐代建造相关的佛寺，我现在对此还不太了解，或许在中国营造学社的刊物上有相关调查报告，只是我在匆忙之中也无暇检索。位于长安遗址上的慈恩寺大雁塔及荐福寺小雁塔，某种程度上可以说是唐代建筑的遗存，可惜后世的修复破坏了原貌，即使不是这样，无论如何，也因为它属于如此特殊的建筑物，而成为人们关注的对象。那些美轮美奂、丹碧相映、五彩斑斓的宫殿楼阁和佛寺道观，只能根据大雁塔墙壁上线刻的佛殿图，与净土变相所见极乐世界的殿阁楼门的样貌加以推测；或是通过日本唐昭提寺等古建筑物的构造加以还原。尽管这样做不够有说服力，但鉴于文献记载极少，也不得不如此。当然，对于奢侈一时甚至被称为木妖的皇家宫室、王侯贵族的大宅邸，未必没有典籍的记载，只是其叙述过于抽象，大多仅描写说镶金银珠玉，嵌琉璃七宝，墙壁和香，廊铺瑟瑟[1]而已。例如，通过查阅一部《长安志》，我们不难了解东西两街中大宅宏邸的规模情况，也不难追溯其记述所依据的出处，但因为记述极为简单，人们不可能据此进行设计或复原。虽然十五六年前在曾为长安城一部分的今西安城内，发现了宋初石刻的唐都长安城坊图、兴庆宫楼阁园池图，但若想借助拓本实现上述想法，效力仍然不够。若是关于绘画，首先是张彦远的《历代名画记》（虽然不只是记载唐代的情况，却是唐代情况的最有力记录），配上沙门彦悰的《后画录》、李嗣真的《后画品》、朱景玄的《唐朝名画录》，加上作为壁画史料的段成式《寺塔记》，以及补充唐末情况的宋代郭思（若虚）的《图画见闻志》卷首部分，再结合一些文物，是可以论述有唐一代的绘画了。但事实上，有关建筑的文献记载贫乏如此，也只能感慨运之不佳了。

因此，要想搜求有关唐代建筑的知识，正史、政书类自不用说，零散的笔记、小说也要认真阅读，从只言片语中摘出有用的内容。我不能肯定这样做有多少收获，但无论谁都会首先这么做吧，因为实在是别无他途。

这样想来，从案头书籍中偶然看到的一个章节，不正是一条相关材料吗？这里姑且来看一下。可能此节文字过于简略，也可能是在长期流传中有字句讹脱，我并不能完全读懂，想与大家共同探讨，并向大家请教。唐末僖宗皇帝时的高彦休（号参寥子）所著《唐阙史》下卷的最后部分"东都焚寺"，记载了东都洛阳名刹——圣善寺应验于谶语，于两年后的黄巢之乱被烧毁——这样一件不可思议的事情，其中关于圣善寺建筑工程的记载，值得注意。

我原以为圣善寺是大寺，却不见于徐松的《唐两京城坊考》，所以不能确定此寺的位置。据载圣善寺"缔构甲于天下"，想必非常宏伟气派。作者写道："愚曾看《修寺记》云：殿基掘地及泉，以蜃灰和香土错实之，所以备倾垫也。"由此可知，此书作者曾见过记载此寺建筑的书，谈到建寺时的相关基础工程，掘地直到有水涌出，将砸碎的蜃等贝壳烧成灰混合以香土，填充在深挖过的地方，这是为了建筑物不会倾斜或下沉而打的地基吧。用贝壳作灰就像石灰一样，能起到像混凝土一样的作用吧。所谓香土，是指在土中掺入香料，此地修建的是佛寺，所以，混合的应该是来自信徒的香灰，而不能视作用来牢固地基的材料。书中接着写道，乾符年间，起初"尝有估客沥愿，寻除殿屋之表"，大概是记载一个商人想为殿堂做扫除的愿望，余下的便不理解了。"工徒集金三十万"，是不是有脱字呢？大概应该解释为召集工徒并准备三十万钱吧。再接下来的文字很重要却也很费解，云"以埏埴，叠脊峻十有三尺，每瓦邱铁贯之，具率以木者，神功异绩，不可殚记，咸此类也"。笔者不敏，不知如何解读。黏土和泥堆砌成高达十三尺的壁垒，把瓦（虽称作瓦，却不是用来修葺房顶的瓦）、瓦的碎片以及陶器的破片等堆成小山一样的东西，每个用铁贯通，然后要怎样做就不能明白了，也不知道与前面用黏土堆砌成的壁垒有什么关系，总之，那些东西"具率以木者"。我完全不明白这是怎样的事情，不过从"神功异绩不可殚记，咸此类也"可知，一定是非常神异的工程。在精通汉文的人来看，或许能够立刻解释此文章，但我一时不能给出适当解释。尽管如此，由于像这样较为详细地记载建筑工程的文献极为缺乏，对于偶然看到的这样一段文字，我还是写在这里，希望能借助大家的智慧进行解读。

接下来姑且说说唐代长安的林泉。我之前曾做过少量资料调查，但还没有整理好，所以本文难以进行有条理的论述，只能大体勾勒。

在唐代，长安、洛阳都有宫城，宫城都有附属的禁苑，还有占地广阔、鳞次栉比的佛寺道观，加上王侯贵族的宅邸里面也有宽阔的庭园争相竞秀，因此，两都中以林泉之美闻名的苑囿不在少数。天子的宫苑过于恢宏，或许超出了庭园的概念；个人宅邸的园林中，洛阳郊外李德裕的平泉山庄规模宏大；长安南郊辋川王摩诘的别业，根据其诗作及传世的《辋川图》，其壮观程度亦可窥见一斑。长安城中虽没有那么大的园林，但东南隅的曲江，享有京城第一名胜之誉，汇集四季美景，是士女们的首选游览地，它与相邻的杏园、芙蓉园并列，成为最早首屈一指的名园。再向北，在丘陵上的乐游原，四时也是人山人海，但这应该算是游乐场地，不能称为园林。市内寺观、大宅邸所附设的美丽的名园林泉，多到无法细数，这里仅从《长安志》等书中所特别举出的来看，大体如下。

开化坊中以牡丹闻名的令狐楚的宅院，崇仁坊西南隅的玄真观，都有造山挖池的名园。亲仁坊中有剑南东川节度使冯宿的宅院，宅院南部是山亭园，池子里蓄养了很多鸭鹅等杂禽。永宁坊有永宁园，后赐给安禄山，再后成为司天监用地。还有白乐天的临时住宅，买的是杨冯故宅，"竹木池馆，有林泉之致"。占据进（晋）昌坊东半部的大慈恩寺的庭园，号称"水竹深邃，京都之最"；此坊西南隅的楚园寺，号称"水竹幽静，类于慈恩"。修政坊有宗正寺（非佛寺，官衙名）的亭子，牡丹花久负盛名，进士考试及第后，在此设宴庆祝。新昌坊有吏部尚书裴向的竹园。安业坊有以玉蕊花闻名的唐昌观，与对面崇业坊以桃花著称的玄都观，堪称双璧。安业坊还有左龙武军统军、归诚郡王程怀远 [译者按：应为程怀直（752—800）之误] 的别宅，"有池树林木之胜"。永达坊有度支的亭子，也有很多牡丹名花，是新进士的燕集场所之一。在兴化坊晋国公裴度宅的庭园的池中，可泛舟而游；在宣义坊李逢吉的家中，"园林甚胜"。在玄奘三藏留锡、并集王右军字而成的《圣教序碑》的弘福寺（后称兴福寺）里，有果园和万花池。在延寿坊东南隅裴巽的宅内，"土地平敞，水木清茂，为京城之最"，与延康坊马璘家的池亭，都为人称道。在延福坊西北隅某妇人的宅院内，有"山池院，溪磴自然，林木葱郁，京城称之"的名园，昭行坊南部汝州刺史王昕宅内的庭园，则引永安渠之水为池，据传"弥亘顷亩，竹木环布，荷荇丛秀"。

这些园林中的氛围，又是怎样的呢？遗憾的是，尽管赞美的诗文很多，能具体了解其结构、山池木石的布置的记述却比较缺乏，故这里不具体到每个园林的实际情况，而是对园林如何构造、树木如何种植、鸟鱼如何放养等，作综合一瞥。园中栽种着繁茂的松、柳、梅、桃、杏、藤、芍药、卢橘（枇杷）、芙蓉、竹等；池里有莲、莎、菱；小径之旁，苔藓青青，蓬蒿郁郁。在这里，蝶舞、莺啼、鹤憩池畔，水禽群游池中，若是显赫之家，那还有龙头鹢首的画舫，往来穿梭池中；遍地奇石，处处小桥，水殿与禊堂点缀，亭中有琴、棋，主人携客在此悠游——这便是当时长安、洛阳等林泉的大概情形。官居宰相的白乐天，后来退居洛阳履道坊宅邸，以享晚年，他的庭园大概是一般上流士人的范例，其中旨趣，在《池上篇》并序中已有传达，篇幅有限，不再引述。

# 橄榄与葡萄

一

苏州有位名医叫叶天士，名桂，远近闻名，门庭若市。

某日，叶天士乘舆回诊，路上遇到有人请他治病。天士止舆，试作诊察，但发现此人六脉均调，并无病征。此人解释说，我没有任何地方不适，我的病是所谓贫病，听说先生能治任何疑难杂症，故来相求。

"原来如此，这样的话，简单治疗便可痊愈，"叶天士一边回答一边拾起了很多散落在路旁的橄榄核，"将这个拿回去种植，等发芽后告诉我。"随后乘舆而去。

此后，每当叶天士为患者诊断开处方的时候，在数味药后必不忘配上"橄榄苗"。这样吴门（苏州）橄榄苗的需求激增，价格暴涨。因此，在不到一年的时间里，那个请求治疗贫病的男子，家业便兴旺起来。

这则故事见于清代牛应之所辑《雨窗消意录》，我还没有机会阅读原文，这里不过是根据大内白月《鱼目集》中的抄录来采撷大意。编者牛应之是何许人也，大内氏说自己全然不知，也没有读过此书，只是请教了两三位博览的友人。本文对此姑且不管，想借此来谈的是橄榄。

这原本是牧野富太郎先生等人的领域，即使写随笔，我也不会选这个题目，只是牧野先生等人研究多年并且反复论说的，仍有很多错误，故此处稍作论述。我不知道苏州种植橄榄是否多到果实落地俯拾皆是的程度，但苏州确实有橄榄，大内氏的翻译也没有错误，故可认定所言为橄榄。因此，这里应该是橄榄，而不能理解为"オリヴ"（Olive，油橄榄）。从植物学来看，橄榄属于橄榄科橄榄属，而 Olive 属于木樨科木樨榄属，二者完全不同。但不知什么时候开始，二者被混淆，Olive 被译为橄榄，同样橄榄被译作 Olive。最近这个错误渐渐被改正过来，例如新译《新约圣书》中原译作"橄榄山"的地方，现在日语版直译为"Olive 山"，不过，《旧约》仍为旧译，《创世纪》8:11 一处仍然是"到了晚上，鸽子回到他那里，嘴里叼着一片新摘下来的橄榄叶子"。听说一高（日本东京大学的预备校：第一高等中学）的徽章是橄榄，如果采用的是弥涅耳瓦（雅典娜）的象征意味，那么应该是 Olive 吧。这所学校原来还有短歌杂志《橄榄》，这里的“橄榄”也应该是 Olive 吧。

Olive 现在已写作オリヴ，没有必要使用译语或译字，若是一定要表示成汉字，“齐墩”才是オリヴ的正确汉名。更加严密地说，“齐墩”是小亚细亚、叙利亚方面称呼油橄榄的土语 Zeitun 之音译，并非纯粹汉语，鉴于“齐墩”一词从唐末到现在使用了一千多年，所以认为是汉名也无妨。这和葡萄、苜蓿等的情况类似。

Olive 从唐代以来以“齐墩”一名为中国人所知，因为这一名称出现在段成式的《酉阳杂俎》中，从明治四十年（1907）前后开始南方熊楠先生将这一情况介绍给了世界学术界，牧野博士也曾反复言及，因此，现在到了应该成为人们共识的时候了。纵使不能明白植物学者的学说，若是学习东洋史学的话，也一定会通过已故美国中国学家劳费尔博士的名著《中国伊朗编》而知晓。持有实证学风、对一字一句一丝不苟的桑原博士，发表过对《中国伊朗编》的详细批评，尽管如此，非常遗憾的是，在其闻名于东洋学界的《蒲寿庚之事迹》中，仍多次把 Olive 写成橄榄（岩波刊再版书 40—43 页）。（当然，这并不会对其书的评价造成任何影响，正如我们常说的“弘法大师也有笔误”。）

段成式对オリヴ有怎样的记载呢？试引全文观之。《酉阳杂俎》卷 18 曰：

> 齐墩树，出波斯国，亦出拂林国。拂林呼为齐虒树。长二三丈，皮青白，花似柚，极芳香。子似杨桃五月熟。西域人压为油，以煮饼果，如中国之用巨胜（胡麻）也。

在解读这段之前，还是需要对文字、句读作简要说明。“虒”，多数版本写作“厗”，恐怕是误写。原文音注“汤兮反”，故读音应为 ti（日本音ティ）。尽管劳费尔博士知道读 ti，但没有注意到字的写法，算是千虑一失。“皮表白”处，原文是“皮青白花似柚极芳香”，劳费尔翻译为“树皮绿色，花白色，像柚一样香气很浓”，并不正确，而应该是“皮青白，花似柚”。《酉阳杂俎》中还有对波斯产的“没树”（桃金娘，Rhodomyrtus tomentosa 类）的记载：“皮青白色，叶如槐而长，花似橘而大……”值得参考。在这一点上，牧野博士的解读正确（《植物记》第三版，1946，第 41 页）。（中国人中也有与劳费尔博士持同样见解的，见孔庆莱氏等编《植物学大辞典》，1933，第 1313 页。所以不能只归咎于劳费尔一人。）另外，《太平广记》卷 406 中所引此条，也有一两处应该校对的字句，毕竟是使用了常用字中没有的字，现在就不去说它。上文所见杨桃，一名五敛子，学名 Averrhoa carambola，是酢浆草科的常绿灌木，原产于东印度，在中国福建、岭南似乎也有生长。

下面的解释，是在学识渊博的劳费尔博士的训释基础上，略加私意而作。即"齐墩"二字，接近唐音的 dzi-tun、zi-tun 及 zei-tun，正是中期波斯语 zeitun 的音译，指的是オリヴ。在拂林国（叙利亚、小亚细亚地方），"齐墩"二字的读音，接近当时的 dzi-ti、zi-ti 及 zei-ti，恐怕正如夏德氏所比定的，阿拉美亚语写作 zaita，希伯来语写作 zayith 等，语形与邻近的印欧语族的格鲁吉亚语、阿塞拜疆语（译者按：《中国伊朗编》翻译为"欧塞提克"）、亚美尼亚语等相近。即格鲁吉亚语及阿塞拜疆语中的 zeti、亚美尼亚语中的 zeit，所以，汉字的译音或许是基于居住在拂林的印欧民族所说的语音发音。作为"齐墩"原语的波斯语 zeitun，即便是塞姆语的借用，由于阿拉伯语中有同形语的存在，大概可以认为是从中的转用。总之，波斯、亚美尼亚、格鲁吉亚等印欧民族，早已从塞姆民族处学到了オリヴ的名称及栽培。

劳费尔进一步说道，美索不达米亚的塞姆族在很早的时代便知道オリヴ了，并将其移植到了南欧沿海，经辗转波斯知道了其分布、品种，再经辗转乾隆时代的《四体清文鉴》提到了オリヴ的西藏语、蒙古语的名称，以渊博的学识论说了オリヴ译作橄榄之错误，并且细说橄榄在中国魏晋之交已经存在，而未见オリヴ的栽培，即使是宋代马志的《开宝本草》所记载的波斯橄榄，也不能认作オリヴ。此外，劳费尔还发表了一些有关橄榄原产地、语源等问题的极具启发性的看法。篇幅所限只能从略，详见《中国伊朗编》。

从苏州名医的故事，进一步谈到了オリヴ非橄榄，即使是现在，若是将オリヴ翻译为汉字的话，还是应该按照自古的惯例写作"齐墩"（齐㿉）。日本学者也不知齐墩，小野兰山以来一直误认为是エゴノギ（一名チシャノキ，Styrax japonica），而且这一错误始终没有被改正过来。写到这里，已经超出了我的领域，还请参考牧野先生的著作（上述《植物记》40—42 页）。

# 二

我对葡萄（毋宁说葡萄酒）也略有思考，下面稍作论述。据史料可知，在传入中国的外来植物中，葡萄可谓首屈一指，这里不打算涉及其原语等问题。只是至今仍有人认为葡萄是希腊语 bótrys 的音译、西瓜是希腊语 sikúa 的转讹，还被认为是出色的新研究，而这实际上是已经过时的说法。这种主张是西方中心论调的残存，动辄这是希腊的、这是亚述的，而没有考虑到在中亚与西亚之间生存着的波斯民族，忽视了他们是诸多有形的和无形的文化的生产者和传达者，也是西方文化之于东方的重要传播者和运输者。

古代姑且不说，到唐代，中国人已相当广泛地喜爱喝葡萄酒，这是不争的事实。唐太宗平定高昌后，得到哈剌火者的名产——马乳葡萄的良种，并将其移植宫苑，同时，改进当地的酿酒法，从而酿造出了芳醇绿酒。有记载说武则天赞赏禁中普贤堂的葡萄，每当硕果低垂之际，则临幸此堂，可知当时宫中仍有栽培（不过不知普贤堂是在长安大明宫中，还是在武后喜好驻跸的洛阳皇宫中）。然而，能够大量种植葡萄、供给葡萄酒以满足民间需求的地方在哪儿呢？在与唐代一样嗜好葡萄酒的元代，中国腹地葡萄的专门产地是山西太原，这由记载元代帝室饮食的《饮膳正要》或马可·波罗的旅行记，已为世人所知，此处无须重复（参阅岩村忍君《蒙古史杂考》所收《元代葡萄酒考》）。太原的葡萄、葡萄酒想必由来已久，但大略能追溯到哪个时代呢？很遗憾在岩村君的论考中找不到答案。板桥伦行君在《桃源》杂志第二号上发表了《中国葡萄酒史考》一文，和我的设想一样，他将此追溯到五代，他写道："根据文献记载，我们认为，可以从马可·波罗的时代上溯到五代时的后晋天福八年（943），这时太原已经栽培葡萄。"其证据应该是新旧两《五代史》及《资治通鉴》等。那么，难道没有证据能将此进一步追溯到唐代吗？我想就此问题请教大方。

首先是一条零散却也最有说服力的史料。即《新唐书》卷 39《地理志》"北京太原郡"条下，列举了当地的贡物——"葡萄酒"，讲葡萄酒是此地的名产。

其次是白乐天的长诗《寄献北都（太原）留守裴令公》。诗人曾受到主政洛阳的裴公的知遇，故赞颂其作为北都太守的功绩，诗中有"羌管吹杨柳，燕姬酌蒲萄"，此句下面自注"蒲萄酒出太原"。虽仅此一句，却是唐代太原产葡萄酒的确证。

再次是刘禹锡的五言长诗《蒲桃歌》，诗中写到了移植野生葡萄并精心培育，最终结出美果的事情：

……

> 有客汾阴至，临堂瞪双目。自言我晋人，种此如种玉。
>
> 酿之成美酒，令人饮不足。为君博一斗，往取凉州牧。

从山西汾水流域而来，自称是晋人（山西人）的这位客人，大概是太原附近人士吧。此人看着眼前的异地葡萄，大为惊讶，并告诉诗人当地乡土之风。故这亦可作为太原出葡萄酒的一个例证。

最后，有明清类书中常引用的《河东备录》一节。我不知道此书是何时何人所撰，对具体内容也不是十分理解。河东指称山西，既然以河东为题目，辑录的应该是和此地相关的一些事情吧。文中有云："杨炎食葡萄，曰：汝若不涩，当以太原尹相授。"虽然前后文不明，也不知要表达何意，但写到宰相杨炎品尝的葡萄中有涩口的，如果是美味，则赏赐葡萄做太原尹，诙谐之中，含有此果是当地名产的意思。这条史料不是十分有力的证据，姑且附在此处。

通过这四条例证，可以认为太原的葡萄及葡萄酒在唐代时已经闻名，请博雅之士垂教。关于唐代其他地方葡萄的栽植、野生的状况等，也有想对劳费尔博士、岩村、板桥君等人的研究未及之处补充一些史料的想法，只是篇幅有限，且于卧病之中，故就此搁笔。


### 附记

上文中说到的马乳葡萄，是果实细长、形似马的乳头的葡萄品种之一。到了后世，这个名称与形容葡萄蔓状卷须的"龙须"一词一样，成为这种植物的别名。

# 西域胡商重金求购宝物的故事

## ——关于唐代中国广泛流布的一类故事

　　若翻阅唐五代的小说或者随笔，以下形式的唐代故事屡屡出现。即，某人因某个机会获得了某件宝物。而此物一般人初次看见定是认为毫无价值的，因此时人并不知道它是宝物。随后，来到中国的西域商人偶然目睹此物，便异常珍重地以高价买下。这便是故事的梗概。暂且不说它同大多类似的故事相比较之后，抽出了某些大体上的共同特征，就每个故事细致讨论起来，于细微之处，还是有许多不同的。

　　第一，获得宝物的途径是多样的，有的是一开始就持有宝物，也有的是偶然有幸获得宝物。有五六个例子，是为他人提供了某种服务，作为谢礼而得到宝物的情况。其中，对来中国途中患病的胡人心生怜悯，作为回报将宝物相赠的情节也有三四个。也有极少数开始就说是珍宝及其授予的情况。

　　第二，在把宝物卖给胡人的时候，胡人买主频频抬高价格以高价买下这一特色情节，几乎在所有的故事里都能看到，少有缺少这一段情节的。但是，这种情况导致了不惜重金购买宝物的结果。当时，由于某个特殊的原因，胡人也会讨价还价，或者拿不出如此多的金钱，但一般说来，常见的是胡人支付重金购买（参阅以下实例第十四）。又如实例第十六、第十七、第十八，则完全缺少宝物卖给胡人的记述，这是由于某些原因，依照标准脱落最后一节的故事。（第十六则和第十八则故事中，得到宝物的人在历史上是实在的，也许是因为将宝物卖给胡人并获得利益，对于高官有不相称之处的缘故吧。）

　　第三，也有不少宝物持有者得知所卖之物是宝物的时候，问及胡人其中缘由，胡人给予说明的情节。细致地说来，原因多种多样。宝物大都有异常的魔力，不可思议的灵异，诸如在沙漠之中立马能取得清水；或是以宝物为一种诱饵，能够一次性获得更多的宝物，或是借由此神力能开山破岳，翻江倒海，轻而易举地进入宝物的殿堂之类。其中也有讲述西域某某国家的国宝流失在外，悬赏重金，搜寻其去向的二三则故事。

第四，积极地卖宝物给胡人的情况少，大多是由胡人感知宝物所在而求购宝物的情节。值得注意的是，前者大多或是自我感觉胡商一定会买这样的东西，或是被告知胡人一定会买下，但也应注意后者胡商具备一种宝物感知力的记述。虽然从多数故事看来，各个故事在细微处存在差异，但大体的脉络如开头所述。

那么，这些故事在俗文学上有怎样的意义，在他国、他民族之中是否存在相似的故事？这些疑问自然会产生。但惭愧的是，笔者在这方面完全是门外汉，因而对此实在是没有资格回答，这些疑问只能全权委托给这方面的专家解答。而据拙见，这类故事除此以外似乎无所听闻。想着或许对俗文学研究者回答这些问题多少会有一些参考价值，又因难以舍弃这些故事，所以，笔者将所收集的译出汇录于此。附带从史家的立场出发，来看看这些故事是如何反映唐代史实的？或者反之，这些故事当中有多少是汲取了唐代当时的史实？最后附加一二拙见，恳请有识之士批评指正。下面且逐条列举故事。

### （篇一）长安菩提寺僧卖"宝骨"给胡人的故事

长安平康坊有座菩提寺。因为李林甫宅院在东，……李林甫过生日的时候，常请这寺里的和尚在自家宅邸设斋赞佛。有一回，一位僧人去念经，李林甫施舍他一具马鞍，拿出去卖，价值七万钱。数年之后，又逢李氏宅邸赞佛之际，另有一僧极力称颂李林甫的功德，希望得到优厚的施舍。但他得到的却是一个长数寸、貌如朽钉的东西，大失所望（当然这也是郑重地用丝织巾帕包好了，放在彩筐里的）。僧人沮丧了多日，想到李林甫这样的大官不至于欺哄他，就带着那东西到西市上给一个胡商看。胡商见了，吃惊地说道："上人，您是怎么得到此物的？请一定卖给我，不会有损它的价值。"僧人试着索价百缗[1]，胡人大笑道："要低了。"因而他尽量提价要到五百缗。胡人说："此宝价值千万缗！"说完就付钱给他。僧人询问宝物的名称，胡人说："这是宝骨。"[2]

段成式《酉阳杂俎》续集卷5收录的《京洛寺塔记》之《释门故事》，记载了这段故事。《太平广记》卷403，也以"宝骨"为题将其转载。（但是其间有些文字差异，且《太平广记》里有严重的错字、漏字现象。笔者选取《太平广记》各版本中最善本，即明谈氏（恺）的刻本为蓝本，同时参照许氏（自昌）刊本、清黄氏（晟）刊本、上海扫叶山房石印本等，诸本皆有误脱。即脱落了《酉阳杂俎》续集中的"胡商惊曰：'上人安得此物？必货此，当不违价。'僧试求百千"一段。不仅如此，这一部分还误入了后文第十九则的故事中，使得第十九则的内容难以解读。而至今为止都没有人指出，为了慎重起见，在此附加说明。）平康坊位于长安左街，东市西北一带，因名家宅邸和有名佛刹而著名，同时也是首都第一花街游里，是享有盛名的美妓聚集地。


## （篇二）杜陵韦氏将仙女授予的宝物卖给胡人而致富的故事


　　杜陵（长安东郊）有个叫韦弇的人，开元年间进士考试落第后，寄居在蜀地。蜀地名胜很多，且恰值晚春，韦弇和他的几位朋友每天举行花酒宴会。一天，受人诱引的韦弇拄杖来到蜀郡南十里的郑氏亭前。这里"端空危危，横然四峙，门用花辟，砌用烟矗"的景象，让韦弇看呆了，无暇他视。心里叹道："真所谓世外之境啊！"亭上有十几位仙女，皆"极色也"。仙女的随从侍女，也有十来个人，也都"纹绣杳眇，殆不可识"。韦弇问道："这是什么地方？各位是什么人？"众仙女说："这是玉清宫，我们是玉清之女。想邀请你来是有一事相托，所以假借郑氏之亭让你来，这里其实是仙府。虽然凡人不能在仙界久留，但是你在这里，不会有任何损害。请你尽情游赏。"于是命人在亭中设宴，"丝竹尽举，飘然泠然，凌玄越冥，不为人间声曲"。酒到酣处，众仙女说："我们听说大唐天子崇尚神仙。我们有一支新乐曲，名叫'紫云'，想送给唐天子。你是唐人，替我们把曲子进献给天子，可以吗？"韦弇说："我是一个普通书生，在长安城中，只是尘世间区区小人物，连天子的大门口都看不到。我又不懂音乐，怎么能办得到呢？"众仙女说："既然你办不到，我们托梦传给他也是可以的。"又说："我们有三件宝贝，要赠送给你。这几件宝贝能让你富比王侯，请你笑纳。"于是就命左右取来那三件宝贝。首先拿出来的是一只杯子，呈碧绿色，光莹洞澈。仙女看着韦弇说："这是碧瑶杯。"接着又拿出一个枕头，样子像玉，微微发红，说："这是红麸枕。"又拿出一个小匣，说："这是紫玉匣。"小匣呈紫色，也像玉，但是比玉莹澈光亮，这些全送给韦弇。韦弇拜谢之后便离去，走了不到一里地，回头望亭，茫茫然毫无踪迹。韦弇感到不可思议，到底也不知道这是什么地方。于是，他带着三件宝物回到了长安，第二年考试又落第，东游到广陵，就把三件宝贝拿到市场上出卖。有一个胡人见到便下拜说："这是天下的奇宝啊！尽管千万年了，但是从来没人得到过它。你是怎么得到的？"韦弇就将事情的原委告诉了他，接着问道："这究竟是什么宝物呢？"胡人说："这是玉清三宝。"于是胡人用数千万的价钱买去三宝。韦弇从此建造宅院，居住于广陵之中成为豪士，到老也没有做过官。

这个故事出自张读的《宣室志》，《太平广记》卷 430 采录。故事的前半部与本稿主要内容并无深刻关联，所以稍稍省略了一部分。韦氏起初游历之地无疑是成都，广陵即扬州。另外，传五代杜光庭所作《神仙感遇传》中也载录了这段故事，文字用语和《宣室志》所录的故事略有出入，但故事的脉络基本不变。只是在《感遇传》的最后，附加了仙女如约托梦给玄宗皇帝，传授《紫云》秘曲一段。

## （篇三）临川岑氏卖给胡人白石而致富的故事

临川有个姓岑的人，有一次游山，看见溪水中有两块大小如莲蓬的白色石头，自相追逐奔跑。岑氏就把两块白石捉住了，回家放在箱子里。那天晚上，他梦见两个白衣美女，自言她们是姐妹，来侍左右。梦醒之后，岑氏知道这两块白石不寻常，就总藏在衣带中。后来他到了豫章，有一个波斯胡人拦住他问："你有宝贝带在身上吗？"他说："是。"说完他把两块白石拿出来给胡人看。胡人出三万钱为价购买。岑氏虽然知道这是宝物，但是留着也没有别的用途，就高兴地卖给了胡人，得了钱。他用这钱做谋生的本钱，就逐渐致富了。但他一直遗憾没有问那石头的名字和用处。

这个故事出自南唐徐铉的《稽神录》,《太平广记》卷 440 中采录。临川位于江西鄱阳湖之南，原抚州之地，现为临川县所治（指本文写作之时）；豫章即其西北面，湖西的大都即江西的省城南昌的古名。


## （篇四）盐船守者得宝珠而卖给胡人的故事

苏州华亭县（今松江），有一座陆四官庙。元和初年，有几十只盐船停泊在庙前。夜半一场雨过，守船人忽然发现庙前光明如火，就偷偷地窥视，见一个长数丈、大如屋梁的东西用口玩弄一团火，或是要吞下去的样子。守船的不知这是何物，就把一根竹篙投过去，那东西受惊逃入草丛中。但是发光的东西留在原处，守船人上前一看，原来是一颗直径一寸的珍珠，光耀夺目。他得了宝珠，怕宝物发光被别人发现，就用衣服把宝珠包起来，但是光亮仍然能透出来。他想到宝物怕污秽，就脱下内衣来包它，果然包住了。以后没有人发现它。他拿到扬州胡人开的珍宝店里去卖，卖得几千缗钱。他问胡人这是什么珠，胡人没有告诉他便离去了。

这个故事出自《原化录》，收录在《太平广记》卷 420 中,《原化录》可能就是皇甫某编纂的《原化记》。


## （篇五）乐安任顼救助老龙得珠，卖给胡人而获得重金的故事

唐朝建中年间，乐安有个叫任顼的人，生来喜好读书，不喜欢尘寰俗事，居住在深山之中，有老死深山的志向。一天，一个老人前来山中拜访他。那老人身穿黄衣，相貌很俊秀，一副心有所忧，神情沮丧的样子。任顼问其缘由，老人说：“有一事恳请相助。其实我不是人，是龙，住在西边的大水池里，如今受危险所迫，徘徊在生死之境。除了你，谁也不能让我摆脱死亡。”

任项推辞说："我只知道诗书礼乐，不通任何奇异的法术，实在是无力相救。"老人说："不用借助其他道术，只劳你照我说的去做就可以了。"任项便接受了老翁的请求，按老翁说的去做，斥退了放干池水、想要杀龙食龙以得到仙果的道士。任项也回到山中。这天晚上，任项梦到前几天那个老头对他表示深切的感谢，说："千言万语难以表达，现在奉献您一颗珍珠，可以在池边找到，以表示我感恩重报之心。"任项到池边一找，果然在池边草丛中找到一颗直径一寸大的珍珠，光亮耀眼，洞澈润洁，是几乎不可看清的珍珠。任项把它拿到广陵市上去卖，有一个胡人看到了说道："这是真正的骊龙之宝，世人没有能得到的。"胡人用数千万缗的价钱买去了珍珠。

这个故事载在《宣室志》，《太平广记》卷 421 将其转载。故事的前半段，特别是救助老龙的情节原文有更为详尽的记载，但从本稿的目的来说并不是必要的内容，所以没有对其抄译。乐安是唐郡，位于今山东惠民县。

## （篇六）长安西明寺僧卖给胡人珍宝"青泥珠"的故事

武则天时，西国进献的珍宝里有一枚青泥珠。珠子像拇指那么大，微微发青。武则天不知青泥珠的珍贵，把它送给了西明寺的僧人。僧人把这颗珠子嵌入金刚的额头上。后来和尚讲经的时候，有一个前来听讲的胡人总是盯着这颗珠子看。十几天里，他总在珠下凝视，心思并不在听讲上。僧人想知道其中缘由，于是向胡人问道："施主是想要买这颗宝珠吗？"胡人说："如果能卖，我保证出重价。"和尚最初要价一千贯，胡人说："太低了。"渐渐涨到一万贯，胡人还是说低了，于是定到十万贯，成交。胡人买到此珠之后，剖开腿上的肉，把珠子纳入其中，然后回到西国。僧人把这事向武后禀奏后，武后下令寻找这个胡人。几天之后，使者找到了那胡人，问他宝珠在什么地方，他说已经把宝珠吞到肚子里了。使者要剖开他的肚子检验，胡人没办法，只好从腿肉中取出宝珠来。武后召见那胡人，问道："你花重金买这珠子，到底要用它干什么呢？"胡人说："西国有个青泥泊，泊中有许多珍珠宝贝。

但是淤泥很深，无法将珍宝取出来。如果把这颗青泥珠投到泊中，淤泥就会变成水，那些宝贝便可以得到了。"武后于是拿青泥珠当宝贝。直到唐玄宗时，这珠还在。

这个故事出自戴孚的《广异记》，《太平广记》卷 420 中采录而流传至今。西国是指何处并不明确，但从和青泥珠同时献上的还有毗娄博义天王下额骨及辟支佛舌的记载来看，西国可能是天竺。毗娄博义天王的真名可能是毗娄博叉，即梵语 Virū-pākṣa 的音译。因其是龙王的守护神之一，所以在中国作为二十四天尊之一受到尊崇。辟支佛是梵语 Pratiyêka buddha 的音译简称，实际写作毕勒支底伽佛，有独觉、圆觉、缘觉之义。这是修业某一阶段所授予的称号，并不是某一佛的固有名。

## （篇七）扶风旅舍的主人卖给胡人门外方石的故事

近世有一个波斯胡人，来到扶风的客栈，见主人家门外有一块方形石头，盘桓了数日都不离去。主人问其缘由，胡人说他想用这块石头捶衣裳，愿出两千钱买下。主人很高兴，就把石头卖给了胡人。胡人把石头运出来，剖开石头，得到一颗直径一寸大的宝珠。胡人用刀将自己臂腋处剖开，将宝珠藏在里面，就起程回国。乘船在海上航行了十几天，船突然遇到沉没的危险，摇船人知道这是海神得知船中有宝物，所以前来索要，船中一定有人携带了珍宝，于是便逐个搜索。但是没有找到应献给海神的宝物，摇船人要把胡人扔下海去。胡人恐惧，剖开臂腋，把珠子献出来。摇船人冲大海说道："如果想要此珠，就来领取吧！"海神便从水中伸出一只满是毛的手，握着珠子没入了水中。

这个故事出自《广异记》，同样也采录在《太平广记》卷 420 中而流传至今。扶风是长安西面一邑。

## （篇八）长安大安国寺僧卖给胡人"水珠"而得重金的故事

长安大安国寺，是唐睿宗做相王时的旧官邸。他登基以后，在这里建了道场。他在做相王时，曾向寺中施舍一颗宝珠。当时收在常住库，说它价值亿万，寺僧把宝珠放在柜子里，竟不认为多么贵重。到了玄宗皇帝开元十年，寺僧因某种需要，开柜看宝物，要把它卖掉。见函封上写着："此珠价亿万。"僧人们不知里面放着何物，共同打开了函封。于是看见一个状如石头碎片一样的东西，赤色，夜间微微发光，光高数寸。寺僧们议论道："这是一件很普通的东西，怎么能值亿万呢？"打算把它出卖试其价值。于是带到市上（长安的东市或西市）让一个和尚监卖，试一试这颗珠子的价值。过了几天，有贵人打听价钱，等到人家看了珠子，就说："这只是块普通的石头罢了，和瓦砾没什么差别，干吗胡乱要价？"人们都嗤笑着离去。和尚也觉得有些不光彩。十天之后，又有人询问，知道此珠夜间发光，有的出价几千缗，和尚（心想或许能要价更高）渐渐抬高了价格。一个月以后有一个西域的胡人，到寺里购求宝物，见到此珠便大喜，把它戴在头上，异常珍重。此人是胡人中的富贵者，他让翻译询问珠子的价钱，和尚说："一亿万。"胡人若有所思地摆弄了半天，恋恋不舍地离去。第二天，胡人又来了，让翻译对和尚说："此珠确实如您所说价值亿万，但是胡人客居大唐很久了，现在只有四千万，可以吗？"和尚高兴地领胡人去拜谒寺主。寺主答应了胡人的请求。第二天，（胡人）交出四千万贯钱，把珠子买了去，胡人对和尚说："我付的珠价实在是太少了，万分抱歉，还望不要埋怨。"和尚问胡人从什么地方来，又问此珠有什么用。胡人说："我是大食国的人。国王贞观初年与大唐通好，那时将此珠作为贡品进献大唐。但是后来国人经常思念这颗珠子，想将它取回，便征求能得到并带回此珠的人，授予相位。已经征求了七八十年了。如今有幸得到此珠喜不自胜。这颗珠子名叫水珠。军队行军休息时，掘地二尺，把珠子埋进去，水泉立刻喷出来，能让几千人解渴。所以行军之时总不受缺水之苦。自从没了这颗珠子，行军时就经常忧愁没有水喝。"和尚不信。胡人命人掘地埋起珠子，不一会儿泉水便涌出，水色清冷，向周围流淌。和尚捧水尝了尝，才感悟到此珠的灵异。胡人带着珠子离去，不知去了何处。

这个故事出自牛肃的《纪闻》，现存于《太平广记》卷420。大安国寺是长安左街北端诸坊中心长乐坊里的大寺。大食国毋庸赘言是指阿拉伯。

### （篇九）魏生卖给胡人"宝母"而致富的故事

安史之乱的时候，有一个叫魏生的人。年轻时因功勋门第成为王族亲戚，家财累万。但是由于他交结不轨之徒，因此陷于贫困，遭到当地士族的排斥，于是他带着妻子到江南避难。几年之后，事情平静了，他准备归乡，坐船到虔州地界时，恰逢一场暴雨过后。他眺望当地风光，忽然望见河岸沙滩上有一块地方，热气蒸腾，高达数十丈。他探寻着走上前看，只见乱石之间有一块状如瓮片，手掌那么大的石片，颜色半青半赤，清晰可辨。他试着把它捡了回来，放到书箱里。回到家乡一看，旧相识已荡然无存，又没有财物可用来谋求官职，就只好租借一处房子住下来。这里的市肆之中有许多胡人客商，胡商中的一个旧相识可怜他，分一些钱财衣物来帮助他。某次，胡人商客举行"宝会"——按照胡人的习俗，每年都会举行一次同乡人的大会，会上，每个人都要展示自己带来的宝物，宝物多的人就戴着帽子坐在上首，其余的按宝物的多少依次排列。这种风俗称之为"宝会"。今年的宝会胡人邀请魏生去参观。魏生忽然间就想到了以前拾到的那块石片，就把它揣在怀里去参加胡人的宝会。到会之后，他并不敢说他带来宝物了，就一脸茫然地坐到了最末席。吃过饭以后，胡人们开始展示各自的宝贝。坐在最上座的拿出了四颗明珠，每一颗都有直径一寸之大，其他的胡人全都站起来，一齐向首席胡人稽首礼拜。其余依次展出的，或者三枚，或者两枚，全是珍宝，都非寻常之物。轮到坐末席的魏生，胡人们全都笑了，和他开玩笑道："您也有宝贝吗？"他说："有。"于是拿出怀里的石片来展示，笑着说，"这就是我的宝物。"三十多位胡人全都站起来，扶起他推到首席上去，一齐下拜。魏生起初以为自己被戏弄了，十分惶恐，后来才知道，胡人们是诚心诚意的，这才感到惊奇。那些老一点的胡人见到此石，有的都流下眼泪。于是众胡人请求魏生将这件宝贝卖给他们，他要价多少就给多少。他也就没客气，要价一百万，众胡人嗔怒道："为什么要如此看低我们的宝贝呢？"于是一直加价到一千万才算完。魏生悄悄问一个胡人这宝贝叫什么名字，胡人说："这是我们国家的宝物。因为战乱已经丢失了三十多年了。我们的国王屡次下令寻求它，说，如有能找到此宝的人拜为国相。这次我们把它带回去，都能得到重赏，何止几百万！"他又问此宝有什么用，胡人说："这是宝母啊，每月的十五日，国王亲自来到海岸设坛祭奠，把此宝放到祭坛上，到了晚上，各种珍珠宝贝就会自动聚拢而来。所以叫作'宝母'。"魏生于是获得了钱财，资产数倍于原先。

这个故事出自皇甫氏的《原化记》，《太平广记》卷430引用而流传至今。魏生的籍贯在故事情节当中虽然没有明示，但其"历任王友"，因避安史之乱而逃至岭南，可知应该是长安、洛阳一带的人。又市肆胡客中多旧识，从其他类似的故事情节来看，似乎是长安一带的故事。但这对故事本身并没有影响。长安、洛阳、南昌、扬州等虔州以北胡人来往者众多之地，也是有可能的。虔州，即今赣县，位于江西省西南隅，临近广东省境，是自岭南（广东地方）北归，以及从北方向岭南而去之人的船只停留之处。（关于这段水上交通路，李翱的《来南录》里有详细记载。这个故事还收录在《说郛》中，幸能参照。）

## （篇十）冯翊严生得清水珠并卖给胡人的故事

冯翊郡的严生，家在汉南，曾经在游岘山的时候得到一样东西。这东西状如弹丸，色黑，比弹丸大，且发光。仔细看去像光洁清澈的冰块一样。严生把它拿给人看，有人说这是一枚珍珠。严生就给它起名叫"弹珠"，平常放到箱子里。其后严生游长安，在春明门遇到一个胡人。那胡人拉住马停下来对他说："您身上带有奇宝，能让我看看吗？"严生就把弹珠拿出来给他看。胡人捧珠高兴地说："这是天下的奇宝呀，我愿意出三十万钱买它！"严生说："这宝贝有何用，你为何出如此高价？"胡人说："我是西域人。此珠是我国的至宝。国人叫它清水珠，如果把它放到浑水里，水就会澄清洞彻。自从丢失此宝，将近三年了，我国的井泉全都浑浊了，国人都病了。所以才翻山过海来中国找它，现在竟然在你这里找到了它。"胡人命人打来一盆浑水，把珠子投进去，不一会儿，水就变得清亮明澈，纤毫可辨。严生于是把珠子卖给胡人，获三十万钱而去。

这是张读《宣室志》里记载的故事，《太平广记》当然也将其采录，收在卷420中。冯翊是所谓三辅之一的今陕西大荔县。汉南是湖北的宜城县（今宜城市），原在襄阳府的管辖下。岘山在襄阳县（今襄阳市）之南，晋羊祜曾屡屡登览此山，他死后为其立碑于此而著名（其碑追念羊祜，悲怆之情感人至深，因而叫堕泪碑）。长安的春明门，是东城墙北起之第二个门，如同我们京都所说的三条口，春明门作为由东进入京城的门户，往来殷盛。

## （篇十一）某士人得珍珠而卖给胡人的故事

咸阳岳寺的后面，有北周武帝的帽子，那上面缀有一颗珍珠。珍珠大如瑞梅，但历代都没有把这颗珍珠当作宝贝。则天武后的时候，有一位士人经过岳寺，见到这颗珍珠，开玩笑似的把它取了下来。恰逢天很热的时候，他走到寺门换衣服，把珠子裹在脱下来的衣服里，放在金刚神像的脚下，无意中就忘记了收回它。第二天他便去扬州收债，途中宿在陈留客栈。夜间听到胡人斗宝，他披着衣服出来看，于是就说了周武帝帽子上那颗缀珠的事。几位胡人大惊道："早就听说中土有此宝贝。我们正是来寻求此宝的。"士人说已经把它遗失了，胡人都感到遗憾，说道："如果你能把它带到这儿来，我们一定重谢你。你现在到扬州去，要收多少债（意为支付其待收债金）？"士人说要收五百千，几位胡人便拿来五百千给他，让他回去取那珠子。他回到金刚神像脚下，珍珠还好好地放在那里。于是就带回来给胡人看，几位胡人高兴得直拍巴掌。一连饮酒欢乐了十多天，胡人才谈到买珍珠的事，问他要卖多少钱。他使了个大劲喊价一千缗，胡人大笑道："那也太污辱这颗宝珠了。"几个胡人一合计，定价为五万缗，几个胡人凑钱买下这颗珠子，又邀士人和他们一起前往海上，看看此珠的真正价值。士人就和他们一起到了东海上，大胡用银锅煮醍醐，又用金瓶盛着那颗珠子，放到醍醐里重煮。刚刚煮了七天，就有两位老人领着数百人，带着许多宝物，来到胡人处，想赎那珠子。胡人故意坚决不答应。过了几天，他们又带着堆积成山的宝贝来赎，胡人还是不答应。三十多天以后，老人那群人散去了，出来了两位洁白端丽的龙女，投到盛珠子的瓶中，龙女和珠子混合成膏药一样的东西。士人问："那些要赎珠子的都是些什么人？"胡人说："这珠子是贵宝，有两个龙女卫护。诸龙爱怜二女，所以才用许多宝物来赎龙女（同珠一并）。我所求的是超凡度世，难道还贪恋人间富贵吗？"于是胡人用膏涂脚，在水面上行走，舍船而去，其他胡人纷纷说道："我们共同买下这颗珠子，为什么你独占了好处？你已经走了，我们该去向何处？"于是那个胡人让他们用所煮醍醐涂船，可遇顺风还家。众人都照他说的去做。不知他后来到哪里去了。

这个故事出自戴孚的《广异记》，《太平广记》卷 420 中有收录。咸阳岳寺的位置虽然现在不太清楚，但从字面来看，是距陈留一日路程之地的某寺。果然传本的文字稍有误，使得一二处文义不明，诸本之间的文字也有异同，笔者相宜暂且译出如上（醍醐应是牛乳）。

## （篇十二）吴郡陆颙卖给胡人腹中奇虫的故事

吴郡有个叫陆颙的人。陆颙从小喜欢吃面食，但越吃身体越瘦。长大后，由本军送到礼部参加会试，结果没考中。于是做了（长安）太学中的学生，过了几个月，有几个胡人带着酒到了他的住处（称想和颙见面）。坐下后，胡人看着陆颙说："我是南越人，生长在少数民族地区。听说唐朝天子招罗天下英才，并且打算用先进的文化感化、改变四方的少数民族，所以我航海翻山来到中国，想观赏太学中文物的风采。只有您戴着高高的帽子，衣襟飘动，容貌庄重，仪表肃然，真无愧是唐朝的儒生。所以我愿意跟您友好交往。"陆颙很感谢，说："我侥幸进入太学，可是并无别的才能。您怎么竟如此垂爱我呢？"于是一起设宴吃喝，极尽欢乐胡人们才离去。陆颙是个轻信他人言辞的人，认为胡人们不会欺骗自己。过了十几天，胡人们又来了，并拿来了黄金和丝绸赠给陆颙。陆颙疑心胡人们别有用意，就坚决辞退了礼物，胡人说："您虽然住在长安，但生活窘迫，面有饥寒之色。所以我拿来些黄金和丝绸，仅是作为您的仆人和您的马一天的费用。我们是为了跟您交好，没有别的用意，希望您不要怀疑我们。"陆颙只好接受了黄金和丝绸。等胡人走了以后，太学中的一些学生知道了这件事，都来对陆颙说："那些胡人都是贪财爱利不顾性命的人。为争夺盐米这样的小东西，都会相互残杀。如何肯牺牲黄金和丝绸赠送给朋友呢？再说太学中学生不是很多吗，为什么单单如此厚待你一人呢？你暂到郊外藏身，以避免他们再来为好。"陆颙便侨居在渭水河畔，闭门不出。只过了一个月，胡人们竟找到他住的地方（说想见颙）。陆颙很吃惊，胡人高兴地说："此前您居住在太学中，我想说的话不能都说出来。现在您退居郊外，正合乎我的心意。"坐下后，胡人拉着陆颙的手说道："我来不是偶然的，而是有求于您的。恳请您答应我。再说我所要求的，对您没有任何损害，对我则有很大的好处。"陆颙说："您所要求的是什么事？请先指教。"胡人说："您不是喜欢吃面吗？"回答说："是的。"胡人又说："吃面的不是您，而是您肚子中的一条虫子。现在我想把一丸药给您，您吃下它，就会吐出虫子。我就用优厚的价格从您那里把虫子买下来，可以吗？"陆颙说："如果真有这个虫子，当然可以。"于是胡人拿出一粒紫色光泽的药丸，叫陆颙吃下。过一会儿，陆颙便吐出一条虫。虫长二寸左右，青色，样子像青蛙。胡人说："这虫叫消面虫，实际上是天下的奇宝。"陆颙说："你是怎么识别的？"胡人说："我每天早晨看到宝气连着天空，位于太学中，我猜想是因为您居住在那儿。然而从一个多月前，清晨远望时，发现那团气移到了渭水河畔，果然是您迁居到这里来了。这种虫子是承受天地中和之气而凝结成的，喜欢吃面是因为（面的原材料）麦子从秋初开始播种。到来年晚夏，才结出果实，接受了天地（恰好历经一年秋冬春夏）四季的全部精气而成熟，所以虫子自然喜好（小麦制成）面的滋味。您用面喂它，看看它的样子便可以证实。"陆颙就把一斗多面放到虫子面前，虫子立刻就吃光了。陆颙又问道："这个虫子用来干什么呢？"胡人说："天下的奇特宝贝，都承受了中和之气，这个虫子是中和之气的精华。拿着根本而去索取次要的，不管多远的东西都可以得到。"之后胡人把这只虫子放入竹筒，又把筒锁在一个金属的匣子里，让陆颙放到寝室中，说明天他们会再来，便离去了。到了第二天早晨，胡人用十辆车载来金玉丝绸大约数万献给了陆颙，交换了金属匣子离去。陆颙从此富裕，购置了房子花园，并置办了生活用品，每天吃好米好肉，穿着华美的衣服，在长安城中游览，号称豪士。只过了一年多，胡人们又来了，对陆颙说："您愿和我们一同到海中游览吗？我想探寻海中奇宝，以向天下炫耀。而您不是好奇的读书人吗？"因为陆颙已经很富，又闲散安逸，就赶紧同胡人们一起到了海边。胡人们搭起了小房子住在里面，还在银鼎中放入了油膏，在鼎下点起了火，把先前的奇异虫子放到鼎中炼。七天没断（鼎下）火，忽然出现了一个穿着青色短袄，头发分开的小孩，从海水中出来，捧着圆形的盘子。盘中有很多直径一寸的珍珠。来献给胡人，胡人大声叱责他，那个小孩显得很害怕，捧着盘子回去了。不一会儿，又出现了一位容貌极美的玉女，穿着如薄雾的轻纱，佩戴着玉石，耳朵上装饰着珍珠，翩翩从海水中走出，捧着一个紫玉盘前来。盘中有数十枚珍珠，来献给胡人。胡人也骂她，玉女捧着盘子离去。又有一位仙人现身前来，头戴瑶碧冠，身上披着云霞般的披肩，捧着个大红绸面的册子。册子中有一枚直径二寸左右的珠子，奇异的光彩映满空中，光亮照到十几步之外。仙人把珠子献给胡人，胡人才笑着收下了，高兴地对陆颙说："最好的宝贝来了。"立即叫人停火，从鼎中取出虫子，放在金匣子中，那虫子虽然被炼了很久，可是蹦跳如初（毫发无伤）。胡人吞下了那颗珠子，对陆颙说："你随着我到海里去。千万别害怕。"陆颙就抓住胡人身上的带子，跟着进入海水中。那海水都分开了数十步，鱼鳖之类都惊退离去。他们游览龙宫，进入蛟龙住的地方，珍珠和奇异的宝贝（堆积如山），随意选择，才一晚上就收获许多。胡人对陆颙说："这些可以换得亿万钱了。"过了一会儿又把好几种珍贵的宝贝送给了陆颙，陆颙带到南越贩卖，获得黄金十镒，从此更富了。那以后陆颙始终没做官，老死在闽越。

这个故事载于《宣室志》，《太平广记》卷 476 采录。但是《太平广记》所记录的和原本（传承至今的版本，如收录于明代商濬的《稗海》等）相比，字句末尾有些出入，并且《太平广记》诸刻本之间也有异同。这里遵从笔者，相信是正确的记录。另外，和故事情节无关的句子略微省略掉一二处，因为如果译出的话，还必须附上不必要的注释。故事中的吴郡即苏州，本军在这里指本贯即乡里。胡人自言是南越之人，但应是南越（广东、广西）那边过来的西胡，不然"航海梯山来中华"之意就失去了意义。南越之地，西域的西胡侨居者众多，所以"长蛮貊中"的记载是合理的。

## （篇十三）崔炜入洞窟得"阳燧珠"，以重金卖给胡人的故事

唐德宗贞元年间，番禺（广州）有一个叫崔炜的人，不管理家产，与豪士侠客交友，不久便家财荡尽。有一次由于某位大富人家欲使崔炜代替其亲族，作为活供品以祭祀鬼神，崔炜逃亡途中坠入了枯井。幸好井中枯叶堆积，没有受伤。等到天亮他仔细一看，这是一个大洞窟，一百多丈深，没法出去。有一条白蛇盘踞在那里，崔炜用随身携带的艾蒿治愈了蛇疣，由蛇引导进入洞窟深处的宫殿。在这里崔炜遵照宫主皇帝的指示，得到了国宝阳燧珠。宫女告诉他，如果把这颗珠子给胡人看，胡人会用十万缗买下。最终崔炜回到了番禺，去往他以前租的房子一看，才知在他坠井期间，人世已经过去了三年。他打开门进入室内，里面已积满了厚厚的灰尘。不久，崔炜来到波斯店铺卖那颗珍珠，一位老胡人一见这颗珠子，立刻就匍匐在地上行礼，说："你一定是进入了南越王尉佗的墓中。不然，你不该得到这一宝贝。"于是老胡人用十万缗钱把珍珠买了去。崔炜问胡人道："你是怎么认出它的？"胡人说："这是我大食国的国宝阳燧珠。以前在汉朝初年，赵佗（译者按：南越王尉佗，原书与作"赵陀"，本书校改为"赵佗"）派一个有异才的人登山航海，把这颗珠子偷走了，到现在已有一千年。我国有一个懂得仙术的人说，来年国宝定当回归，所以我国国王召我前去，给我准备大船和资金，让我到番禺来搜索此宝，今天果然得到了。"老胡人拿出玉液来把珍珠洗了洗，光照满屋。胡人立即开船回大食国去了，崔炜得到钱，就置备了大量家产。

这个故事记载在相传是郑薰编纂的《才鬼记》中，实际上得珠前后有很长一段故事，也附有卖珠之后与之相照应的情节，全文不仅篇幅极长，而且和本稿的

主题没有直接的关系，暂且割爱不译。因《才鬼记》又收录在《唐人说荟》中，阅读原文不是难事。又，也有日译本可供参考（收录于《国译汉文大成》之三《晋唐小说》）。另外，这个故事也见于裴铏的《传奇》。

## （篇十四）某士人卖给胡人"破山剑"的故事

　　近年有位士人在耕地时拣到一把剑。磨洗之后，拿到集市上去卖。有位胡人要买这把剑。最初出一千钱（一缗），后来涨到百贯（百缗），士人还是不卖。胡人追随士人直到他的家中，把玩这把剑，恋恋不舍。最后涨到百万钱（千缗）买这把剑，双方说定了明天胡人拿钱来取剑。这天夜晚碰巧月色很好。士人跟他妻子二人把剑拿了出来，一块儿观看这把剑，笑着说："这种东西怎么值得那么高的价钱？"他家庭院中有一块捣衣石，无意中，士人用剑指向这块捣衣石，捣衣石立时断为两截。天亮以后，胡人带着钱来到士人家，拿起宝剑一看，惊叹地说："剑光已经没有了。怎么会变成这样？"于是，不买这把剑了。士人责问他，这位胡人说："这是把破山剑，只可用一次，我想用这把剑刺破宝山，现在，剑的光芒已经消失了，我怀疑你们用它触指什么东西了。"士人夫妻俩悔恨地将昨晚的事情告诉了胡人。胡人最后用十千钱（十缗）买走了这把剑。

　　这个故事出自戴氏的《广异记》，《太平广记》卷232采录。虽然无法得知是何处的故事，买方提高价格的情况属于异例，但是作为这类故事的一个代表，应当列举出来。

## （篇十五）长安某生从邻家胡人处得到宝珠，并高价卖给胡人的故事

　　有一位举人住在京城（长安）的时候，邻居中有一个卖饼的单身胡人。

数年以后，胡人忽然病了。举人常去看他，并送些热水、草药给他，但是他一直没好。临死的时候他对举人说："我在本国的时候很有钱，因为战乱就逃到这里来。本来和一个同乡约好在此地相会，所以我不能离开这里。不料遇到您体恤我，我没有什么报答您。我的左胳膊中有颗珠子，珍惜了多年，如今死去也就用不着了。特地在此奉送给您，我死后请把我埋葬。您得了这颗珠子也没有别的用途，此地也没有人能够鉴识此物。但如果听说集市中有西国的胡人来了，您就拿着珠子去问他。一定能卖个好价钱。"说完胡人便死了。举人剖开他的左胳膊，果然取出一颗弹丸大的珍珠，但没什么光泽。举人把胡人埋葬之后，把珠子拿出去卖，却根本没有人询问。三年以后，忽然听说新近有胡人到城内来，举人就前去卖珠。那胡人见到珠子大吃一惊，说："您是怎么得到这宝珠的？这不是此处所能有的，是从哪里弄来的？"举人于是将实情相告，胡人流泪说道："那个人是我的同乡啊！我们本来约定同来探寻这宝物，但是来的时候我在海上遇上大风，流转好几个国家，延后了五六年才到达此地。刚要追寻，不料他已故去。"于是胡人求购这颗宝珠。举人见珠子的样子觉得不太名贵，只要了五十万，胡人依价付钱。举人问他这颗珠子有什么用途，胡人说："把珠子拿到海上去，用一石油煎它，煎二斗油，然后把珠削开，将得到的东西涂在身上进入海里，身上不湿，龙神害怕，可以十分轻松地获取珠宝。"

这个故事出自皇甫氏的《原化记》，《太平广记》卷 420 引用而流传至今。最后的部分因为文章的误脱或文字讹舛，文意稍有不通，暂且采用如上大意。

## （篇十六）李勉同情胡人患者而得宝珠的故事

司徒李勉，开元初年做浚仪县尉。期满，他坐船沿着汴水行进，要去广陵游玩。走到睢阳，忽然遇上一位有病的波斯老胡人，老胡人挂着拐杖来到船前，说："我是个异乡人，如今病得很重，想回江都，能承蒙您的仁慈吗？"李勉可怜他，就让他上了船，还拿粥给他吃。老胡人十分感激，就说："我本是王公贵族之后，做买卖已经二十多年了。家里有三个儿子，估计一定会出来找我的。"没过几天，船只停在泗水，老胡人的病情更重，就避开别人，对李勉说："我们国内丢了传国的宝珠，征求能把宝珠找回来的人。我是世代公相门第，因为奉行鉴戒而贪图高位，想到正是时候（也是为了报国）离乡出来寻找宝珠。有幸最近已经找到。如果把珠子带回去，立即就富贵了。这颗宝珠价值百万。我怕揣着宝珠行经他乡不安全，就剖开身上的肉把宝珠藏在里面，不幸得了病，现在要死了。感激您的恩义，现在就把珠子奉送给您吧！"说完，他抽刀剖开大腿，珠出人亡。李勉就给他置办了装裹，把他葬在淮水之滨。埋葬的时候，秘密地把宝珠放在胡人口中离开。到达维扬以后，住在旗亭，忽然间有许多胡人左右相随，因而得以相互交谈，旁边有一个年轻胡人，模样很像死去的那个胡人。李勉就询访那小伙子，果然与死去的胡人说的相吻合。于是李勉就追问其他事迹，小伙子果然是已故胡人的儿子。李勉将埋葬那胡人的地点告诉年轻胡人，年轻胡人大哭一顿之后，掘开坟墓取宝珠而去。

这个故事出自薛用弱的《集异记》，今存于《太平广记》卷420。故事中的浚仪是今河南省开封县（今开封市）西北一带，宋祥符县（今祥符区）之地。江都、维扬同指扬州，胡雏即胡儿，这样的称谓散见于唐代文献。


### （篇十七）李灌同情胡人患者而得宝珠的故事

李灌，不知是什么地方人。他性情孤僻好静，常住洪州建昌县横舟（鄱阳湖）岸边，岸上有个小茅屋，里面有一位生病的波斯人。李灌可怜他将不久于人世，拿来汤粥照顾他，几天之后他就死了。临死时，他指着所卧的黑毡说："这里面有一颗直径一寸的珍珠，送给你以报答你的恩惠。"等他死了，毡子有微光闪耀，李灌从中得到了那颗珍珠。他买棺木将波斯人埋葬了，悄悄地将珠子放在胡人的口中，在墓边栽了一棵树当作记号。十年之后，李灌再一次路过旧地，当时杨平是这里的观察使，有外国的通牒。他对建昌的客栈里死去的胡人（所有物品之类）进行探查，那些曾向胡人施舍的人家，都被拷问了一年。李灌就问（这些被讯问的人）犯了什么罪，囚犯们详细地说了事情的始末（胡人应持有宝物但并未发现，因此探查）。李灌把真相告诉了县僚（说了自己遭遇的事情始末），并领他们到波斯人的墓地伐树，他当年栽的小树已经很大。他们打开棺材看那死去的胡人，容貌如同活人一样。于是李灌从死胡人口中取出宝珠奉还，当天晚上乘船而去，不知去了哪里。

这个故事出自李亢的《独异志》，《太平广记》卷 420 中引用而流传。建昌位于洪州（南昌）之北，鄱阳湖岸向西狭窄深凹处的附近，以前一直叫建昌，但现在叫作永修县。县城并不与湖水相邻，上文开头所说"倚舟于岸"，大概是从县城望去能看见的湖岸。城下有河流穿过。

### （篇十八）李约同情胡人患者而得夜光珠的故事

兵部员外李约，有一次坐船在江上航行，同一个胡商的船前后行驶。胡商生病了，邀请李约相见，把两个女儿托付给他。他的两个女儿都长得异常美丽。胡商又交给他一枚大珠子。李约全都答应按胡商说的去做。不久胡商死了，他遗留下来的钱财有好几万贯。李约全都如数送给官府，并为胡商的两个女儿寻找好的配偶。当初胡商入殓之时，李约把那枚夜光珠放到他的口中含着，别人并不知道这件事。后来死去的胡商的亲属来清理胡商留下的财产，李约请来官府的人挖开坟墓检查，夜明珠果然还在。

这个故事见于李绰的《尚书故实》，应是前两个故事的变形。《太平广记》卷 168 也收录了这个故事，在前两则（卷 402）讲完故事之后，附带一句"又《尚书故实》载兵部员外郎李约葬一商胡得珠以含之，与此二事略同"加以说明。同样的故事，还见于宋王谠的《唐语林》卷 1。

下面这个故事已经大体变形，不能顺理成章地成为上述列举的这类故事中的一则，但再三考虑，也能从属于这类故事吧。故事说的是，本应是买者立场的胡人成了卖方，而作为中国人的唐代官员充当了买方的角色。因此，买卖的关键即买卖双方发生了变形，并且出现中国官员逼使胡人交钱这种形式，这是最有趣的不同点所在。所以，权且作为最后一个故事在这里列举出来。这个故事出自戴孚的《广异记》，《太平广记》卷403引用，然而，似乎有相当多的文字错误和字句脱漏，致使文义难以梳通。今斟酌译出，若有不准确处，他日再试做订正。

### （篇十九）洪州胡人以重金代奇宝纳贡的故事

唐肃宗乾元年间，国家因为恢复"二京"（安史之乱后长安和洛阳），粮饷供给不足。监察御史康玄间（译者按：汉文原文为"康云素"）作为江淮度支使，向江淮一带的商旅百姓征收财物，用以补充当时急用，录事参军李惟燕奉玄间的命令掌管洪州地方的征收一事。洪州是江淮之间的大都市，有一个波斯来的胡人应征交了一万五千贯。他从腋下掏出一个两手合拳大小的小瓶子来，显得十分贵重。当被问到瓶里装的是什么时，他支支吾吾，并不以实相告。当被要求提交此物时，他说宁愿将应征缴纳的钱数提高到百万贯而不能交此物，并请求原谅，惟燕怀疑他哪里有那么多钱可上缴，因为刚才他只交了一万五千贯，认为可能是他骗人的说辞，但也不好违拂他说的。胡人总算蒙混过关离开了洪州，来到扬州。扬州的长史邓景山知道了这件事，就问胡人是怎么回事。胡人说："瓶中装的是紫羚羯。人得了它，就能受到鬼神的保护，走进火里不会被烧，掉进水里不会被淹，这是无价之宝啊，不是明珠珍宝所能相比的。"于是，这里又向胡人征收了一万贯，胡人也毫无怨恨，高高兴兴地如数交上了一万贯。瓶中装的是十二颗珍珠。

洪州，如前所述是豫章，即今天的南昌。

若仔细搜寻，与上述故事类似的还有一些。仅是其中一部分内容被收录在其他故事中的，也尚有几个。比如唐小说《杜子春传》记载的波斯老贾借钱给杜子春一事，贷款人提高所借金额，勉强算是一例。这里为免烦琐不再一一列举。

作为题外话再来说一说的是，这些故事情节流传至日本后，演变为以日本为舞台，西域胡人换作中国人，中国人换作日本人的故事。这样的故事也有二三则。如今笔者所知的有：

（1）《今昔物语》卷26所载的第十六个故事——"镇西贞重从者，于淀买得珍珠的故事"。

（2）《宇治拾遗物语》卷14所载的类似的故事。

（3）柳田国男先生《日本昔话集》上编收录的"长崎鱼石"的故事。

这些故事中唐人扮演了胡人的角色，日本人替代了中国人。另外，根据孙晋泰先生的研究得知，朝鲜的野史中也有二三则类似的故事，但移录之时变更了故事的主角（胡人成了女真人，汉人变成朝鲜人）。

《今昔物语》的故事情节如下：

> 筑前有个叫贞重的官人。进京之时，为了给宇治殿和自己的熟人送礼物，向唐人抵押了十把上乘的太刀，借得六七千匹。办完事以后，贞重向西国而去，在淀这个地方乘船，有一个叫卖珍珠的商贩划船靠近。贞重的侍从发现出售的是一颗黄豆大小的阿古屋珍珠。侍从用他身上的一件布衣作为交换，买下了这颗珍珠。卖珍珠的人觉得卖了个不错的价钱，便急忙撑船离去。到了西国，有唐人来会，侍从问道："要买珍珠吗？"唐人接过珍珠放到手中晃动，感觉似乎是珍贵的东西，于是询问这值多少钱。侍从见他很想要的神情，便说："十匹。"唐人虽略有犹豫，心想就以十匹买下吧。侍从又感到这应是价值不菲的东西，就急忙又夺要了回来。唐人甚感遗憾，于是，就到贞重的船长身边，低声耳语授意船长如何买回那个珍珠的策略。船长来到贞重处说："你的侍从中有人带着珍珠，能让我观摩一下吗？"贞重即命令持有珍珠者前来示珠，侍从极不情愿地把珍珠拿给船长看。船长拿在手里晃了晃，立即拿着它跑去唐人处。出来的时候，船长把贞重抵押的十把太刀扛了回来，请他收下，不说缘由地去向了某处。贞重一行茫然，惊讶那颗珍珠竟比十把太刀还值钱。谣传这也是贞重的福运所致。

这个故事的面貌大体崩坏，但仔细玩味的话，似乎可以从中读出胡人自己提高价格购求宝物的情节。另外《宇治拾遗》里，有一个接续这个故事的相似故事，篇幅稍微有些长，所以在此省略，但其中一部分与上述十九个故事中的第七个故事有所相似，也有买方出价在卖方期望值以上的情况。

《长崎鱼石》的故事大体为如下情节：

> 长崎伊势屋有个叫久左卫门的人，他有一个关系甚好的唐人朋友。唐人总是盯着土藏石墙的一块青石请求相卖。久左卫门告诉他，这块石头没有什么用处，可以给他，但是一旦拿走，石墙就会坍塌。可等到营造之时将它取出，待唐人再次渡来之时将其奉送。唐人说："我出价百两，今日恳请一定卖给我。下次再来的时候不知能否兑现了。"主人听到这个价钱，知道这一定是宝物，匆忙卖掉一定会可惜，所以拒绝了唐人的请求。尽管唐人又出到三百两，主人还是不肯卖。唐人回国之后，主人取出这块石头拿给玉工鉴定，将其打磨，一点都没看出青石有何奇特之处，又把青石切成两半，旋即有水流出，两条红色小鱼（二尾）从水里飞出不久便死了。主人（这才明白青石的珍贵所在）深感惋惜。次年唐人再来，听到这个消息，流泪长叹，说："从它所在的地方来看，这块石头虽然以前听说过，但此至宝还是第一次遇见。此石名叫'鱼石'，不断将它擦拭，在逐渐接触到一点水的地方，就可以看见石里有鱼。人见了双鱼的游姿，便会心旷神怡，能养心延命。因此我国贵人不惜重金求购，如果转卖给他们，一定会获得暴利。这次我原想用三千两来买回它。"唐人拿出钱给主人看，最终不能如愿而归。

以上虽是故事的梗概，但和前记十四《破山剑》的故事多少有相似之处，是唐代类型故事的一个变形。

那么，这些故事在俗文学上应如何评价，如前所述，我才疏学浅无法解答。其系统也难以说明，但不论胡人的出现与否，这都不是西域系的故事，而是典型的在中国发生的故事。西域人的登场恰好反映了他们在唐代中国各地从事贸易往来的活动。这一点，作为史籍记事的补充，是富有兴味的。胡人支付巨额金钱的财力，也意味着他们当中有巨富大商，为世称李义山所作《杂纂》中存在自相矛盾的词语——如"穷波斯"，提供了实例。另外，故事中既然有西域商胡出现，就自然涉及西域历史的赓续传承。故事中记载的胡人在国家灭亡时丢失了传国之宝，这多少暗藏着萨珊王朝灭亡，泰西封城（Ctesiphon）沦陷<sup>①</sup>，大量财宝丢失这个历史事实。又，关于宝物的魔力，可能与波斯方面的信仰有关联。这一点，我曾参考了卢思卡（J.Ruska）的《卡兹维尼采石场》（Steinbuch des Qazwīnī）、坤斯（G.F.Kunz）的《珠宝与符咒的魔法》（The Magic of Jewels and Charmse）及《宝石学》（The Lore of Precious Stones）等，略有所获，但尚无法整理出有探讨性的东西来。


### 附记

关于上文引用的诸个故事的出处，还望参照《新唐书·艺文志》、宋陈振孙的《直斋书录解题》卷11、晁公武的《郡斋读书志》卷13、清《四库全书总目提要》卷141至卷144。

另外，本文中应附加而未加的，还有诸如刘贯词从神龙的夫人处得到罽宾国镇国碗，带到长安西市卖给胡人的故事（《太平广记》卷421所引《续玄怪录》），义兴的姚生从张公洞的道士处得到"龙食"这种灵物为食，后带给市肆的贾胡看，胡人震惊的故事（《太平广记》卷424所引《逸史》），以及洪州卢传素将亲表甥化身的黑驹置于市之一角，受胡将军恳求而市之的故事（《太平广记》卷426所引《河东记》）。在此仅补充说明存在这样的故事。

---

追　记 | 这些故事都收录在这本东洋文库版新收录的《胡人采宝谭补遗》里（二六一页）。另外，上述诸个故事中出现的"珠"，不是日语所说的圆球，而几乎都是真正的珍珠。

---

① 泰西封（Ctesiphon，Taysifun），今伊拉克著名古城遗迹，亦译"忒息丰"。是古代帕提亚王朝和波斯萨珊王朝的首都。637年，该城被阿拉伯人攻占。

# 再论胡人采宝谭

昭和三年（1928）十一月，我在《民族》第四卷第一号上以"西域胡商重金求购宝物的故事"为题，就唐五代时期流布中国的一种故事类型做了论述。那时，关于这类故事在宋代以后是否存在，并未作任何论述，其实是我孤陋寡闻，对此全然不知。其后所发现的唯一一个宋代的故事，是苏东坡记录的某书生卖给胡人微不足道的东西而得到重金的传说。但我抄记此事的纸片已丢失，至今仍未想起此事出自何书（因此，现讲述的故事情节也可能有所出入。对此设法他日重新检索，再做确切介绍）。不过，既然唐代有如此多的这类故事流传，以此推论，其后也应该有若干这个系统的故事存在。仔细寻查的话，或许会意外发现明清随笔中也有类似的记录。正好近期中国出版的民俗学杂志《民间》月刊，以"胡商采宝"为题，记述了若干个这类故事。1931 年 9 月第四集（第一卷）到 1932 年 8 月第十二集，共刊出二十一篇此类型故事，而且那是逐一实地采集记录的结果，这些故事竟然现今仍在浙江省绍兴、杭州等地口头传承，让人不禁惊讶。不仅如此，其中还有多篇如我私下预期的那样，是像"破山剑"乃至"长崎鱼石"式的失败故事。如此一来，我曾抱有的疑问有了新的资料，使我距离得到满意的解答又稍近了一步。总之，仅就这类话题的增加，我认为有介绍的责任。这便是我现在偷闲执笔于此稿之缘由。

暂且先把这些故事的题目、采集者及其籍贯、采集地、登载杂志的号数等列表呈示。

| 序号 | 题目 | 采集者 | 籍贯 | 采集地 | 所载《民间》号数·发行年月 |
|------|------|--------|------|--------|------------------|
| 1 | 定风针 | 林融甫 | 江山 | 江山 | （第一卷）第四集（1931，9 月） |
| 2 | 夜明珠 | 同上 | 同上 | 同上 | 同上 |
| 3 | 月中桂 | 同上 | 同上 | 同上 | 同上 |
| 4 | 时辰钟 | 同上 | 同上 | 同上 | 同上 |

| 序号 | 题目 | 采集者 | 籍贯 | 采集地 | 所载《民间》号数·发行年月 |
|---|---|---|---|---|---|
| 5 | 青山金牛 | 孙善农 | 绍兴 | 绍兴，？ | 同上，第七集（1931，12月） |
| 6 | 白烛 | 王伯铺 | 同上 | 同上，？ | 同上 |
| 7 | 裙 | 王仲坎 | 绍兴，柯桥乡 | 同上，？ | 同上 |
| 8 | 乌龟 | 魏斌臣 | 华舍 | 绍兴 | 同上，第八集（1932，1月） |
| 9 | 鲨鱼 | 沈耀廷 | 绍兴 | 同上 | 同上 |
| 10 | 黄瓜 | 韩蓉卿 | 同上，？ | 同上 | 同上 |
| 11 | 翡翠剑 | 王仲坎 | 绍兴，柯桥乡 | 同上 | 同上，第十集（1923，10月） |
| 12 | 夜明珠 | 同上 | 绍兴，柯桥乡 | 绍兴，柯桥乡 | 同上 |
| 13 | 定妖针 | 倪少天 | 绍兴，柯桥乡 | 绍兴，柯桥乡 | 同上 |
| 14 | 还魂圈 | 同上 | 绍兴，柯桥乡 | 绍兴，西乡 | 同上 |
| 15 | 大龟壳 | 丁梦魁 | 绍兴 | 绍兴 | 同上，第十一集（1932，7月） |
| 16 | 青葱—停风珠 | 同上 | 同上 | 同上 | 同上 |
| 17 | 烟管 | 晓天 | ？ | 同上 | 同上，第十二集（1932，8月） |
| 18 | 轻身丹 | 王仲坎 | 绍兴，柯桥乡 | 绍兴，柯桥乡 | 同上 |
| 19 | 玉蜡烛 | 王金声 | 绍兴，？ | 绍兴 | 同上 |
| 20 | 豆腐布 | 同上 | — | 杭州 | 同上 |
| 21 | 白烛 | 沈耀廷 | 绍兴 | 绍兴 | 同上 |

通观这二十一例故事，大都与唐代流传的故事有相同的情节，只是随着时间的推移，自然有一些演化发展，对于故事变迁的路径，我似有心会，感到分外有趣。下面暂且将这些故事分为五组，并就其梗概进行极为简略的讲述。

### A. 大致唐代的故事及主要情节

（11）翡翠剑——某百姓的墙上种着葱，过几年必定会枯死。有一个胡商（原书多处使用"回回"一词，泛指来中国经商的西域商人，在本书中全部译为"胡商"）突然来到这里，询问能否用二百两银子买下这葱，百姓想这般意外的赚头甚好，于是以二百两卖给了胡商。然而这并不是葱，而是一把翡翠剑，买下它的胡商后来把剑卖给了一个富人，得了两千五百两。胡商擅长买卖，因而得以大赚一笔，但赚得如此之多实在是破天荒之事。

（13）定妖针——胡商来到某村，在那儿发现了一株生长得极小的树木。他屡屡端详，看得出神，领悟到其中有一宝贝，于是来到那附近的百姓家，询问道："那棵小树是您家的吗？我出五百两，能否将它卖给我？"百姓说："您不要开玩笑了，那虽然是我的树，但那种东西不可能值那么高的价钱。"因而没有接受。胡商劝说道，自己绝不是在开玩笑，确实是认真的。百姓虽然感到不可思议，但觉得这是个不错的赚头，便决定卖了。百姓有了这从天而降的五百两，过着长久的快乐日子，殊不知这株小树之中有一根定妖针，胡商看见此宝，想要的正是此物。

以上两例中没有说明宝物的用途。只是称作"翡翠剑""定妖针"，并没有表示其是有何等效力的宝贝。又，并未看见买方抬高价格，也没有卖方漫天要价，使对方出钱越来越多的形式，因此仍是未向此方向发展，停留在唐代标准的故事形式上。

（14）还魂圈——某日，胡商路过某氏家的附近，发现那家屋上有一个偌大的柴圈。他时常眺望此物，得知它是宝贝，想把它买下来，于是走进这户人家，见一女子便问："能否将那个柴圈卖给我？"女子挥动一只手拒绝道："不卖，不卖。"胡商将女子挥手示意不卖的举动误解为非五百两不卖，说道："五百两？好，好！"便拿出钱来。女子欣喜若狂，所有担心的事都抛到了九霄云外。那个柴圈其实叫作还魂圈。

这则故事也和前两个一样，这个叫作还魂圈的宝贝究竟是怎样的宝贝，并没有说明（但大致能推测出来它是何物）。在买卖的一节中，有把挥动一只手表示拒绝误解为要求五百两的片段，虽然这是误解，但从胡商的角度来说，变成了卖方要价的形式，可以看作往这个方向踏入一步的故事形式。把挥手理解成其他意思的事，在之后的介绍中也有一二处，这在一般的故事里也经常能见到，因而不用说，这不是胡商采宝故事所特有的。

（1）定风针——某一天，胡商在一间民家发现一根碓杵，说要买下它。主人想这定是采宝的胡商，此杵被他相中，应是非凡之物。想着断然不可贱卖，于是漫天要价，最终胡商出一万两买下。卖主询问："买这种东西到底干什么用呢？"胡商答道："既然如此，那我就告诉你吧。这可是不得了的宝贝，我们在航海之时即便是遇到大风大浪，船濒临危险之际，只要有此宝，风浪就会即刻消歇。这就是'定风针'。"

卖方深知胡商的来历，自己提出较高的价钱，这一点是新形式，其余同唐代通有的故事一样。

（2）夜明珠——某位富人有个轻率的儿子。他从父亲那里得到一百两，四处游玩之际，在城内某处吃面。此面异常美味，因而给了面店的主人八十两订购此面，要求三日之内备好。三日之后，店主按照要求做好了面，儿子买了三个大缸来盛面，用船装载大缸往家里运，但还未走到一半，面开始腐坏，散发着臭气，让人不堪忍受。到晚上一看，一条大蜈蚣因偷吃面（失误掉进了面汤中）被溺死了。（虽然发生了这样的事）姑且带回家，询问是否有人要买，自然没人要买。某日胡商前来购买，问多少钱可卖。儿子伸出一只手，胡商以为是要五千两，便付了钱载着三个大缸离去。儿子因此大赚一笔。说到胡商为何要买走此物，原来蜈蚣才是关键所在，它的头中有一颗夜明珠，其光辉宛如明月，照遍整座城市，且能解渴，口渴的人把珍珠含在口中立马止渴。

这则故事与唐代《宣室志》里所见的陆颙的故事一样，也出现了面和虫。可面和虫的显现不同，在故事中的作用和意义也完全不同。但这则故事没有暗合《宣室志》的故事之处吗？这是需要进一步研究的问题。


### B. 唐代所见《破山剑》故事的变形

"破山剑"的故事，其情节是，在把宝物交给胡人之前，持有者无意识地消耗了宝贝的效力，最终胡人拿钱来收取宝贝时，以异常少的价钱买去。其一变为如下情节，卖主虽然热心，但到底还是无知地消除了宝力，使宝贝成了毫无价值之物，买方未买而去。在此要介绍的 B 组之故事正是如此。

（7）裙——某日，胡商前来探宝。路过某个院子前面时，发现竹篱笆上挂着一条破旧的裙子。胡商知道这是宝物，向这家人开价五百两，想买下这条裙子。

"什么？五百两？当然卖！"女子大喜回答道。但胡商四处买宝，此时所剩钱财已经不够。因而对女子说："明日带钱前来。"而后归去。女子随后因早前自己生产之时曾用过此裙，沾了血也弄脏了，想稍微洗干净些，遂到河边把它洗得透彻。第二天，胡商来了大声说道："不要了，不要了！珍贵的宝贝已被你洗没了。"女子好意反成了祸害——"弄巧成拙！弄巧成拙！"甚是遗憾。

（4）时辰钟——胡商在某户人家发现一块圆石。询问此石一百两卖否，这家人意识到这应是宝贝，说道，非一千两不卖。"好。但我明日再来购买。"胡商离去。家人想，就算这定然是宝贝，却也满是灰尘，毫无光彩。倘若洗得透彻加以打磨，使它亮闪闪，胡商想必会惊喜，遂彻底洗净打磨待胡商前来。心想明日胡商来了，定然会出高价购买。第二天，胡商如约前来，见此石大声喊道："坏了，坏了，我不要了！""哪里都没损坏呀。不是如原先一样的石头吗？""此石之中有十二个小孔，每一孔表示一刻，到了某个时刻，从某个孔飞出一只小羽蚁以告知时刻。从羽蚁飞出的孔就能知道时刻，这是像时钟一样的宝贝。然而现在一看，小孔均被磨损，羽蚁也同样死去。已经毫无用处了。"听了胡商的回答，这家人追悔莫及。

（17）烟管——有一个以捕蛇为业的乞丐。他有一根较脏的烟管，胡商想用一千两买下。乞丐说非一千五百两不卖，两人最终约定第二天拿钱来买后，胡商就告别而去。然而，那天夜晚，乞丐有些利欲熏心，心想，既然这么脏都能卖高价钱，如果彻底清理干净的话，兴许能卖更高的价钱，遂将烟管的污垢仔细除去。本以为胡商第二天来了会高兴，但意想不到的是，胡商说珍贵的宝贝已被洗去了，未买而去，乞丐因而损失了赚头，仍旧捕蛇为生。

在（17）的故事中，买方的热心转变为欲望。（4）时辰钟的故事也不是没有这种倾向，只是原文没有明确表示。

（16）青葱—停风珠——某日，胡商在大善寺前的一家商店的屋檐下，看见一盆青葱，想购买。主人打算把它卖了，但胡商此时没有带钱，说改日再来。遂归去。主人心想，万一被偷了可就难办了，便把它收在店内。第二天，胡商来时，频频说："已经不需要了。"问其缘由，说是其中有只蜘蛛，它已经逃入邻家商店的招牌中。邻家主人心想不可错失良机，打算把它卖给胡商，胡商出五百两购买，说明日再来，当天归去。主人看这块招牌极其污浊，因而辛勤冲洗，第二天，他让胡商看，"已经洗得这般洁净了"。胡商一看，说："不要了，不要了。"说是蜘蛛已经逃到大善寺的塔上去了。胡商知道已没有捕捉蜘蛛的机会，就和大善寺的和尚交谈，教他捉取蜘蛛的方法，又告知，蜘蛛的腹中有一个叫停风珠的宝贝，即去。和尚按他所说的去做，得到了宝贝。

这也属于这一类的故事，应该无错。

## C.听说是宝贝随即吝惜出卖，骗取其用途用法，亲自尝试得以成功的情节

这在二十一例故事中只有一例。

（8）乌龟——有一天，一个老渔夫和他的儿子一同出门去大江捕鱼。几次撒网，全然没捕到鱼，只有一只乌龟挂在渔网上。乌龟是谁都不喜欢的东西，渔夫起初把它丢了，可它随即又挂在渔网上被捞了上来。儿子把乌龟带回家，向父亲提议，给它一些饭粒喂养看看，父亲应允了。于是，第二天，有胡商前来询问，能否用三千两买下这只乌龟。渔夫问道，究竟要拿乌龟做什么，胡商只说好明日来买取，便告辞了。那天晚上，渔夫把乌龟放进坛子，仔细盖好。如此，第二天胡商来时，渔夫摆出一副甚为遗憾的神情，说道，昨晚一不留神让乌龟给逃跑了，那究竟是何物？胡商心想，既然已经逃走那就没办法了，就解释道，如果给那只乌龟吃盐的话，其产出的粪便皆为珍珠。胡商离去后，渔夫迅速拿出乌龟，照胡商所说试着去做，果然得到了许多珍珠，立马成了富人。

## D.C型一变转为亲自尝试造成失败的情节

这类故事非常多。即便是一一介绍梗概也颇为烦琐，仅传达其特异之处。主要的故事情节大致相同，其主旨是，胡商前来意外高价购买的寒碜破旧之物，卖方忽而觉得可疑，询问其中缘由，得知那是了不得的宝贝，其效力能够大赚一笔，骤然出卖，实为愚蠢。幸得胡商第二日再来，在那之前，自己试验此宝贝的效力（或是无论怎样也不卖，胡商不得已断念而去。随后自己试验宝贝效力，这样的形式也很多）。于是由于没有仔细询问其用法，或是其他缘由，导致极大的失败，结果落得鸡飞蛋打，两头空。具体如下：

（21）《白烛》的故事中，宝贝是瘠豚腹中的白蜡烛，点燃它的话，许多财宝便云集而来。但由于不知捕捉它的方法，没有取到宝贝。

（19）《玉蜡烛》的故事中，百姓肚中的玉蜡烛是宝贝，情节同（21）例一致。

（18）《轻身丹》的故事中，白鸡的肚子里有一颗轻身丹，持有此鸡的女子听

闻此物的性质，一刀切开鸡腹来看个究竟，却什么也没有。

（20）《豆腐布》的故事中，杭州的豆腐店，有一块放在店外许久、忘了收而淋雨的豆腐布，此物是宝贝。以此宝之力，能够捉来西湖边的金牛。由于那块布无意中丢失，途中金牛逃走。

（6）《白烛》的故事中同（21）相似之物是宝贝，其用途是，在船上点燃白烛，龙神就会拿出人想要的财宝。但船装满钱财后，船上的人吹熄了蜡烛，打算供下次使用，龙神嫉恨地派遣军队追击，船无法抵抗风浪而沉没。

（5）《青山金牛》的故事中，宝贝是不结穗实的稻的枯茎，最终没有取得青山金牛。

（10）《黄瓜》的故事中枯萎的黄瓜是宝贝，是打开财宝之山的关键。这个故事不是以完全失败告终，虽然不够充分，但最终多少收获了些成功。

（3）《月中桂》的故事是 B 型和 D 型的显著结合，满是锈斑的古老斧头是宝贝。失败的原因是，以为若加以打磨能发挥出更大的效力，其人在砍伐月中桂树时，被月宫的园丁发现，捉了去，最终被害。

（12）《夜明珠》的故事中，观赏明月的百姓的小儿头上突然长出瘤子，其中的夜明珠是胡商求购的宝贝。这个故事发展为买卖小孩，因而父母之间就是否出卖起了争执。由于小孩也不愿意，父母就试着询问买去小孩做什么，胡商回答道，割开小孩的头，从瘤子当中取出宝贝。父母和小孩都大吃一惊，说道，简直是荒谬，怎么能卖！故事没有到招致失败的地步就结束了。犹豫是否把这则故事也收录于此组中，暂且收录于此。

### E. 不属于以上任何一种的情况

上述二十一则故事中，就胡商采宝这一点来看，其特色与我已经介绍的十九则故事相比，有两则不同。暂且一并列举出来，仅讲述故事情节，以供参考。

（15）大龟壳——有一个经营扇子的商家，尚未开运便彻底衰落。一点收入也没有，只能抵押或卖掉家中什物，勉强过着日子，正所谓坐吃山空，已然毫无办法。于是有一天，高某及其他一众人等前来，劝诱扇店老板，"我们打算到海外去做一趟买卖赚一笔钱。你也一起去，资金由高某出"。扇店老板如今没有什么可卖的东西，就到水果店买来一笼蜜柑，把它作为买卖物。不久，他们一行在某个不知名的异国靠岸停船。其他人都上岸开始销售各自的商品，只有扇店老板一人坐在船上一角，摆列带来的蜜柑等待买者。有一个外国人路过，珍视此蜜柑，说想购买，但由于语言不通，扇店老板便伸出一只手，外国人理解为一个蜜柑要五枚金币，买后离去。蜜柑味道甚好，香气四溢，得到了极大的好评，外国人争相前来购买，因此，扇店老板转眼就赚了一笔。其后船又停靠到其他港口，其他人都上岸做生意。扇店老板已经没有可卖的东西，遂垂头丧气地登上岸上的小山丘，毫无目的地眺望四周的景色。他发现山顶上稍微平坦的地方有一块大龟甲，他翻过来看是个鸟巢，小鸟受惊地扑腾着翅膀飞出并逃走了。扇店老板心想这应是珍贵的东西，遂拾起龟甲下了山。后来他们遍历一些港口，某一日，船停泊在一个大市场。扇店老板依旧独自留在船上把玩那块龟甲，碰巧胡商经过，出价五十千金求购龟甲。扇店老板高兴地卖给了胡商，胡商却从龟甲中取出十八粒宝珠，扇店老板听闻此事后，非常懊悔自己的无知。

（9）鲨鱼——在一片大海中，有一只出奇巨大的鲨鱼，常吞没航海中的船只，令众人恐慌。有一次，有一艘极为大胆的徽州船只，巧妙地将鲨鱼引到海口的浅滩上。随着海潮退去，鲨鱼失去了进退的自由，且由于干涸而最终死去。乡人尚惧怕鲨鱼，不敢轻易碰触，随后有一胡商前来，取走了鲨鱼的眼睛和胃，据说因此获利颇丰。

这篇续稿暂且就此结束。只是介绍了一些故事，没有形成任何议论，甚为惭愧，但若能给对俗文学感兴趣的同好提供些许资料，实为意外之幸。

# 胡人买宝谭补遗

## （小引）

昭和三年（1928）十一月，我在柳田国男先生主办的杂志《民族》第四卷第一号上，发表了《西域胡商重金求购宝物的故事》一文，副标题是《关于唐代中国广布的一种故事》，文章论述了唐五代时期流布中国的一种故事类型。其后，发现了两三个应属于这一种故事类型，昭和十六年四月写成同名文章，于《长安之春》再版之际[1]，在篇末举出了这些故事的主题及出典，而未全文引用。起初把稿子寄给《民族》之时，推想这类故事必然会在宋、元、明、清时期以脱胎换骨的形式继续流传，但一时没有找到相关资料，所以只是选取三篇日本的继承这类系统的故事，介绍其中两篇的梗概[2]。然而，其后我看到中国民俗学杂志《民间》，从第四集（1931年9月）到第十二集（1932年8月），陆续登出二十一篇这类故事[3]，且这些故事不是从文献中抄出，而是将今日浙江绍兴、杭州等地实际口耳相传的故事采集记录而成的，让人震惊，立即在《民俗学》第五卷第十号（昭和八年十月）上予以介绍[4]。其后更让我惊讶的是，从第二次世界大成前久在北京的同好直江广治君处听闻，在中国北部各地这类故事的数量也很多，现在还在民间口耳相传。那时，我想他日再详细地请教，直至今日未能如愿。因此，殷切期盼他早日亲自落笔作文以贻于世。在此，我根据投给《民族》的拙稿完成之后又再得知的数则故事，作补遗一篇，一来供同好之士浏览，二来酬谢友人对旧稿的恳切垂教。

另外，昭和二十六年 Edward H. Schafer 先生发表了《唐代故事中的波斯商人》（*Iranian Merchants in T'ang Dynasty-Tales*）一文[5]，主要以我《胡人买宝谭》一类的资料为依据，论述唐代中国波斯商人的活动。不过，若仅以《太平广记》的故事为根据，我之前举出的故事，有三篇先生忽略了。另外，我将在此补遗增加的部分，也大部分未被他提及。话虽如此，但先生的论文与胡人买宝无关，仅就唐代中国波斯商人的存在举出八条例证资料，对此我也已注意到了，因此或许并非漏记，而是因与眼前的目的无关，他才不引用的。但若就他那一类资料的话，也还能举出许多，若有必要，会留待专门介绍批评 Schafer 先生的论文时再说。另外，中田薰博士也在昭和九年，同样主要以"胡人买宝谭"作为资料，写了《唐代律法中外国人的地位》一文[6]，这里主要是作为论述在唐外国人法律地位（legal status）的材料而援用这类故事，不是特别作为故事来介绍和考证。稍嫌冗长，是为小引。

### （篇一）刘贯词卖给胡人罽宾国宝"镇国碗"的故事

洛阳人刘贯词，在苏州行乞之时，遇上洛水龙神之子蔡霞，被委托将一封书信带去其老家。刘贯词获得旅费，到了其家渭水（应是洛水之误）河畔，见到了蔡霞的母亲和妹妹，亲手递交了书信。蔡霞在信中说自己因故避地流寓他乡，久绝音信，感谢刘君交递书信，因请家人援助贯词的穷困。于是，蔡霞的母亲取出罽宾国宝"镇国碗"赠给贯词。蔡霞的妹妹告诉贯词："罽宾国用它镇压灾难鬼疠，在唐没有任何作用。能卖上十万钱，就把它卖了。不到十万不能卖。"刘贯词拿着那只碗走出几十步，看看手中的碗，不过是一个普通的黄色铜碗，它的价钱只不过三五镮罢了。心想可能是龙妹胡说八道，他拿着碗到市上去卖，有给价七八百的，也有给价五百的，但没有出价十万钱的。考虑到龙神注重信誉，应该不会骗人，他就每天拿着这只碗走在市场上。一年多以后，西市店中来了一个胡客，他见了碗大喜，就打听它的价钱。刘贯词说："二百缗（二十万钱）。"胡客说："这东西应有价值。何止二百缗？但它不是中国的宝物，拿着它也没有什么好处。一百缗怎么样？"刘贯词就以一百缗卖给了胡客。胡客说："在罽宾国，用这只碗免除人的许多灾难，这只碗丢失了，国家就持续闹饥荒，发生兵戈之乱。听说是被一个龙子偷去，已将近四年了，国君正用全国半年的租税赎回它。你是怎么弄到的？"刘贯词把事情的原委详细地告诉了胡客。胡客说："罽宾国的守龙正追寻蔡霞。这是蔡霞避身异地的原因。阴冥界法严厉，他不敢亲自回来，就写了封信借你之力从故家将碗取出。妹妹殷勤地接待你，不是真的亲近你，而是怕母亲老龙嘴馋把你吃了，让妹妹保护你罢了。这只碗既然已经出现，霞也一定回乡了。五十天之后，漕河、洛水大波涌起，雨声瀺灂（哗啦哗啦的声音），天色灰暗的时候，就是蔡霞回来的征候。"刘贯词问："为什么要五十天以后回来？"胡客说："我带着碗过岭（分隔中国中部和中国南部，所谓五岭），蔡霞才敢回来。"（翻越山岭大约需要五十天）刘贯词记着，等到五十天后去看（应该是洛水附近），确实是那样。

这则故事出自《续玄怪录》，见于《太平广记》卷421"刘贯词"条。虽然有很多附加的要素，但属于胡人买宝谭的一种是没有疑问的。贯词见到龙母之时，龙母多次想要吃他，每一表露神情之时，龙妹频频制止，这段记述颇为精彩，唯恐直译不能尽意，将其省略了。因为最后胡客说的话缺少了对应，所以在此补充说明一下原文中有这样的词句。


## （篇二）句容县佐史卖给胡人"销鱼精"的故事

句容县（江苏江宁，即南京的东南）佐史（属僚）能吃几十斤生鱼片。县令让他吃一百斤生鱼，他就全部吃完了，不久觉得气闷，半晌吐出一物，形状像麻鞋底。县令把它放在生鱼片上，生鱼片（消融）全变成了水。县令（觉得是珍贵的东西）让小吏拿到扬州去卖，（那时）告诫说："若有买的人，要高抬它的价格，看能给到多少钱。"（小吏到了扬州）有个胡人求购，从一千文钱（一贯）要到了三百贯（小吏还是不卖，可见只是在估价），胡人便归还此物。小吏说："这是句容县令的东西，你如果一定要买，应该向县令求购此物。"胡人就跟随小吏前往（县令处）。胡人说："这是'销鱼精'，也能消融人腹中的病块。本国太子得了这种病，他的父王寻找能治这种病的人，悬赏黄金千两。如果我得到了此物，能获大利。"县令最后卖给他一半。

这则故事以"销鱼精"（译者按：原题为《句容佐史》）为题见于《太平广记》卷260（译者按：应为《太平广记》卷220），引自《广异记》。又，《酉阳杂俎》

中的《异疾志》里也有这则故事。但是内容有一些出入，《太平广记》所引的《广异记》里的故事稍为详细。此处出现了扬州，在旧稿我列举的故事中也屡屡可见扬州有胡店一事。唐代此地的胡人，特别是往来居住的胡商很多，这一情况还有许多其他的证据。只是关于特别明确地记载有波斯人的店铺一事，桑原隲藏博士曾经写道："但我至今仍未在《太平广记》中亲自检出扬州波斯胡店之记事。"（《蒲寿庚的事迹》，昭和十年版19页）不过，他以波斯胡店之事出自《太平广记》卷17所引的《仙传拾遗》之《卢、李二生》的故事为序，作了附记。


## （篇三）康老子将冰蚕丝织物高价卖给波斯人的故事

　　康老子是长安某位有钱人家的儿子，放荡不羁，不事生计，常常与歌者交游为伍，不知不觉家产荡尽。碰巧有一老妪带着旧的锦织被褥前来售卖，康老子以半千（五百文）买下。不久，有一个波斯人看到此物十分惊讶，对康说："你是从哪里得到它的？这是冰蚕丝所织，如果炎热的时候把它放在座位上，能使整间屋子清凉。"胡人立即出价千万（一万贯）买下。康老子得了钱，又同歌者一起寻欢（度日），不到一年钱财又散尽了，不久后去世。后来，乐人们嗟叹惋惜他，制作了一首曲子，叫作"康老子"，也叫"得至宝"。

　　这则故事见于段安节的《乐府杂录》[7]。故事的内容与相传郑还古所作的《杜子春传》有相似之处。根据歌唱译出的原文中有"与国乐游处"之语，"国乐"不仅是指歌者，也包括演奏乐器的人。这里姑且取其大意。"冰蚕丝"，也有书上写作"水蚕丝"，前秦王嘉《拾遗记》中，有冰蚕一物，这种用蚕茧纺织出来的布，入水不湿，投火不燎，写作"冰"可能是正确的。不管怎样，这应该就是白鸟博士详细考证之物[8]，即大秦国的名产，《魏略》或《新唐书》中"西域传拂菻国"条目记载的海西布。它是由产自海中的羽贝（Pinna）类的贝类产生的纤毛所织的布帛——石棉（Asbestos）织成，是与遇火不会燃烧的火浣布相对，浸泡在水里也不会湿的布。不过现在仅就《康老子》的故事做研究，所以不必追究冰（水）蚕丝究竟为何物。只是将它视为稀世珍宝即可。

## （篇四）阆州莫徭救助病象而得到象牙，胡商争相购求的故事

阆州（四川省旧保宁府治，今阆中市）有一个叫莫徭（？）的农夫。有一天他去田野割草，由于偶然的机缘，救助了一头被竹钉（竹的大刺）扎了脚而痛苦的大象，为它拔去了竹钉，治疗了伤口。大象十分高兴，它让小象取来一枚大象牙作为谢礼赠送给莫徭以表心意。莫徭带着象牙到了洪州（江西省南昌府治，古豫章），胡人们相继听说前来购买，以致相互殴打，遂告到官府以求仲裁。官府劝说不如把它进献给则天武后，并询问他们争斗的缘由。胡人说，象牙中有两条龙的纹样，好像会动一般立在那里，可以切断做成笏板，而且价值数十万钱。武后给阆州下诏书，命将莫徭所得的巨大赏金按每年五十千（五十贯）的年金，分发给莫徭，因而，莫徭能够终身享用这一笔钱。

这是《太平广记》卷440（译者按：应是《太平广记》卷441）中引自《广异记》的名为《阆州莫徭》故事的大概。这则故事的前半段酷似罗马的奴隶安德洛斯与狮子的故事，在我以前那篇《希腊、罗马故事之东传》的愚稿[9]中，更为详细地介绍了这则故事的内容，因此这里取其大意。它作为胡人买宝谭的形式极为不完整，并且这个故事只完成了一部分，暂且采录于此。

## （篇五）天水赵旭从仙女处得到琉璃珠，胡人强行购买的故事

天水（今甘肃省天水市）的赵旭，有机会遇见了侍奉月宫的仙女，受到了格外的款待，并得到"珍宝奇丽之物"。过了一年多，赵旭的奴仆盗去珍宝中的琉璃珠，拿到集市去卖，恰好遇到一个胡人，"捧而礼之，酬价百万（钱）"。那个奴仆很惊讶它的价值，不肯卖。胡人逼迫他，最后竟然打起来了，官府审问那个奴仆，奴仆就把详细情况全都供述了出来，而赵旭一点都不知道。那天夜里仙女来了，极其凄惨悲伤地感叹道，奴仆把我们之间的事情泄露了。赵旭也悲痛不已，但仙界和人界的命运如此，无可奈何，仙女劝说赵

旭应当孜孜以求成仙之道，并给他《仙枢龙席隐诀》五篇，然后依依不舍地回到了天上。赵旭随后精神恍惚，若有所失。白天夜晚仿佛还在与仙女往来，仙女的姿容不断浮现眼前。（代宗）大历初年（766前后），赵旭居住在淮水、泗水一带，有人在益州（四川）见到过他。

这则故事以《赵旭》为题，载于《太平广记》卷15（译者按：应为《太平广记》卷65），引自《通幽记》。故事的前半段详细叙述了赵旭和仙女邂逅之情况，具陈二人绸缪欢娱之状，因与此处无直接关系，全部略去。原文的最后，《仙枢》五篇的末尾，有"旭纪事，词甚详悉"一句。相对于前项莫徭的故事中出现的胡人之间的争执，这则故事是胡人和卖者之间的争执，情节虽然有所不同，但争执到打架的地步，这一点有相似之处。

**（篇六）东州崔生从仙女处得到白玉盒子，胡僧出重金购买的故事**

开元天宝年间，有个姓崔的书生，住在东州（现在是何处不详）逻谷口。他挂念着每天早上路过家门前的一位美女，在其老侍女的斡旋下，加上女子姐姐的承诺，崔生和这位美女结婚了。然而，崔生的母亲认为这女子妖魅无双，不是这个世界之物，断言"必是狐魅之辈"，让儿子与她分开。听闻此事的女子涕泗横流，虽怨恨母亲的猜疑，但第二天早上便和崔生告别。崔生也过度悲伤，说不出话来。崔生和女子各骑一匹马，到女子姐姐的宅邸问候。姐姐铺设盛宴款待崔生，说道："既然崔生的母亲这般怀疑，那也实在没有办法，即刻告别离去吧。妹妹有什么物品要赠送给他吗？"妹妹从袖子中取出一个白玉盒子赠给崔生。崔生"恸哭归家，常持玉盒子，郁郁不乐"，"忽有胡僧叩门求食曰：'君有至宝，乞相示也。'崔生曰：'某贫士，何有是请（接受的资格）？'僧曰：'君岂不有异人奉赠（的东西）乎？贫道望气知之。'"于是崔生"试出玉盒子示僧。僧起，请以百万（钱）市之"买到后准备离去。崔生询问胡僧那位女子是何物，胡僧说："您所娶的妻子，是西王母的第三个女儿玉卮娘子。可惜的是您娶她的时间不长，如果能同住上一年，您全家

139

都可以达到不死的境界。"

这则故事以《崔生》为题，载于《太平广记》卷63，引自《玄怪录》。开头的部分是和仙女邂逅的经过，除了以资引出后段的内容，其他就不一一译出。重要的是故事虽形式崩坏，变得简单，但是胡僧出重金购买玉盒子，以及胡僧望气而感知宝物之所在，在我旧稿之第十话《严生》的故事中 [10]，也有胡人具备感知宝物的灵力的事。同样，也可对比旧稿第十九话 [11] 中胡人识别宝石紫矜羯之类的记述。


## （篇七）卢从事卖给胡将军黑驹而得重金的故事

后来成为岭南从事的卢传素寓居在江陵（湖北省旧荆州府治，今江陵县）。（宪宗）元和年间（806—820），有人送给他一匹黑驹。这匹黑驹其实是传素的亲表甥（母方的侄子）的化身，黑驹对主人说："请把我卖给红板门旁边遇见的一个胡将军。七十千（七十贯）就可以卖给他。"卢传素按黑驹说的去做了。胡将军买下黑驹后第三天的晚上，黑驹出了一身黑汗便死了。

黑驹从人化身而来，可作为一种异物对待，但不是特别的宝物。又，买方尽管是胡人，但身为将军而非商人这一点，相当脱离这类故事的标准类型。但还是作为形式崩坏的故事类型的一种，采录在此。顺便，由此为江陵有胡人居住一事提供了一条资料。故事载于《太平广记》卷436，引自无名氏著《河东记》。


## （篇八）义兴姚生从仙人处得到"龙食"，胡人见之大惊的故事

义兴（江苏省宜兴县）有一个张公洞，传说是道教始祖张道陵修行的地方。众人谁也不敢进去，当地的修道者姚生进去了，大约走了几百步，渐渐明朗起来。又走了十几里，他看到两个道士正面对面地下棋。道士问他来这

里做什么，姚生回答说是为了修道，道士说："大志之士也。"（允许他留下。）姚生饿得厉害，就向道士要吃的，道士指着旁边的几斗青泥，说可以吃这个。他试探着咀嚼，觉得挺香，就吃了，肚子一下子就饱了。道士说："尔可去，慎勿语世人。"姚生再拜而返，偷偷把吃剩的青泥揣了回来。他带着这些青泥在市肆间寻访，胡商看见了，吃惊地告诉他：这是"龙食"。于是胡商和他一起前往张公洞寻找，一看，那里只有一个黑黑的大洞，不再有（进到里面的）路。青泥拿到洞外来也已像石头那么硬，不再能吃。

这则故事的原文出自《逸史》，《太平广记》卷422（译者按：应为卷424）予以引用。张公洞是一处仙境，对弈的道士是仙人。在仙境待的时间相当于人世数十百年，这在世界各地的故事中都能见到。[12] 因此，仙界一二分的食物，应相当于俗世间数十百年分的食料，"龙食"是稀世珍宝，所以能与重宝相比。故事虽没有明确表露，但根据姚生在洞中见二道士对弈，应未及片刻，却"馁甚，因求食"，可以认为是经过了相当长的时间。不过如其他类话所见，数日之间似乎没有经过人间数世代、数世纪的时间，但总而言之姚生吃了这种神奇的食物（supernatural food）而填饱了肚子是事实。胡商可能是想购买龙食，姚生引他来到洞口，最终未能达成目的，这则故事可以看作"买卖失败谭"的一个变形。又据此，不容忽视的是，也是一则义兴有胡商存在的证明。


## （篇九）听闻徐太尉的部将丢掉"龟宝"，胡人惋惜的故事

《金华子杂编》里有如下故事。

龟甲正中间的部分叫作"千里"，靠近它脑袋的第一级龟甲处，有的左右有斜线连接于"千里"，这是龟中王者的纹路。现在，拿普通的乌龟来检验，都看不见此纹。太尉徐彦若去往广南，要渡过一片海。（那时）元随军将军忽然在浅滩中，得到一个小琉璃瓶。琉璃瓶如婴儿手掌般大小，其中有一只小乌龟，大小刚好一寸。它在瓶中片刻不停地到处爬。瓶颈极小，不知道它

是从哪里进去的。元随军把瓶子带回藏了起来，那天夜晚，忽然发觉船的一舷变重了，起来一看，堆成山的乌龟层层叠叠地爬上船舷。元随军害怕极了，担心在海上遭遇不测，所以取出藏起来的瓶子，祷告后把它投入海里，众多的乌龟立马散去。他把这件事情告诉已经上船的胡人，胡人说："这是所谓龟宝的稀世灵物。你遇见了却不能拥有，真是可惜。想来是对福运浅薄的人来说，负担太重吧。如果有人得到了它，把它藏在家里，哪里用得着担心宝藏不丰厚呢。"胡人叹惋不已。

虽然不是很明显，这也可算是"买宝未果故事"的一种变形吧。我曾经抄录过这则故事，但却彻底忘记了。在昭和十八年（1943）刊行的柴田泰助（宵曲）、森铣三、池田某三氏共编的童话集《琉璃之壶》57—61页，见到《瓶中之龟子》的故事，才得知它的出典。今年秋天我特意写信向柴田先生请教。先生立即告知此则故事出自《金华子杂编》，连同原文一起抄出寄来了。我深谢先生之好意，并试着校对，取出家藏的《杂编》以翻阅（《唐人说荟》本），上面业已加过朱笔笺注，记为"应增用于'胡人买宝谭之补遗'"，只好嘲笑自己的疏忽大意[13]。

## （篇十）一书生得"破雾珠"卖给胡人的故事

以上是唐代书中所见故事之拾遗，宋代也延续并流传了这类故事，下面抄录其事例。

苏子瞻（东坡）讲了这么个故事，来源于他的祖先光禄大夫（为官的某人吧）。有一个书生，在屋檐下坐了一天，看见一只大蜂飞到蜘蛛网上，与蜘蛛相互螯咬。不一会儿蜘蛛落地，书生起来一看，蜘蛛已经化成了一块小石头。书生诧异地将它收起，放到衣带中。有一天，他路过集市，遇见了一些蛮商（译者按：原文作蛮贾）。商人们惊愕地看着书生，作揖说道："愿见神珠。"书生说笑着拿出衣带中的石头给商人看，商人们相顾而喜，说："这是破雾珠。蛮人到海上收集珠宝时，常常苦恼大雾弥漫，有了这颗珠子的话，雾马上自行散去。"于是花大价钱把它买去。价值数千缗（贯）。

这则故事出自《南墅闲居录》，清代陈元龙的《格致镜原》卷32中予以引用。《南墅闲居录》的作者姓名及著作时代不详。陶珽的《续说郛》中收录了其中两三条，但我没有看见上面这一故事。其目录上也没有标出何时代何人所写。管见所及，没有看见其他丛书中收录此书，所以姑且跟从《格致镜原》所引[14]。另外，虽然见过《古今图书集成》中列举了这则故事，但如今丢失笔记，回忆不起是出于什么典籍什么汇编当中。文中的"蛮人"，是中国人对于边裔的称呼，自然不是野蛮（savages）人的意思。在故事的末段没有商人抬高宝物价值的情节，离完整的形式还是比较远。

## （篇十一）传入日本的这类故事之补遗

我在旧稿中指出，这类故事也流传至日本，以脱胎换骨的形式存在，并举出了一两个例子。后来，根据森铣三先生的教示，得知传为林子平之父林良通所著的《寓意草》[15]中存在此类故事，检阅此书，果真得到二则。下面抄录其大意。

（甲）长崎鱼石（异传）

这是关于长崎官人的故事。一红毛人来访，看上了厨房附近的一块石头，三年后再来时，说想把它买下，预付了五两银子后离去。官人虽然感到奇怪，但随着时间的流逝，完全忘记了这个约定。那个红毛人过了六年也没有再来，一日官人突然想起此事，便剖开石头查看。于是，出现一条红色的鱼。恰好那个红毛人来到了这里，感叹石头已被剖开。问其缘由，原来磨薄这块石头，透过石头看见一条鱼，能到达期望之境，观望鱼悠然游泳的样子，便自然地心旷神怡，得以不老长寿。

旧稿中[16]，我从柳田国男先生所编的《日本昔话集》中引用的故事，虽然也是《长崎鱼石》，但内容稍有不同。旧稿故事中"胡人"扮演的角色变成了中国人，即"唐人"，而这则故事中是"红毛人"。

（乙）常陆国某君，卖给人鱼石未果的故事

这是常陆国某人所讲述的故事，筑波山脚有某君。一位寻求石头的人前来物色院子前面的石头，指着其中一块石头请求出让。某君同意了他的请求，约定以一两银子（？）卖给他。某君虽然心里觉得奇异，但想这是笔不错的买卖，作为起码的礼节，用热水洗了洗它，擦去泥土和尘埃。买石头的人来到原先的山中，继续相石头，回去的路上再次访问某君，看见石头已被擦拭干净，十分沮丧。据他所说，这块石头中有一条鱼，所以把它当宝贝，现在恐怕鱼已经死了。剖开一看，出来一条红色的鱼，果然已经死了。

这则故事，同《民俗学》上我所介绍的现在在民间口耳相传的类话中 B 组的（7）裙、（4）时辰钟、（17）烟管、（16）青葱—停风珠等题目的故事有相通之处，都是因多余的关心做了不必要的事，使宝物丧失了宝之为宝的效力，最终没有获得巨利的情节。鱼已经死了而求石之人是否购买了石头，故事中虽没有讲述，但恐怕就此离去了吧。

**原书注** 🖉

1. 此时在旧稿上稍有增减，故事的顺序有两三处改动。

2. 三篇之中省去了一篇，是因为故事全文太长，且只有一小部分内容具有胡人买宝谭的特色。

3. 第七集（1931 年 12 月），第八集（1932 年 1 月），第十集（同年 6 月），第十一集（同年 7 月），第十二集（同年 8 月）。

4. 收录于《长安之春》。

5. *Semitic and Oriental Studies Presented to William Popper*. Edited by Walterl J. Fischel. (University of California Publication in Semitic Philology, Vol. 11, pp. 403-424.) University of California Press, Berkeley and Los Angeles, 1951.

6. 收录于《笕教授还历纪念祝贺论文集》。再录于昭和十八年六月刊《法制史论集》第三卷 1361-1392 页。

7. 据《守山阁丛书》所收本。

8.《西域史研究》下卷所收录于《拂菻问题之新解释》581-596页。另参照：B.LAUFER, *The Story of the Pinna and the Syrian Lamb (Journ. of the American Folklore*. XXVIII, 1915).

9.《大和》第六号（昭和二十三年一月刊）所载。

10. 见《长安之春》中《西域胡商重金求购宝物的故事》之十。

11. 见《长安之春》中《西域胡商重金求购宝物的故事》之十九。

12. Edwin S.Hartland, *The Science of Fairy Tales. (The Contemporary Science Series*, Edited by Havelock Ellis, No. 43), Lonton, 1891 之 Chapters 7-9: *Supernatural Elapse of Time in Fairyland* 等有许多这类故事。*Supernatural food* 也可见于 p.177、178。

13.《琉璃之壶》的第39-44页，有一则以《鹅之卵》为题的故事，又提供了一例这一类的故事，如今身边此书已丢失，不便再作参照。我在日本国会图书馆的本馆、上野分馆、日比谷图书馆以及两三家古书肆上，到处寻访此书，最终未能看见。现只能依靠笔记上的只言片语，其故事情节自不用说，就连它是否是中国的故事，我也全然没有印象了。这则故事见于森氏之作，进而询问了森氏，先生也全然忘记了，书也在战争灾难中丢失了，所以无法明知。先生的这些微记忆中，可能是明代祝允明（枝山）的随笔里所见的故事。果真如此的话，应作为明代的传承而列举。

序中说明是明代的故事，可见流布唐代的胡人买宝谭在明代的士人中间尚有遗存，同我旧稿第十五、第十六话等相关。王阳明作了一篇《贾胡行》，是为一例。曰："贾胡得明珠，藏珠剖其躯。珠藏未能有，此身已先无。轻己重外物，贾胡一何愚。请君勿笑贾胡愚，君今奔走声利途，钻求富贵未能得，役精劳形骨髓枯，竟日惶惶忧毁誉，终宵惕惕防艰虞。一日仅得五升米，半级仍斗廿九族诛，胥靡接踵略无悔，请君勿笑贾胡愚。"（四部丛刊本《王文成公全书》卷20，二，诗，五八里至五九表）

14. 中国的类书在引用某书时，并不完全与原文一致的情况很多。把这本《格致镜原》引用其他书中的材料拿来与原书校对，多少有一些出入。所以，不能保证上则故事真的与《闲居录》原文一致，但可以相信其大意是没有错的。

15. 收录大田南畝（蜀山人）编《三十辅》后附载的《新三十辅》。《国书刊行会丛书》本《三十辅》第三卷78页。虽然一般认为《寓意草》的著者不明，但根据真山青果氏的考证，可知是林良通所著。从森先生的谈话来看，也是可以大致相信的。《追记》还有应当记述之事，留至卷末的《后记》。

16. 参见本书《西域胡商重金求购宝物的故事》。

# 隋唐时期波斯文化流入中国

　　流入中国的波斯文化，经汉魏六朝时期的初传，到隋唐时期呈现出更加显著的势态。在中国与外国文化的关系这方面，从中国历史来看，说隋唐时期是波斯文化全盛的时代，并不为过。宗教、绘画、雕刻、建筑、工艺、音乐、舞蹈、游戏等各个领域不用说，衣食住特别是衣食两方面，也可以看出广泛的波斯文化的影响。（此后的13世纪、14世纪，元朝受到波斯文化的笼罩庇荫，波斯文化之东渐依然相当之盛，因此，不能说隋唐时期是绝后的全盛期。）

　　今考其原因，进入隋唐时期，中国与中亚、近东地区的交通活跃起来，北依陆路南依海路，波斯系统的诸民族比前代更多地进入中国各地，闪米特系的后裔阿拉伯人随着伊斯兰教的繁盛大批东来，不用说北方中国的长安、洛阳两京，单是作为交通和商业要地而闻名的西北敦煌、凉州，东北营州（今朝阳）等地，南方港湾方面有龙编（交州，今河内）、广州、泉州、杭州，长江沿岸诸港有扬州、洪州、荆州等，就有很多从波斯湾和阿拉伯方面而来的商贾往返从事贸易活动。另外，随着西方诸国国使入朝，在长安、洛阳的大学里，负笈游学的人数也相当多。隋唐时期西域的文物，特别是波斯地区的文物盛行中国，我想完全是由上述史实造成的。

　　以下就这方面的主要内容，分类依序概说之。


## （篇一）宗教

### 1. 琐罗亚斯德教（祆教）

　　要说波斯的国教，第一要举出的应该是琐罗亚斯德教。这个宗教在唐代初年以来被称为祆教，但这并不是说它到唐初才传入中国的，实际上在北魏时期业已传入中国，在中国的北方地区有所传播，北朝北周、北齐的王室及庶民信仰祆教已是周知的史实。此后渐渐流行趋盛以至隋唐。北齐、隋时为了管理国内的信徒，特别设置了官衙，至唐仍然设置同样的官职。（北齐和隋称为萨甫、萨保，唐时一律称为萨宝。关于这些词汇的原意是什么？由何而来？各国学者间有不同的说法，尚未见定论。但是直接从中期波斯语 Pahlavi Mittelpersisch 谐音而来，是不容置疑的。）此官职在唐中期玄宗开元年间实施官职大改革时也没有废止，仍然存在，可见当时祆教教徒之数绝不在少数，因此对他们的管理一日也不能疏忽。

祆教主要是来往或移民中国的西域人之间的信仰，中国人信徒即便有也是极为少数。这从上述萨甫、萨宝之职几乎都是胡人即波斯系统的西域人担任也可推测想象。另外，近来中亚探险陆续发现的新资料中，汉译祆教经典一项也不见存在，似也可推测想象。（当然，从逻辑上看，地下没有挖掘发现遗物，并不等于这种宗教真的不存在于汉人间，只能是窥测一下大致的倾向。）祆教徒为神圣的火设立祭坛对之参拜，在他们本国也举行同样的仪式。其管理者萨宝正如伊斯兰教教徒中的哈迪一样，起着宗教律法执行者的作用。只是在本国，琐罗亚斯德教对于神像或其他类型的偶像是不进行礼拜仪式的，进入中国后，发生了一些改变。类似祠堂的形式，又多少有点不同，但可以想象设有某种偶像，向他祈祷现世的利益。其实例是，在斯坦因发现的唐代中国西陲地志的伊州地方上，就有这样的情况；伯希和发现的敦煌石窟古书上也可见此地附近的祆庙雕刻着神像。另外，传说宋初有人画了一张祆神的像并对之膜拜，从而得到福佑，从这个传说逆推，也可以想象唐代类似的情况。长安城内建有多所祆教祠堂，洛阳、凉州、敦煌、伊州等地也有祆祠的存在，这从传统的旧典籍和近来新发现的资料上都可以窥见，其举行祭礼时的波斯风俗，也依稀可以推想。与祆教祭礼上的种种仪式展示相配套的，有一种魔幻术，或者说，它也是祭礼仪式的一部分。这种杂技作为波斯文化的特产是十分有名的，也未必是随着祆教传入中国而传播开的，而是伴随汉代以来已经开始的东西交通东传而来的，隋唐之际更加盛行而已。祆教的存在在当时的史料中是有记录的，不只是上述几个市，在中国腹地有波斯人居住和所到之处，也应有他们的神祠存在。唐舒元舆所撰《重岩寺碑铭》所记，就是一个例证。宋代都城汴京（开封）和镇江（丹徒）有祆祠存在，更是一确证。由此推论，在唐代，这些内地的地方有琐罗亚斯德教祠堂的存在，应该是没有大问题的。

祆教传入后，在唐代主要因流寓移民的波斯系统民众而在中国繁荣，在唐末武宗会昌五年（845）迫害佛教之际，连带受到禁毁，大失其势。但其潜在的信仰者仍然存在，这从五代到宋元许多地方存在祆教祠堂不难推论。

### 2. 摩尼教

此时东传中国的波斯系统的宗教之第二位，应为摩尼教。摩尼教是 3 世纪初波斯人摩尼以琐罗亚斯德教为基础，加上天主教、佛教、巴比伦古宗教、希腊哲学等，混合而成的一种折中宗教。因为在本国受到琐罗亚斯德教徒的残酷迫害而流向国外，渐渐在中亚以至中国流传开来。其在东方传播的主要媒介者，与祆教一样，是那些在中亚诸民族中从事商业活动最活跃、在中亚各地广泛进行商业买卖的粟特人。摩尼教传入中国是在入唐以后，传说是在武则天延载元年（694）。摩尼教因为折中主义的缘故，很有包容性。相对于琐罗亚斯德教有很强烈的国家性宗教的色彩，摩尼教则拥有几许世界性宗教的特质。所在之处，都能向那里的国民传教弘法，东面从缚喝国（大夏）的原住民不用说，到突厥的雅利安人，蒙古草原的土耳其人，再到南方汉民族，都有摩尼教传播；西面到北非诸地及欧洲大陆的一部分，也都有摩尼教信徒。从近年来新发现的史料中，有用波斯语、粟特语、突厥语、汉文、埃及语等翻译的摩尼教经卷，也进一步证明了这一点。特别是在 8 世纪中叶，在回纥人中间广泛传播，几乎成为他们的国教。摩尼教的僧侣作为无上的智者担任回纥可汗的政治顾问，参与国家政治的机要，已成为有名的佳话。摩尼教传入中国后，在汉人中也有相当的信徒，所以才有汉文的摩尼教经卷。唐中期以后中国的摩尼教徒，大部分是散在中国各地的回纥人，这一点必须注意。唐代宗大历三年（768）在长安建起了名叫"大云光明寺"的摩尼教寺庙，这也是应回纥人的要求而建立的；几年后，在荆州、扬州、洪州、越州等长江流域的各地，也基于同样的原因，建起了同样名为"大云光明寺"的摩尼教寺庙。到唐宪宗元和二年（807）在洛阳、太原也建立了同名寺庙，这也是出于回纥人向唐朝请求的结果。在此之前的开元二十年（731）唐朝政府曾将摩尼教作为邪教而禁止民众信奉它，对于回纥及其他西域人，则作为乡俗不加禁止，所以，在唐回纥及其他西域人中间，摩尼教信仰得以长时间维持下来。直到会昌废佛遭致厄运，以后再难维持昔日旧观。

但是，比起祆教信徒，更多的摩尼教信徒在中国各地留存下来，经宋元以至于明代，摩尼教残余仍在中国南方各地以不同形式而存在着。摩尼教的教义、制度等原始面貌如何，向来缺乏十足可征的资料，在中国，它的教义、寺庙制度、僧侣阶级、经卷的种类等，几乎无从得知。所幸近年有新发现的史料，如北平图书馆存有名称不明的经书残卷，伦敦大英博物馆和巴黎国民图书馆分别存有《摩尼光佛教法仪略》，根据这些我们可以进一步研究探索。矢吹博士对此屡有论述（如岩波讲座的东洋思潮系列的"摩尼教"），在此不作赘述。摩尼教术语中保留不少波斯语原始发音的音译之外（其中主要是中期波斯语或是它的一种方言的粟特语），也巧妙地掺和运用了佛教、道教的用语，以便易于为中国人接受，达到传教的目的，这一点不容忽视。（其结果，摩尼教的经书得以混在道教的大丛书《道藏》中，这也使这个宗教在遭到禁止后，可以假借道教的名义继续传道布教。）

与摩尼教徒在中国全国多处存在的事实相关，另一件事不得不说，就是作为西域文化的中介，他们为各种西域文化广泛地传播到中国各地发挥了作用。

其中最显著的一例，就是将波斯历法中的粟特历法移植到中国。其日月火水木金土的七曜之名以粟特语传播，就是最有意义的一个事实，是东西方文化交涉史上不可忽视的一点。请看唐五代到宋的历本上的读音：

日曜日，读作"蜜"，粟特语发音是 Mir

月曜日，读作"莫"，粟特语发音是 Māq

火曜日，读作"云汉"，粟特语发音是 Mnqān

水曜日，读作"咥"或"滴"，粟特语发音是 Tir

木曜日，读作"温没斯"或"温没司"，粟特语发音是 Wrmzt

金曜日，读作"那颉"或"那歇"，粟特语发音是 Nāqit

土曜日，读作"鸡缓"或"枳浣"，粟特语发音是 Kēwān

这在唐中期以来流行于世的汉译佛典《宿曜经》及《梵天火罗九曜》等书中也能见到。特别是说明七曜各日凶吉的《七曜历日》这样的占星专书，以及五代到宋初的历本中，或全部或一部分能见到。从这些在中国人中传播的诸种情况，可推断摩尼教徒的存在。这七曜日的名称，一方面从五代宋到其后，一直流传，直至近代仍在中国南方沿海地区被保留沿用；另一方面在地域上越过海洋传入日本，日本平安朝末期到镰仓时代的历书中也有其痕迹。藤原道长有名的《御堂关白记》、兵部卿平信范的日记《兵范记》、源俊房的日记《水左记》、藤原家实的

《猪熊关白日记》等书中也可见到。这些书所用的稿纸上的"具注历"，日曜日对应之日即标记为"蜜"字，这正是以前面提到的佛典为媒介而得到的知识，以及《七曜历日》等书也由入唐僧带来日本，由此才有这样的日历编写吧。(《七曜历日》在比叡山僧宗睿的《请来目录》等书中有著录，虽然这书在日本和中国都已失传，内容如何已不得而知，但伯希和博士在敦煌发现了此书的唐写本，引得学界震惊。)在此之外，没有书写日记的"具注历"的断简，在日本还存在不少，从镰仓室町时代到庆长年间连绵不断，以今日所知，除了"蜜"日以外，其他六个曜日的原名已经不见所载。这也正与日本输入五代以后的中国历书，也往往只标识日曜日(蜜)相适应，这大概是因为日曜日是特别的斋日，受到摩尼教徒的格外重视，所以就只把这一天标识出来。

摩尼教徒作为中介，把像历法这样宗教文化以外的东西传来东方，绝不是单一的例子，在其他许多方面还有体现，土耳其系统的教徒所留下的摩尼教经书中，传来了伊索动物譬喻谭。这些事实，不由得让人遥想，他们是在怎样的机缘下、如何将西方文化传来东土的。

摩尼教特色之一是他们的经书常以五彩缤纷、金碧辉煌的插图和环衬表达其庄严，这在书籍形式上也会给中国书籍以影响吧。佛经的环衬素朴，佛经上的佛像则描以彩绘，这在吐鲁番一带发现的南北朝时期古抄佛经可以得到证明。这是否受到摩尼教风格的刺激而变得华美，目前虽然没有直接的证据可以证明，但也不是不可以作这样的推论吧。我们看唐代抄写的佛教经典，经文中常常加入简单的佛或菩萨形象的图绘，可以推想唐代中国也存在着像日本《因果经绘卷》这样的佛教经书，如果并没有证据证明这是受了印度风格的影响，或是中国人固有风格体现的话，那么，在此回溯观望摩尼教的风格，也是顺理成章的。笔者绝不是武断定论说岩岛的平家纳经、多种扇面上的古写经与摩尼教经书的外形有关系——我只是试图推想，在这种东西出现的中间阶段上，存在可能从摩尼教教徒那里得到某些本土并没有的样式的启发。

### 3. 聂思脱里派天主教（景教）

此时西方传入东方的宗教之第三种是天主教的一个分支——聂思脱里教，即中国所谓的景教。天主教在犹太人中间发生，本不属于波斯文化所产，聂思脱里教被视为异端，受到正统派天主教的迫害，转向东方，进入波斯地区后得到发展繁荣，然后向更远的东方延伸，进入中国，传播繁衍。其在东传途中毫无疑问地受到波斯文化的影响。当时在中国流传的聂思脱里教经书，其术语除用此派原本的叙利亚语外，还并用中期波斯语。即使是关于犹太教起源上的固有名词，也有以中期波斯语形式以及它的一个方言粟特语形式为基础而音译的。另外，其信徒、教士中，确有波斯人存在，也是事实。教徒中所通行的历法正是波斯萨珊王朝所用的历书，也是一个证明。根据以上事实，不妨把这个宗教视为波斯文化的一种。目前新疆地区发现的聂思脱里教相关史料中，存在相当一些用中期波斯语及粟特语写成的经书，据此可以认为，更远更东地传来中国的聂思脱里教是东来波斯文化的一支。

聂思脱里派天主教进入中国是在唐太宗贞观九年（635），太宗派宰相房玄龄、魏徵将之迎入宫中，许其翻译经典，奖励宣教。三年后，在长安城内造一寺庙，度僧二十一人，这些事实是众所周知的，不必在此赘言。值得注意的是，寺庙刚建起时，被称为"波斯寺"；那些传教的僧侣，被称为"波斯僧"，可知当时朝廷将这一宗派看作波斯的一个宗教。聂思脱里教此后在中国传播的盛衰情况，可在781年建于长安的著名的"大秦景教流行中国碑"的记载中窥得一斑，还可从多次得到皇帝的诏敕来推测。这种信仰不只存在于唐西域人，也在中原民众之间存在，这与祆教的情况大异其趣。传入中国后，早期是汉译该教经典，以供弘法之具，进而编撰用于在中国传教的教义书。值得注意的是，初期的译文不甚圆熟，是依托西域传教僧人之手而翻译、编撰的，文章颇为诘屈晦涩，往往还有文义不通的地方。后期翻译出来的经书行文齐整，像是出于有教养的中国人信徒之手。上面提到"景教碑"上所刻该教教义、沿革等，文章出自西域人阿达姆（Adam，中国名景净）之手，看起来却更像是假借了中国人之手，文辞甚为巧妙。正如法国伯希和教授指出的，此文反映了《文选》中所收"头陀寺碑文"的结构和用语①，是对于中国古籍甚为精通的人才能写得出的。聂思脱里教信徒在长安、洛阳两京，以及现在宁夏到四川的各地都有所见，其寺庙也在这些地方散见。与摩尼教和祆教一样，在会昌五年（845）废佛之际遭到毁禁的厄运，顿失势力。然而也与那两个宗教一样，其潜伏的信徒仍然残存，在宋代的地方志中还可见到它

---

① 南朝梁时王中所写的《头陀寺碑文》，为佛教寺庙碑记的经典文献。述教义，讲建筑，形式结构上对后世同类文章有范式意义。

的踪迹。（从教徒方面来看，如前面提到的景教碑文所写，唐帝室对景教是非常垂恩的；从第三者的角度看，唐帝室对其只是抱有好感而已，其中含有较强的策略方面的考虑，是否真是尊重其教义，尚需进一步考量。）

关于唐代的天主教情况，除了景教碑文和数条制敕以外，几乎缺乏其他像样的史料。近来欧洲人在东亚探险，发现了高昌遗址和敦煌千佛洞等遗落千年的遗址中的新史料，其劫余之物落到中国和日本学者手中。利用这些新史料，我们有望逐渐进一步揭开历史真相。作为汉译景教教籍的残本，发现了《一神论》《序听迷诗所经》《志玄安乐经》《宣元至本经》《景教三威蒙度赞》《尊经》等经典，或完整或断片，而且据《尊经》所记载，除了这些经典，还有不少汉译经典存在。对于这些经典的研究，目前虽然还没有发表足够的成果，但经过东西方学者的努力，也已解明了许多问题。参考这些研究，对照经典，对于景教进入中国后改变本来状态，同化和顺应中国传统思想的痕迹历然可认。例如，对上帝和耶稣与中国的天子一样地尊崇，行中国意义上的孝道，而丢弃其天主教本来意义上的东西——景教在这方面采取选择性吸收的态度，随着教义的展开更进为镇护国家的护国教，这样的情况也被证实，这是近年来人所熟知的了。这些方面，日本学者羽田亨博士屡有论述 [①]，向世界介绍相关情况，其中也正有经常与笔者愉快交流的内容。唐代景教有较多信徒是中国人这一点，正如上述诸项事实所证实的那样。

聂思脱里教作为景教在中国传播之际，不是以本来面目传播的，而是多少被波斯化之后才传来。其次，进一步细说的话，"景教碑"文中叙利亚文字所记载的僧徒中，有马哈达杜·古希纳斯普（Mahdād Gshnasp）、穆斯哈达通（Mushhadād）这样的人名，明显属于波斯人。而且，此碑的建造者伊斯（Idzdubzid）也是吐火罗（Tukhāra）国的巴里黑（Balkh，巴尔赫）人，属于波斯人种。在此过程中，不得不说，聂思脱里教附加了波斯化的色彩。据说碑文的撰写者阿达姆参与了用粟特语写成的《大乘理趣六波罗蜜经》的汉译工作，可见，他因通胡语即粟特语而被这方面出身的波斯人认可，此人因此还参与同样类似的事情。景教是波斯化的聂思脱里教，还有其他证据，他们使用的历法不是叙利亚风格的而是波斯风格的，

① 羽田亨有《景教经典志玄安乐经考释》（1928年）等文，收入《羽田博士史学论文集》（1958年）。另可参阅羽田亨的《西域文明史概论》（2005年），有汉译本，中华书局。

比如七曜日的名称，摩尼教徒以粟特语称呼之，景教徒则用中期波斯语称呼之，这些都值得注意。比如日曜日，在景教碑文的日期上，音译为"耀森文"，在当时其他文献中也有写作"耀森勿"的，这都是中期波斯语 Evshambat（日耀）的对音，相当于新波斯语的 Yakshambah。不仅是在中国，在东方的其他地方的聂思脱里教徒，都是如此用，土耳其族的景教徒也是这样。（月曜日以下的名称不再一一赘举，可参见上文所列摩尼教《宿曜经》上所记的汉字音译。另外，参照瑞士 Huber 氏和日本榊亮三郎博士的研究，可进一步了解七曜日的原始发音。）景教徒不用叙利亚语或希伯来语，而是用中期波斯语来表示七曜日，这仅是一例，表现了它波斯文化的一面，这正如此后传来的伊斯兰教（特别是在中国北部流行）其用语中也含有许多波斯语的成分，绝不仅是用阿拉伯语来传播教义。（从这一点来看，关于伊斯兰教是否是以绝对的本来面目，严格地、原原本本地东传，还是有进一步探考的余地。）

值得附记一笔的是，景教汉译佛经与摩尼教一样，也常常采用佛典用语和道家所用的文字，以便更易于被中国人接受。有一部摩尼教经典将老子《道德经》的一节原原本本地节录，并加以道家的注解，可谓甚矣。另外，像"法师""上座"等中国佛教用语，在"景教碑"文中也直接以叙利亚文字音译为 papas、shiangtsu。另外，可以推想，天王、天使、耶稣、使徒等画像，也被描绘成类似佛像、菩萨像、天部像等造型[①]。斯坦因发现的敦煌千佛洞一幅看似地藏菩萨的壁画，就是一个很好的实证。这幅壁画上立像的顶部和胸部，悬挂着与"景教碑"上端的十字架相同的图案，表明与天主教有关联。它全然包含在佛教美术样式之下，给我们展开想象提供了有力的资料依据。英国人威廉（A.Waley）首先将它介绍给世界，提出这是否与景教有关系这个问题，而且不仅是显著的十字架，还有立像的面相——特别是鬓须、冠形等，也无疑说明是与天主教有关的图像。（高昌国遗址发现的景教寺庙壁画是完全还没有经过佛教美术化的东西，此类例子或许还可发现。）

---

① 天部，这里指天界众生。在佛教雕像上，天部像与如来像、菩萨像、明王像，合称为四部像。

（篇二）艺术

## 1. 绘画

下面来看看艺术方面。首先是绘画。虽然，明显带有波斯风格的绘画实物留存下来的十分有限，只能借助仅存极少的而且还是间接性的资料，与诸种文献相对照来推察、论断，但不得不承认，隋唐时期绘画作品里的波斯影响还是相当明显地存在的。唐初流寓长安的康萨陀，据说是撒马尔罕出身的画家，果真如此的话，他擅长的奇兽珍禽画，大概就带有强烈的波斯风格吧。当时更为有名的尉迟乙僧，是于阗国的画家，与父亲尉迟跋质那一起留居长安，从事佛画和其他有关外国风情的绘画创作，被称为一代名家。他的画被称为凹凸画，施以阴影，远望实物有浮雕感，具有明显的波斯风格。敦煌和其他西域地方发现的佛教绘画，其巧拙另当别论，在表现手法上多少都有尉迟乙僧凹凸画的因素，波斯风格的倾向明显。根据朱景玄的《唐朝名画录》、段成式的《寺塔记》，可略窥波斯风格凹凸画是什么样的，对照这些新发现的佛教绘画，也可说是窥得一斑了。另据文献记载，唐代大画家吴道玄也受到凹凸画的影响，如苏轼、米芾在评论吴道玄的画时，就指出这一点。苏轼说："吴道子画上的人物，如以灯取影，逆来顺往，旁见侧出，横斜平直，各相乘除，得自然之数，不差毫末。""以灯取影"就是指凹凸画上的人影可作如是观。吴道玄的弟子卢陵伽、杨庭光、翟琰等学习其师的技法，或许多少也承传了凹凸画的风格吧。吴道玄的作品不仅在佛教画、人物画等方面有波斯风格的影响，山水画中也有所反映。根据张彦远的《历代名画记》说，吴道玄的山水画运用阴影法开拓出风景画的崭新面貌。今日世上所传吴道玄的画都成于后世人之手，这些画上就不太能看出所谓凹凸画的手法，若仔细阅读唐代文献，在其真迹中必能看到或多或少的西域画的风格。这种倾向不仅限于吴道玄等两三个名家，敦煌等处发现的绘画，长安、洛阳等地末流以上的唐代画家，多少都在其作品中留下波斯画的风格。凹凸画这种绘画手法发源于印度，流传到如阿旃陀（Ajanta）地区的壁画上，又一度通过波斯文化圈而传入中国，这样说，应该没有什么不当吧。

## 2. 雕刻（附工艺中体现的构思）

其次来谈雕刻。就目前所存之物来说，隋唐的样式与六朝的样式大异其趣，但也是在前朝的基础上继续延伸发展的。它的整齐丰丽之趣虽然难以认定是特别地受到波斯表现手法的感化影响，但其中表现出的构思与纹饰等，往往可以看出西域风格的存在。比如唐太宗昭陵宣武门内的六骏图浮雕，马鬃三束，明显带有波斯的习俗风格。在萨珊朝波斯银器上王侯所乘之马上，也屡屡表现出这样的构思。另外，在长安碑林中有一块碑石，其侧面有华丽流畅的浮雕装饰图案，其中大智禅师之碑侧刻有正面戴着新月宝冠的菩萨像，这种戴新月头冠的纹饰也无疑是波斯风格的表现。萨珊朝波斯的石雕和货币上所见王者的肖像，以及近年法国探险队发现的巴基斯坦受波斯风格影响的佛像雕刻（巴米扬 Bāmian 石窟所在）也都是这样的风格。指出这一事实的，就是上述探险队成员之一——法国东洋学者哈金（Joseph Hackin）氏。这种艺术构思流传到遥远的中国核心地区，在北魏时代的云冈石窟雕像上有所体现，在北齐时代敦煌壁画的佛像、菩萨像上也可看到，唐代也有不少这样的例证。它还漂洋过海传到日本，更具有学术性意味。（这方面哈金氏也举出过一两个实例，根据笔者的调查，还可以举出更多例子。）在这个外墓门阙和内墓墙壁上的浮雕画像石上，有两三处移民中国的波斯人用的骨壶等容器，这种手法和构思纯粹是波斯风格或者就是成于波斯的工人之手；即使是成于中国人之手，那也是受波斯影响非常深的中国人。科隆东亚美术馆、巴黎卢浮宫博物馆、纽约大都会艺术馆等收藏的这类雕刻，与龟兹遗址发掘的壁画上所见人物服饰及其纹饰一模一样。龟兹地方的原住民不是波斯人而是雅利安人，可见当时的文化受到强烈的波斯风格影响，从这些雕刻的手法和构思上都可以明显感到。（西洋某学者指出，这是表现龟兹王使者一行的雕刻画，虽然这条意见根据不足，难以遽然赞成，但他这么考虑的动机应该是可以想见的。）这些画像石群的雕刻也有人认为是隋以前的东西，我这里姑且将之作为唐代的东西来讨论。

这些波斯要素不只是在雕刻上有所体现，在更广泛的一般美术、工艺上，也都可以看到。借此机会，我对于绘画、雕刻、织物及其他各种工艺品上显著波斯风的匠心，一并略述之。如果由此能推想出当时西域文化是如何在各方面浸润的话，则是幸事。雕刻方面，长安碑林保存着的若干块碑石，其侧面、础石、台座等处装饰有丰腴艳美的纹饰（道因法师碑、隆阐禅师碑、邠国公功德碑以及前面提到的大智禅师碑等），这是波斯负有盛名的东西，其中有一种叫忍冬唐草的，是很早之前就传入中国的，不是从隋唐开始才有的。不用说，其直接的起源是波斯，是由一种叫叶荆或莨苕花（Acanthus，老鼠簕属）的纹饰变化而来的，还有葡萄唐草，也是那个时代代表性的波斯饰物。织物方面，在日本正仓院御物的古代裂残片和法隆寺所藏四天王纹旗上，可见狩猎纹饰，这在唐代也多有使用，是萨珊朝波斯最有特色的波斯风格的装饰。还有联珠纹（联璧纹，串珠纹饰）大致是用小型的圆珠子排列成圆形或方形，这也是波斯风格的表现手法，已是周知的常识。前面提到墓室门阙上的雕刻，在大都会艺术博物馆所藏石造佛像台座上可见，也十分明了。其他，萨珊朝装饰特色还有喜欢用花噉鸟，在正仓院所藏铜镜的背面，即可看到这样优雅的浮雕实例，颈脖围有细纱的人像、佛像、禽兽像等，也明显反映了波斯风格。这些应该都是当时中国的东西。即使这些在当今的遗存几乎绝无仅有，从这些进口物品或仿制品上以及通过日本奈良朝盛世遗物，并不难确认这一点。马鬃三束或五束，即称为三花、五花的束法是波斯风格，前面已经说过，有人说，其起源或许在西伯利亚游牧民族那里，但至少隋唐时期其艺术构思的底本是波斯无疑（其三花、五花在咏马的唐诗中也屡有见到）。另外，许多帝陵前后配置的石像生群中，往往有长着羽翼的天马，这也是波斯风格的独特雕刻。不仅如此，作为工艺品的纹饰，这种长着羽翼的马的图案也出现在日本帝室御用物的银胡瓶上，这是大家熟知的。所谓胡瓶，其名字已经显示了波斯风格的形态。当时中国实用的东西现在存下的也许已经没有了，而作为明器（陪葬品）的优美的"三彩"则出土了不少，日本正仓院御物中的漆器也是最好例证之一。另外，描摹树下一只动物（如羊、鹿、雉等）的对称性图案，也是波斯风格无疑。还有树下人物特别是妇女站立的图案，即俗称树下美人图的构图，也有说是波斯风格的。前者的凭证物在今天的中国已经没有了，而正仓院御物中存在着可以推断唐代中国的资料。后者现在虽然没有确证的物品，但未来或许能找到确证，这比在印度找这些图案的起源准确率更高。

### 3. 音乐与舞蹈

隋唐乐坛完全被西域音乐所风靡，这也不是从隋唐才开始的，从南北朝时期开始就已经受到相当强的影响，只是到隋唐更为显著而已。乐曲方面，宫廷盛行康国乐、安国乐、龟兹乐、高昌乐、疏勒乐等，都是西域音乐。此时开始，所谓某某乐，都是包含着舞蹈在内的，不用说，这也是直接或间接的波斯风格的乐曲。康国乐是撒马尔罕（Samarqand）的音乐，安国乐是布哈拉（Bokhara）音乐，龟兹乐是库车附近的音乐，高昌乐是吐鲁番地方的音乐，疏勒乐是喀什噶尔附近的音乐，都是波斯文化系统的国家。从乐人和舞工的名字来看，也说明很多是从遥远的波斯文化系统的西域诸国来到大唐居住的人。他们的名字在历史上留存下来的，首先要数唐初龟兹国出身的白明达、布哈拉出身的安叱奴，此二人因为唐高祖爱好胡乐而受宠，获升显位。此后，胡人出身的音乐家在唐代宫廷里也受到重视，乐府的伶人、乐工多为西域出身的名手。在一个中亚突厥人建的国家米国（Mlaimārgh）出身的米嘉荣及他的儿子米和郎，还有大概也是米国人的米禾稼、米万槌，以及同样推测是曹国出身的曹保、曹善才、曹刚，以及被认为是康国出身的康昆仑、康遁，布哈拉出身的安万全、安辔新等，都是这方面的好例证。伴随这样的风潮，西域的乐器也得到广泛推广使用。西域音乐如此盛行，白乐天的好友中唐诗人元稹（微之）有诗，吟咏当时长安、洛阳西域风情的状况："女为胡妇学胡妆，伎进胡音务胡乐。"王建也有"洛阳家家学胡乐"之咏，由此可见一斑。元稹这里所说的"胡"应该是指属于波斯文化圈的西域地方和西域人，即使不是这样，也是混入唐代北狄地方诈称北族的西域胡人，波斯系统的文化混在这些北狄人之间的也不少，因此，胡音、胡乐就是西域的音乐应该没错。

伴随音乐，波斯风格的舞蹈也纷纷传入，特别是著名的胡旋舞、胡腾舞、柘枝舞，唐代诗文中有不少描写它们的文句。胡旋舞主要是粟特人的特技，是一种女子快速爽利地左旋右转的舞蹈，有时，也是在球上表演的节目。胡腾舞发源于今天的塔什干，当时，中国把胡腾归为"健舞"的一种。与在塔什干附近地方一样，两个女童围裹上五彩的绣罗，戴上胡帽，配上银带而跳舞，随着节拍银铃鸣响，是一种非常华美的舞蹈。开始，隐身于莲花之中，花开而两人相对跳舞。其他健舞，有名为拂林的。其舞姿如何不得而知，由名字来推想，也可能是西域风格的。今天在日本宫廷及其他地方保存的传来之物有兰陵王、钵头、苏莫遮等，要说它们就是唐代的舞乐，是有问题的——应该说它们只是作为唐代盛行的舞曲而传来日本的，其本源在西域，属于波斯舞曲的支流。特别是苏莫遮是撒马尔罕的独特艺术，称为乞寒或泼寒①，起源于农耕生活中的咒术仪式，随后演变成伴以音乐的舞曲。它通过北方民族传入中原，形式不止一种，有骑着马进行这种舞蹈的，据说

---

① 乞寒、泼寒，又称乞寒泼胡、泼寒胡戏，是一种西域习俗或乐舞。冬月，海西胡人裸体结队而舞，观者以水泼之，始于武则天时。唐中宗曾于御楼观此戏，所歌之曲即《苏莫遮》。

唐玄宗特别爱看这种乐舞。唐朝音乐舞蹈显著地受到波斯的影响，根据以上简单的介绍，可以略知一斑。

### 4. 杂戏

杂戏指奇幻术、轻身术、杂技等，这在西汉时期就已由西域传入，并非隋唐初传，可以说，到此时更为流行而已。以吞刀、吐火、弄丸、舞剑为主，绳技（走钢丝绳索）、竿技（爬上长竿子的顶上表演轻身术）等，都是西域特技，西域风浓厚，能取悦上下各阶层人士，故而，西域出身的此类名角很多散见于诗文和随笔类资料中。这类杂戏大都是公演的，也有应招在权贵人家宅邸内演出的，还有在长安城里重要的地方如大慈恩寺、青龙寺、永寿尼等寺庙内或大门前摆上常设的戏场，在那里演出的。

有一种并非在观众面前演出，而是自己取乐的游戏，叫打毬。这被视为波斯的国技，更可说是波斯风格的东西。它原名叫什么？如何传来？虽然不太清楚，但现在在东西方世界广泛流行，藏语里称为"波卢"（polo）的，唐代初年由吐蕃传入中原，唐太宗十分喜爱。初为武人习之，后来也流行于文官、女子间，其流风下及宋元明时代，更越海传入高丽及平安时代的日本。其在唐代盛行，在诗文中留下痕迹，其游戏之法追溯宋代的文献可以知晓。

另外，双陆也是波斯传来的，西传至欧洲，被称为 Backgammon 保留下来，而正仓院宝物库中有实物为证。象棋虽起源于印度，但也是经过在波斯文化世界沉潜后而传到中国的。

游戏之外，也在此附带一说。历来有名的元宵观灯活动，从许多记载中可以见到，这在唐代已经颇为流行。那些极尽华美，凝结着匠心的灯树制作，也有可能受到波斯文化的影响。张说的诗有"帝宫三五春戏台，行雨流风莫妒来。西域灯轮千影合，东华金阙万重开"之句，是我推测这种可能性的依据，虽然说不好到底受到西域多少程度的影响。从德国 Grünwedel 氏在高昌古国发现的壁画上，我们可以看到灯树的图像，也足以证明这个推测不是无稽之谈，因为很难想象是从中原逆向传入高昌方面的，结合张说的诗，还是应该考虑为波斯风俗的东渐融合比较合理。

（篇三）衣食住

### 1. 服饰及化妆

衣食住中，衣与食两方面受波斯文化浸润的痕迹非常显著，所以首先来说说。

唐代男女在衣、帽、履方面追随波斯之风，在开元以来逐渐显著，这有许多记载可以证明。《旧唐书》卷45"舆服志"很好地记载了这方面的情况，即胡服、胡帽、胡履大为流行。这胡服、胡帽、胡履主要指的就是波斯风的东西。如今虽然很难一一细说，但是若从今年在洛阳、长安两市附近发掘出的陶偶来看，就可推见其大体样貌。男女都着折襟上衣，像披风、大衣外套那样缠裹上身，这都是当时所谓的胡服，是波斯风的服装。关于胡服胡装，最近王国维有《胡服考》一文，日本原田淑人博士也有一篇《唐代的服饰》，我这里就不再赘述了。

束发及化妆方面，首先直接受到北胡突厥人、维吾尔人的影响，又受到与此交往融合的西胡波斯系统的影响，白居易诗《时世妆》评说当时长安的化妆并非"华风"，也可以视为西域样式的风靡。

### 2. 食物及酒

食物方面有"胡食"之称，可见西域风的饮食之流行，特别是开元以来，权贵们的饮膳供应胡食，虽实际情况并不清楚，大概也反映了当时一般的风尚吧。最简单的民众性的食物，有一种"胡饼"，据小说和随笔记载，在长安城里到处可见制作和贩卖此物的胡人。此外，还流行有两三种有名称的胡食，可惜对于实物所知甚少，只知道名称概念而已。

酒，在唐代一向重视西域物产，据传唐初太宗平高仓国时得获葡萄的种子而归，种之苑中，并学习酿酒技术，皇帝亲自制得八种葡萄酒，赏赐群臣。其酒之味甚为芎辛酷烈。（但葡萄其实在汉代已经移植中原，也得到葡萄酿造技术，唐太宗时新的西域酿造法传入，得到改进吧。）说到酒，波斯所产"庵摩勒""毗梨勒""诃梨勒"都是名震京城的好酒。这三个名字，原来是酿酒用的果实或者树的名称，转而为酒的名称，分别是梵语 amalaka、vibhitaka、haritāki 的对应发音，又相当于新波斯语中 amola、balia、halila，是从中期波斯语 amalak、biliak、halilak 原型而来的。另外，还留下一个西域产的酒的名称，叫"龙膏酒"，具体情况也不详。

长安都市的酒肆中都卖着上述这些西域产的酒，也能看到波斯风情的胡姬。所谓胡姬，指异国女子，在酒店接待客人，为当时的文人骚客所喜爱，唐诗里多有所见。著名的如李白的《少年行》："五陵年少金市东，银鞍白马度春风。落花踏尽游何处，笑入胡姬酒肆中。"还有李白"胡姬貌如花，当垆笑春风""细雨春风落花时，挥鞭直就胡姬饮"等诗句。贺知章有《赠酒店胡姬》诗，杨巨源有《胡姬词》，岑参在一首送别诗中也写到胡姬。胡姬泛指广大的异国女子，据笔者考证多数应为波斯系妇女，酒店的胡姬是绿眼、卷发、肤白的波斯系西域人，应该无疑。

### 3. 住居

居住方面也多少受到波斯的影响，但这方面几乎没有确证，只就笔者所知举出一例。

唐代玄宗时长安豪富王𬭚府邸内有一个"自雨亭"，相当于宫中的凉殿，这个建筑是从高高的屋顶由上而下地引水，不知是用什么装置把水先引到屋顶，然后四周水像雨帘似的往下流，使夏天也如秋凉般舒爽，在当时其他贵族富豪的府邸内或许也有。据《旧唐书》所记，今叙利亚、小亚细亚地区像这样结构的房子很多，东起波斯，西到东欧，像凉殿、自雨亭这样的建筑都是模仿了波斯建筑风格。此外，建筑的细节和装饰等虽然可以认为是沿用了西域的风格，而宫殿、寺院、道观、塔等大型建筑物，无疑几乎都是自古以来中国的样式，不太能看到来自西域的影响。（洛阳天津桥的拱形桥墩至今还在，这是否可认为含有波斯技术在内，我也正想就此请教于方家。）

以上各节，简单而杂芜，试图略述唐代波斯文物之二三，尚不能一一举出详细的出典并进行考证，留待以后吧。如果进行进一步的研究，将再增加若干其他项目，这也不得不留待作为以后要研究的问题了。简而言之，正如前面所述，《旧唐书·舆服志》有载"开元来……太常乐尚胡曲，贵人御馔，尽供胡食，士女皆竞衣胡服"。元稹《法曲》吟道"胡音胡骑与胡妆，五十年来竞纷泊"，可以说，唐代异国趣味的主流是波斯系统的文化风格。

[17] 乐舞 莫高窟第八五窟（《中国敦煌壁画全集 . 8，晚唐卷》关友惠著，天津人民美术出版社）

[25]《微笑仕女图》（唐段简璧墓出土壁画，现藏于昭陵博物馆）

[33]《宫女图》（唐新城长公主墓墓壁揭取）

[51] 普贤变之昆仑奴　榆林二五窟（《中国敦煌壁画全集 . 7，敦煌中唐》
段文杰主编，天津人民美术出版社）

[63]《阙楼仪仗图》（唐懿德太子墓出土，现藏于陕西历史博物馆）

[85] 帷帽仕女骑马彩绘泥俑（现藏于新疆维吾尔自治区博物馆）

[85]《吹箫伎乐图》（唐李爽墓墓室东壁）

[85]（唐）张暄《虢国夫人游春图》宋摹本（现藏于辽宁省博物馆）

[148] 泉州草庵摩尼光佛造像

粤若常然真寂先先而无元宣然靈
二氣暗空易而天地開日月運而晝
此是之中陳其同於彼非之是以
無得煎迫轉燒積昧亡途久迷休復
有說之舊法理家國於矢敵設三
脫以登明宫含靈於是乎朕濟能事
礼趣生榮之路存顯所以有外行削
洗心反素真常之道妙而難名切用

景教流行中國碑頌并序

[151]（唐）大秦景教流行中国碑局部
（现藏于陕西省西安碑林博物馆）

## 附：隋唐时期中国文化的西渐

隋唐时期以波斯文化为主流的西方文化流入中国已如上文所述，这个时代也是中国文化西渐的时代。中国文化的西渐，如现在所确知的，发端于汉代。经六朝到隋唐时期，随着东西交通的发达、中国国势的隆盛，中国文化开始显著地侵入西方。但是，现在若要系统性地反映呈现，以目前的研究状况而言尚还不够充分，而举出其中几个显著的实例则不是不可能的。下面，我就从两个方面来略述之：中国文化对中国突厥地方的普及；中国文化向葱岭以西的传播。

第一，突厥至少在唐前半期是中国领土的一部分，从文化上说，可以视为接受了中国文化流入的接壤的外域。这个地方非常辽阔，不同地区浸染中国文化的深浅程度是不一样的。大概而言，高昌离中国本土最近，而且自汉代以来就是汉人定居最多的地方，自然，中国文化流入的程度最浓厚；相比而言，龟兹、于阗等地方其程度就稀薄一些。即以高昌为例，自隋到唐中叶一百六七十年间，中国的统治权应是及于此地的，中国文化的输入也逐渐增多，随着汉人移居者的增加，这种情形更加明显。中国的法令颁布于这个地域，最近从此地发现的古文书可以窥见以中国制度为基础的政治曾推行于此地。这个地区遗留下各种汉籍，不用说其中主要是供住在这里的汉人阅读的，但联系到六朝末高昌国就有汉籍传入，用胡语来阅读等事实，也可见汉籍在当地固有的居民中也有普及。据德国班古氏、葛八音女士考证，有关《易经》的突厥语译本在当地流行，也证明了在汉人以外的人群中汉籍也多少是被阅读的。就佛教典籍来看，在中国突厥居民间，印度的原典、汉文的译本，以及这些佛典的重译本等，虽然都有流行，但另外也有从汉译的佛典再译成当时各种语言的，这一点也不容忽视。这就像从西域流入中国的乐器中国化后再回流这个地方，起源于波斯的样式到中国得到进一步的美化，再传回这个地方。当地发现的绘画也浸染了浓郁的中国画风，这是中国文化光被西域的绝好证据。这种情况不仅限于高昌地区，在广大的中国突厥地区都有这样的倾向，只是正如前面所述，不能否认，越往西去，中国文化的传播印记相对越稀薄一些。

第二，中国文化向葱岭以西的传播。兹从造纸术的西传、陶器的输出、工匠的移居等数个方面，来谈中国文化进入波斯、美索不达米亚、埃及等地的情况。纸由后汉宦官蔡伦发明后，逐渐在中国被广泛地制造和使用，不久，越过西疆在中亚地区传播开来，这由各国的中亚探险队在当地发现的古文书、古写本等可以证明，但还没有证据表明他们自己能够制造出纸来。唐中叶（玄宗天宝十年，751）高仙芝率领的唐军与阿拉伯军队在今天俄国属地的达拉斯河畔进行怛逻斯之战，唐军大败，多数士兵失散，被阿拉伯军队俘虏。中国士兵中有几名造纸的工匠被送到撒马尔罕，以他们为中心，在阿拉伯人统治的国家内，有了最初的造纸厂，他们制造出来的纸博得一时的盛名，以致流传到西亚地区。当时，一说"撒马尔罕的纸"，那就是一种屈指可数的名品，9世纪中叶回教徒文人裘希得（Juhith）曾说："西有埃及莎草纸，东有撒马尔罕纸。"稍后的11世纪史学家达阿里毕（Tha'alibi）这样记载当时的情况："作为撒马尔罕的名产之一必须举出纸，它代替了人类一直以来使用的埃及莎草纸或羊皮卷书，它更为美观、舒适、方便，这只有在中国和撒马尔罕才能生产。"只是纸在阿拉伯的记载中，说是"由草木做成"稍稍有点出入，因为检视当时中国突厥周边地区所遗留下来的纸，发现它们是混合了破布和植物纤维的原料。虽说后者是占主要成分，但看当时阿拉伯地区的纸，则是以破布为主要成分，想来阿拉伯人获得像中国人所用一样的原料有所困难，就用了现有的材料。撒马尔罕造纸厂建立后不久，793—794年《一千零一夜》中记到著名的阿拔斯王朝首都巴格达也设立了造纸厂，欲招募中国人去振兴新产业，由于人员供给问题，这个新工厂到底不如撒马尔罕的工厂。另外，在阿拉伯半岛东南岸的大马士革也建立了造纸厂，正是这个大马士革在以后数世纪间，成为向欧洲专供纸张的著名产地。[或许是余谈，当时叙利亚的班比昔（Bambykhe、Bambyx）也有造纸厂，当时为了向欧洲推销他们的纸制品，他们将纸称为 charta bambycina。bombycina 这个形容词即木棉（cotton）一词之所讹，这种以破布制成的纸在马可·波罗以后的时代被称为棉纸（cotton paper），rug paper 则是15世纪以后德国、意大利人开始制纸以后的名称，据1885年Wiesner博士在显微镜下检视可知，这些就是 rug paper 的实证。这些也是说明西欧的造纸如何继承了东方技术的一项资料吧。]唐代所制造的麻纸、楮纸，我们通过日本奈良时代的遗物和敦煌石室遗书能够窥其大概，日本正仓院珍藏的光明皇后御笔的《杜家立成》和王勃诗集手抄本所使用的淡红、淡黄、淡绿等五色纸，在现在的中国恐怕也是见不到了。还有，被认为是16世纪、17世纪所作的波斯故事集里，往往可以见到使用类似五色纸的记载。这些都不是在那个时代突然发明的样式，而是援引了遥远的8世纪、9世纪的古老传统，或者正是唐代中国传入西亚的文化的流风遗韵吧。

另一个被当作中国文化进入西方的实例是陶器，唐中叶前后中国的陶器，虽然还不能视为瓷器，但也已经发展到了非常精巧的程度，其代表就是所谓唐三彩。现在我们所见到的唐三彩遗存物基本上都是明器，即使是明器，也有不少是非常值得赏玩的精美艺术品，由此足见当时陶工的技术水平。这些东西在与中国有文化接壤的国家中，没有道理不被赏玩。我们可以推测，西方也存在经中亚诸国及波斯、美索不达米亚地区输出的陶器。由于近年德国、法国探险队的发掘，阿拔斯王朝（838—883）哈里发王廷所在地萨马拉及太古以来波斯的名镇斯萨等地的遗迹中，不断发现唐代陶器的遗物，正好确证了上述的推测。这些主要都是从海陆由中国南岸出发，直接由中国船或印度、波斯、阿拉伯的船只相继航行，经过波斯湾诸港，到达波斯或美索不达米亚地区的，一部分甚至到达埃及。在当时，不用说都是上流贵族社会玩赏的东西。后来，当地也生产仿制品或者吸取其艺术手法的产品。上述萨马拉、斯萨等地遗迹的出土物，就是反映了这样的情况。[德国的查理（E.Sarre）、法国的果戈里（Raymond Koechlin）等人的研究对此都有很详尽的说明。]另外，有着华丽的背面纹饰的精美的唐代铜镜在耶路撒冷被挖掘出土，从这个例子也可见，当时从中国输出到此地的商品大致是从海路而来的。

最后再举一例，中国工匠移居西亚地区，他们带去了中国的工艺美术。前面述及高仙芝战败后，作为俘虏从巴格达到亚俱罗的中国人杜环（《通典》作者、著名宰相杜佑的侄子），他后来得以归唐，写了一本关于西域诸地的见闻录《经行记》①。这本书失传了，但一部分被引录而保存在《通典》及宋乐史的《太平寰宇记》中，其中一节有这样的文字："绫绢机杼，金银匠、画匠、汉匠起作，画者京兆人樊淑、刘泚，织络者河东人乐隈、吕礼。"不同版本中记载这部分的文字多少有所差异，使全文的意思稍有难通之处，但亚俱罗周边有来自中国的绫绢等织工和金银匠、画匠是可以确定的，还可以看到他们的人名，只是零星的记录，却是珍贵的史料。若将之与此后蒙古国伊尔汗国时代波斯地区的情况联系起来看，有更多没有被记载的无名工人移居在那里，就不足为怪了。（不管是自己到那个地方，还是被俘虏后不得已到那个地方的，都在那里度过了一生。）

---

① 亚俱罗，古地名，见于杜环《经行记》，为当时大食首都。在今伊拉克巴格达附近。

## 参考文献略目

本文不过是一个简略的概说，这里，为欲求更详细资料的读者提供一个不算太专业范围的名著性参考文献一览。一方面是说明笔者本文所依据之处；另一方面也是对先贤劳作的致谢。

— 桑原隲藏博士《关于隋唐时期来中国居住的西域人》（先是载于《内藤博士还历纪念东洋学论丛》京都，大正十五年发行，后收入论文集《东洋文明史论丛》京都，昭和九年）。

— P.pelliot, *Les influences iraniennes en Asie centrale et en Extrême-Orient.*（Reuue d'Histoire et de Litterature religieuse,1911）此文有榊亮三郎博士的日译，刊《艺文》第三年第八号，大正二年一月。

— 羽田亨博士《西域文明史概论》，京都，昭和六年。

— 羽田亨博士《中亚细亚的文化》，岩波讲座，《东洋思潮》，第十四回，昭和十年。

— 陈垣《火祆教入中国考》，《国学季刊》第一卷第一期，1923 年。

— E.Chavannes et P.pelliot, *Un teaité manichéen reteouve en China*（*Journal Asiatique*, 1911-1913）.

— 矢吹庆辉博士《摩尼教》，岩波讲座《东洋思潮》第十三回，昭和十年。关于摩尼教著名的西文研究大略就是前两篇文章。

— A,C,Moule, *Christians in China before the Yeare 1550*, London,1930.

— 向达《唐代长安与西域文明》，《燕京学报》专号第二，北平，1933 年，有增补再版。

— 罗香林《唐代文化史》，台北，1955 年，特别是“唐代波罗球戏考”。

— 原田淑人博士《正仓院御物所见东西文化的交涉》，史学会编《东西交涉史论丛》所收，东京，昭和十四年。

— 原田淑人博士《唐代文献所见正仓院御物》，《明治圣德纪念学会纪要》第二十三卷，大正十四年。

— 原田淑人博士《考古学上所见东西古文化的关系》，外务省文化事业部讲演录，昭和五年十二月刊。以上三篇收入博士论文集《东亚古文化研究》，此论文集中还有其他诸篇使我得到参考和教益。

— 原田淑人博士《西域发现的绘画上所见的服饰的研究》，《东洋文库论丛》第四，大正十四年。

— B.Laufer,Sino-Iranica.Chicago,1919.

— 桑原隲藏博士《纸的历史》，《艺文》第二年第九、第十号，明治四十四年九月、十月。后收入《东洋文明史论丛》，京都，昭和九年。

— 小林高四郎《东西文化交流史》，东京，昭和二十六年。

— T.F.Carter, *The Invention of Printing in China and Its Spread Westward.* New York,1925. 有增订版。

— Christensen, *Iran sous les Sasanides*, Copenhagen,1934.

— F.sarre, *Die Kunst des alten Persien.* Berlin,1923.

— P.Pelliot, *Des artisans Chinois a la capotale Abbasside en 751-762.T'oung-pao*, 1929, 110-112.

— 本书所收拙稿《"胡旋舞"小考》及《当垆的胡姬》。

— 深井晋司《三花马、五花马的起源》,《东洋文化研究所》第四十三册。

— 岸边成雄《东洋的乐器及其历史》, 昭和二十三年, 及其类似著作。

# 长安盛夏小景

长安是个夏天很热的地方。盛唐诗人王摩诘就说"长安客舍热如煮"，但它不愧是大唐之都、当时世界第一的长安，并不只有酷热。虽说冰激凌是不可能有的，但在配有花冰柱的桌上，刚刚切开的冰西瓜和甜瓜的清凉，却随处可求。虽然是一千年前，却既有类似冰箱的东西，也有类似电风扇的东西。加之，在傍晚纳凉的路上，见到绫罗轻衫、描着淡眉的平康歌妓的夏日身影，也有一种清爽的感觉吧。

以下，从记忆中选出两三段关于长安都市夏季景色的记录。

### 冰柱

夏天到了，富贵人家有在屋里准备冰柱制冷的习惯。"冰片高堆金错盘，满堂凛凛五月寒。"（岑参）杨国忠的子弟们一到盛夏三伏天的时候，就"取大冰，使匠琢为山"，然后放在宴席的周围，酒酣之际，也能令宾客感到凉意，与今天的冰雕作品并无二致。传说杨氏一族中还有人取坚冰雕刻成凤凰和瑞兽，饰以金环彩带，盛在雕盘中送给王公大臣。这是不是显得有些腐败？但这种奢侈也正与他们的地位相衬。

### 龙皮扇

王元宝这个男人，是开元、天宝时代长安的顶级富豪之一，据说他家里有一种皮制的奇妙的扇子。怎样的构造呢，不大清楚，恐怕是个大团扇。放在座上，把新打出来的水洒在上面，猛一开动，便凉风阵阵，"巡酒之间，客有寒色"，等到觉得太凉了，就赶紧命人撤除。这传闻似乎有些夸张，不大可靠，但如果确有其事的话，那就应是一种机械风扇。当时把这叫作"龙皮扇"。

### 自雨亭

同一时期，官府没收了一个名叫王锇的贪官的宅子。他因受贿而聚敛财富，极尽豪奢，县官来清点时，花了好几天也没点完。王铁的院子里有个名为"自雨亭"的小亭，其原理，是用一种不知什么方法，先把水引到顶上，再利用某种装置，让水从顶上流下来，造成仿佛雨水从四周的檐上泻下的景象。据说夏天也能"处之凛然若高秋"，的确，这样一定很凉快。与它相同的是，宫廷里也有称作"凉殿"的，这是仿照罗马帝国时期的东方——今天的叙利亚、小亚细亚及伊拉克等地流行的装置而建造的。有传闻说，东罗马皇帝攻占波斯首都时，来到带有这种装置的宫殿里，看到它的构造，大为震惊。

### 凉棚

富可与王元宝之类匹敌的长安巨豪，还有刘逸、李闲和卫旷等人。传说他们都是喜欢结交四方之士、疏财重义的侠士，生活上也是非常奢侈。三伏天里，也"各于林亭内植画柱，以锦绮结为凉棚，设坐具"，操办雅宴，并招来长安名妓，周旋于酒筵之间，以为避暑之会。《开元天宝遗事》记载此事，作者附加感叹说"时人无不爱羡也"。

### 瓜（西瓜？甜瓜？）

长安最热的时候，就像"北窗卧簟连心花，竹里蝉鸣西日斜。羽扇摇风却珠汗，玉盆贮水割甘瓜"（李颀）这首诗里写到的，从北窗下的午睡中醒来，要赶快切开冰好的瓜，凉快一下。那瓜呢，是西瓜类的，还是甜瓜类的？不大清楚，大概是甜瓜那一类的吧。不管怎么说，瓜是那边的特产，从"甘瓜剖绿出寒泉，碧瓯浮花酌春茗"（萧祐）、"绿香熨齿冰盘果"（韩偓）的诗句中，也可以看出吃到嘴里的甜瓜有多么冰凉。杜甫的"落刃嚼冰霜，开怀慰枯槁"，写的不正是冰瓜"嗖——"地被切成两片，装在盘里，吃到嘴里像嚼冰一样的情形吗？枯槁的心怀也得以舒展了。冰是贮藏在冰室、冰壶里的。孟浩然说"冰室无暖气"，张汇有《观藏冰》诗，李程的《玉壶冰》之一题作《咏冰壶》。所谓冰壶，是一般人家贮水的器具，也就是冰箱吧。说到冰，还可以多讲几句，那就是在白乐天收到皇帝赐给的冰之后，所写谢恩的文章里，有"饮冰"一词，唐中期王季友的《玉壶冰》里也有"饮冰"一语。李德裕的《会昌一品集》，有"以酒和冰饮"一句，就等于说 on the rock 吧。到宋代，出现了"食冰"的诗，但我以为唐代便开始有吃冰的事了。

**避暑**

冰也好，瓜也好，都是解暑的，但要真的要摆脱酷热，都比不过外出避暑。帝王们一旦听见五月的足音（相当于现在的六七月），便带着宫嫔到骊山洗温泉去了。长安城中有钱有闲的阶级，则躲到南郊胜地樊川、杜曲、韦曲一带的别业（别墅）去了，或在幽境终南山，宛如神仙，找寻"山中十胜"去了。王右丞（摩诘）别业所在的辋川，似乎也是城中人士避暑的好地方。而没有那种潇洒自在的地方可以去的人们，便乘着月上中天，到长安的郊外散步，登上佛塔，免费享受夏夜的清凉。白乐天的《月夜登阁避暑》诗说：

> 旱久炎气盛，中人若燔烧。清风隐何处，草树不动摇。
> 何以避暑气，无如出尘嚣。行行都门外，佛阁正岩峣。
> 清凉近高生，烦热委静销，开襟当轩坐，意泰神飘飘。
> ……

长安城内外耸立着不少佛塔，想来这样纳凉的人应有很多。城内有严格的夜禁，夜间不能自由出门散步，这些诗中所见的纳凉之处多在城外，则另当别论了。

168

# 后　记

谈不上是"后记"，这里交代一下书中所收各篇最初的发表时间和杂志名，以及两三点需要附加说明的内容。

一、《长安之春》几回改稿，以致初稿几乎漫污不辨，先是对此篇稍加补订，刊发在《ドルメン》（石棚）创刊号（昭和七年四月）上，其后增写后半部分并加上附注，以充《市村博士古稀纪念东洋史论坛》（昭和八年八月），之后，又补上前半部分的附注，收入本书。即便如此，又有不得不添加的新研究，以 [ ] 括号的形式，在文中用附注追记。

此文本来的目的是概述唐代长安的规划、市政大貌，本稿并未达成初衷。尚需参考足立喜六翁《长安史迹的研究》（昭和八年，《东洋文库论坛》第二十，上下二册），并追溯唐韦述的《两京新记》（残本），宋宋敏求的《长安志》，清徐松的《唐两京城坊考》的长安之部，更参考清程鸿诏的《两京城坊考补记》。韦述的书在中国已经佚失，其卷 3 在日本有传，收入江户幕府的《佚存丛书》，后回流中国，作为单本被收入伍崇曜的《粤雅堂丛书》中。原本收在加贺的前田家的《尊经堂文库》中，作为《前田育德财团丛刊》之一影印出版。《长安志》收在毕沅的《经训堂丛书》中，徐松的书刻入杨尚文的《连筠簃丛书》，程氏的书被缪荃孙《藕香零拾》收入，这些都不难参考到。更加方便的是，京都大学人文科学研究所的平冈武夫将韦、宋、徐、程等人的书合成一卷，作为《唐代史研究之刊》的一卷《长安与洛阳》的资料篇公开出版了（昭和三十一年，1956）。另外，桑原隲藏博士有《（弘法）大师的入唐》（初版单行本大正十年），后收入《东洋史说苑》（昭和二年），榊亮三郎博士有《大师的时代》（宗祖降诞会本部发行，大正二年），博士去世后，此文与关于不空三藏的论文合在一起，由创元社出版。博士之著不甚为世人所知，他学殖深远，识见高迈，其著述在我东洋史学界是罕见的杰作，难以为人企及。

关于长安的平面图，日本福山敏雄博士（现京都大学教授）有缜密的文献研究（《美术研究》第 170 号，昭和二十九年 9 月），另外，根据近来中国政府考古发掘，可见与原来有所变化的部分。如《考古学报》1958 年第三期、《考古》1963 年第十一期中的附图所示那样。初版所附《长安周边略图》因有不正确的地方，此次准备省略之，但应出版社要求，为了初读者的方便，还是保留仍用在书中了。

二、《"胡旋舞"小考》最初发表在京都《史林》第十五卷第三号（昭和五年七月），这里收入的只稍微订正了若干词句，基本是原形。此文的增订稿被法文翻译（*Etudes Sino-iraniennes ,I:A propos duhou-siuan-wou*）收入《东洋文库》欧文纪要（*Memoirs of the Research Department of the Tōyō Bunko*,No.6,1932）。另外，将原文进行扼要简约的中文翻译，由钱稻孙之手在他主编的北平杂志《学舌》第一卷第三期上刊载（1930 年 7 月）。向达在他的名著《唐代长安与西域文明》（《燕京学报》专号第二，北平，1923）中有所引用，并给予"余愧无新材料以相印证"的过奖之辞，实在令我汗颜。又，《全唐诗》卷 7 有岑参的长诗《田使君美人舞如莲花北庭歌》，是吟咏胡旋舞的，需要文字校勘，本文没有引用，在此说明。

三、《当垆的胡姬》最初刊载于《佛教美术》第十五册（昭和五年一月），以"长安汲古之一"为副标题，向达君在前述书中也有所引用，并说"叙述綦详，本节关于长安胡姬，大率取材于是"，其实还是甚为不备、史料不足的。此次收入，对有可能之处即行增补，也加入了向达君示教的一首诗，作了全面的改写。这个增订版，曾以《〈当垆的胡姬〉补遗》为题，发表在《天地人》第四卷第一号（昭和三十年一月），以及 Memoirs of the Tōyō Bunko, No. 20, 1937（*The Hu-chi—Mainly Iranian Girls*, *found in China during the T'ang Period*）。关于王四郎长安金市故事的出典，据志田不动麿君示教，在《太平广记》卷 35 有载，但还未确认。创元社版有初版与再版之分，其版权页是相同的，而再版时我作了追加说明及致谢之语等，但现在手边没有这个再版的版本，不能确认。

四、《唐代风俗史钞》原题《唐史漫钞》，在《艺林闲步》杂志的第一、第二、第三、第四及第六号上连载（昭和二十一年四月、五月、六月、七月及九月）。第一篇《元宵观灯》，关于元宵观灯的起源，一开始并未论及，后来在《唐史丛钞》再版时，见到早稻田大学《东洋史会纪要》第五册（昭和二十二年四月，1947）上，有洪淳昶君的《关于中国的上元观灯》，对其起源做了精到的研究论述，便拿来参考。洪君认为这是源于佛家的燃灯供养，他是在拙稿发表前执笔写下的（附记上写着 1946 年 3 月 28 日稿），而后经过一年才刊行。洪君并没有见过拙稿，文中并没有直接受到拙稿相关论说启示的地方；相反，我读了他的，深感得益。如慈觉大师的《入唐求法巡礼行记》，对于研究唐代历史不能算是特别新鲜的史料，此书卷 1 有一条记到开成四年正月十五日长安燃灯的情况，我也失检漏引了。我由此看到这条资料，也于此一并深表敬意。我最后所引张说的诗是《十五日夜御前口号踏歌辞》，他的另一首也应该引用。"花萼楼前雨露新，长安城里太平人。龙衔火树千灯艳，鸡踏莲花万岁春"，可知有的元宵灯做成龙或鸡的形状。

第二篇《拔河》，关于牵引系在大绳上的小绳来拉动大绳的做法，在日本是否也有之，暂且存疑。有一位未谋面的热心人特地写信告诉我他的家乡有这样的风俗，《丛钞》再版之时，这封信怎么也未能在手边找见，他的姓名和地址因此不能记得，对于他的厚意真是十分抱歉。直到今天也没有发现原信，真是遗憾之极。如果这位先生看到此文库，请权且将这一小节文字作为我的谢词。

另外，关于《拔河》，罗香林教授在《唐代拔河之戏考》（1948 年 8 月稿，1955 年在《唐代文化史》中刊出）的考据，已在本文的追记中述及。

五、《唐史杂钞》在昭和十九年十二月及二十年一月在《文艺》杂志的一之十二，二之一上，刊载了以《双槐庐杂钞》为名的区区小篇，其中的开头三篇抽出来，以《长安之春钞》为名，在战后大阪创元社出版的《百花文库》中作为一册出版。此文库因在东京只卖出百部左右，流传甚少，至今仍不时被人所求，因此，此次收入本书再版，也算是聊胜于无吧。

六、《唐史关系诸考补遗》，疏漏如我，所写文章总是在发表后一而再、再而三地追加订补重要内容，这篇也是这样。原本发表在《历史教育评论》第三号上（昭和二十六年四月），主要是对原书中"五"这一篇的增补，后来又增加了一二事，成为现在这篇。[译者按：这里的"原书"，指的是创元社昭和三十六年（1961）《世界教养全集》之 18《长安之春》的版本，此版共收八篇，第五篇为《斗歌》。下面"七"中提到的"原书"也指此版，第四篇为《长安的歌妓》。]

七、《唐代宴饮小景》原题《唐代风俗琐记》，刊载于《新树》第二卷第一号（昭和二十二年一月），没有特别增订。只是篇末处写到的"酒令"，因在原书"四长安的歌妓（下）"结尾处只匆匆交代了一笔，其后，以《酒令琐谈》为题，作了更为详细的叙述，发表在杂志《心》的五篇之一（昭和二十七年一月）上。故森槐南先生有《酒令文学》文，在《汉学》杂志第二编第一卷上刊发（明治四十四年一月），下及唐代之事甚为简单。这里需追加一句的是，唐代是否已经有在酒席上猜拳之事，我没有确切的证据（或许已经有人论证过此事，浅学如我，尚未得知）。另外，如"附加物"似的游戏也在宴席中出现，假托为李商隐诗的《杂纂》好像就是说明书。这是幸田露伴翁所揭示的，写在他的著作《游尘》中。幸田将之作为元代陆友仁之说而介绍之，并且表示赞同，我翻检成程陆氏的《研北杂志》，发现其卷下果有"盖唐人所用酒令"等字。

八、《唐代中国北部的一种异俗》原载于《历史》十六之二（昭和十六年五月），其后，（昭和四十年三月）京都的那波利贞博士在《甲南大学文学会论集》第二十七号上，有《关于浸润于唐代长安城内朝野人生活中之突厥风俗小考》文，文章言及此事（38—42页），太宗之子常山王李承乾也爱用毡帐，在东宫殿内设五帐（19—20页）。这是我没有关注到的。

九、《无题二则（一、骊山温泉 二、陆羽的陶像）》刊载于《民族学研究》第十二卷第二号（昭和二十二年十一月），区区小篇，前者介绍骊山温泉奢华之一端及其末路荒颓的情形。

十、《唐代的妇人》原载 NHK 广播节目结集的《あんとろぽす》①第一卷第四号（昭和二十一年十二月），很通俗的东西，再版价值并不大。

十一、《唐代图书杂记》最初发表在《大阪朝日新闻》昭和五年四月三十日（朝刊），题为《唐代图书杂谈》，又应《书评》杂志的要求，对十二年前的旧稿加工整理，刊于《书评》第四期（昭和二十二年五月）。

十二、《唐代杂事二则》这篇随笔刊于平凡社《世界美术全集》月报第五号（昭和二十五年十二月），正如文章篇首介绍的那样。

十三、《橄榄与葡萄》最初是寄给岩波书店《世界》第二十一号（昭和二十二年九月）的，题目稍有改动。文中所引清末牛应之的《雨窗消意录》，是从大内氏的书中转抄出的，日本国立国会图书馆的大西宽学士为我从国会图书馆检出此书，将苏州名医的故事一文及其序文，以及收入此书的《挹秀山房丛书》的目录复印件，一并提供给我。在此，我对此厚意深表感谢。（此丛书为光绪十年即 1884 年在长沙贡院西街陈挹秀刊行所刊行，因是地方版书籍流传不广，可谓罕见之书。

---

① あんとろぽす是古希腊语 anthropos，直译为人类。杂志创刊时编辑自己解释说：本杂志以观察和研究人类创造的文化的所有方面为目标。

另外，文中所言及南方熊楠先生的说法，见于《オリーブ树の漢名》（橄榄树的汉名）一文，载于《东洋学艺杂志》第三百一十五号（明治四十年十二月）。

十四、《西域胡商重金求购宝物的故事》原发表在柳田国男先生主编的《民族》第四卷第一号上（昭和三年十一月），当时就有写续篇之意，故收入初版时，就把手边的材料略为加工整理成文而已。续篇就把后来发现的六则故事作为一篇继续刊出，只是《民族》发表时的第五篇收入本书时挪作第十九篇，已见附记。另外，第十二则故事《吴郡陆颙卖给胡人腹中奇虫的故事》类似的情节，在蒲松龄《聊斋志异》中有记载，芥川龙之介取材于此创作了小说《酒虫》，这是之后我从庆应大学教授竹田龙儿君处获教的。

十五、《再论胡人采宝谭》发表在《民俗学》第五卷第十号（昭和八年十月），现在收入此书，除了改动两三处字句，及删除开头两页外，基本没有变化。

十六、《胡人买宝谭补遗》刊发在日本大学文学部《研究年报》第六上（昭和三十年十二月）。这可以说是以上十四《西域胡商重金求购宝物的故事》的续篇，对于这个系列故事，我一直以为是从唐代开始的，后来知道在六朝就有萌芽，而且也没有搜集到宋以后类似这样的故事，故而对于《补遗》附记十二则以外的，全然不知。天理大学泽田瑞穗教授从昭和四十一年初春以来，几回来信示教，宋洪迈《夷坚志》及明清小说中有数十个同类故事，知道我近来对这些故事有兴趣，故特许我发表，为了酬谢这厚谊，我按图索骥找出这些原文，草成这篇拙稿，敬请泽田教授批评指正。

十七、《隋唐时期波斯文化流入中国》原本是岩波讲座《东洋思潮》第十八册《中国文化与西方文化的交流》（昭和十一年十一月）唐代部分的抽取物，原样再版总有点提不起兴趣，曾想删除之，但平凡社说这个系列的一个特点就是要初版的东西一个不漏地收入进来，所以不做删改，把这个简篇也保留下来了。全文是针对初学者的入门篇什，还请参阅文后的参考文献为盼。

十八、《长安盛夏小景》这也像上一篇一样，是不得已而收入的东西。最初是刊于昭和五年八月二十五日《东京日日新闻》的小文，后来被日本大学东洋史同好诸君所编的小杂志《东华》第一卷第二号（昭和六年十月）转载，故而存于手边，将之改写成口语通俗体，又对标题略作改动，才收入这里。

# 译者跋　石田干之助的东洋史研究

钱婉约

**摘要：**本文第一部分，详细考察了著名日本学者石田干之助走上东洋学研究道路时的社会与文化环境，并探明其学术上的师承关系。第二、第三部分对石田干之助在东洋学领域的成就做出专门的评价，将其独特的造诣概括为以下两个方面：一是通过在东洋文库的工作，将极为丰富的多语种资料贡献给了日本乃至世界学术界；二是他所著《长安之春》一书，提供了一种具有典范意义的研究方法，即"以文证史"，利用古代诗歌、民间故事、笔记小说等文学性资料进行关于西域胡风与中西文化交流的历史性研究与书写。

## 引言

石田干之助（いしだ　みきのすけ，1891—1974），在近代日本中国学发展系谱上，他是继白鸟库吉（1865—1942）、内藤湖南（1866—1934）等人之后的第二代史学研究的代表人物。彼时的日本中国研究者，既具有西方近代学术理念与方法，又能在挖掘和利用古典汉籍方面兼备传统汉学素养，可谓融汇东西方学术特长，在敦煌学、满蒙史地、西域民族史、东西文化交流史等领域，做出了令世界瞩目的成就。石田干之助正是这一时期具有世界性眼光和影响的学者，他在为日本整备西方东洋学资料、介绍西方东洋学研究成果，以及开拓东西方文化交流史研究方面，做出了重要成就。本文介绍他的学术成长环境与学术师承关系，评述他在东洋史研究方面的主要学术贡献、方法特征等，借以管窥 20 世纪上半叶日本中国研究之一隅。

# 一

石田干之助 1891 年出生于富士山下的千叶市，幼年时随父亲迁居东京日本桥，从此开始了作为"江户子"求学、为学的一生。早年的生活及求学经历，对于石田干之助东洋史研究之起步具有重要意义，主要有以下几个方面：

第一，小学与中学阶段：西学启蒙。

中日甲午战争后，日本增长了"文明强国"的野心，开始逐步拓展实施其"大陆政策""东亚盟主"的计划，反映在教育与学术上，就是关注和加强对于"以中国为中心的东洋"的研究。石田的小学、中学阶段，便是在这样的时代氛围中，接受了"东洋的"观念与"西洋的"方法的教育。石田回忆说，他们全家初到东京，正是 1895 年春，中日甲午战争结束。1897 年，他上了东京的新式小学——有马小学校，唱歌、习字、算术、图画、手工、罗马字是他印象较深的课程，历史、地理到小学高年级才有，讲的是畿内五国、东海道十五国、山城大和、北海道地形等[1]。1903 年，入私立麻生中学，此时，日本的中学历史教学，已形成日本史、东洋史、西洋史三者分立的教学格局，前辈学者白鸟库吉、桑原隲藏、藤田丰八等人，先后写出了第一批适应中学教学的"东洋史学"教科书，这是"东洋史学"最早在中学的植根，大学也随后设立了"东洋史"学科[2]。石田回忆说，在中学时，一、二年级上"国史"；三年级开始上"东洋史"——当时一般都用桑原隲藏的教科书，而麻生中学用的是另一本；四年级上"西洋史"。

中学时代的石田，博览课外书籍，阅读并不主要限于历史书范围，还读了许多文学作品。博文版帝国文库的《源平盛衰记》《太平记》，以及当时流行的马琴的活字版小说《八犬传》《梦想兵右卫蝴蝶传》《椿说弓张月》《赖豪阿闍梨怪鼠传》等，还有明治中期的政治小说、"福翁自传"等。此外，尊父命阅读近松门左卫门（1653—1725）的净琉璃作品以及《文章世界》杂志等，增进了对世事人情的了解洞察，提高了文章鉴赏和文章书写的文学性素养。

高中时期，石田在日比谷图书馆遇到了对他一生具有重要意义的一本书——坪井九马三的《史学研究法》，由此萌生了今后从事历史学研究的志向：

> 至今都非常感激在那里我读到了坪井九马三的《史学研究法》一书。虽然还不很清楚历史研究要做什么，但夸张一点地说，决定了我一生的正是此

书。在中学五年级快结束时，大塚先生问我，将来准备做什么？我回答说，想做史学！先生再问，为什么这么明确？我回答说，因为在日比谷图书馆读了坪井九马三的《史学研究法》，被深深吸引。对用材料批判的自然科学的方法来研究历史，感到非常被吸引，所以，想要试试这样来研究历史。……因此，无论如何想要去研究历史，这是在中学快结束的时候决定的。[3]

第二，一高及东京大学阶段：新的学术理念与方法的习得。

1910 年[4]，石田考入东京第一高等学校一部乙预备班[5]。一高的师资大多是日本第一代帝国大学的毕业生，也是日本近代学术最早的接受者和传播者。这一时期的石田，学术上得到了专业性的教育与引导，概括说来，主要有以下几个方面：

首先，注重历史、地理的调查与研究。一高时期的历史教师箭内亘（1875—1926）是东京大学文科大学史学科 1901 年的毕业生，受那珂通世、白鸟库吉的影响，致力于中国边疆史地特别是元史的研究，是早期东洋史的开拓者之一[6]。日俄战争胜利后，日本学术界关注和研究中国边疆史地之风大兴。1907 年，白鸟库吉在满铁株式会社组织成立了"满鲜历史地理调查部"，箭内亘名列其间。1908 年、1909 年先后对中国的东北南部及内蒙古地区进行历史遗迹的调查考察。箭内亘的课程"东洋史概说"引进和介绍了西方史学理论及中国学研究的最新动态，使学生耳目一新。他当时正在编撰新的《东洋读史地图》[7]，这启发和培养了石田在此后学术研究中，注重历史发生的舞台——"历史地理"的治学倾向。

其次，汉文学素养的训练。一高时期的汉文教师盐谷时敏是编著出版《中国文学概论讲话》《中国小说研究》等书的名家，也是中国文学研究大家盐谷温之父；岛田钧一是东京大学汉学祖师岛田重礼的长子、目录校勘学奇才岛田翰的兄长[8]，都是著名的汉学家。盐谷时敏编有《汉文类别》，选辑明清散文佳作，让学生就未作注释的白文进行反复阅读；岛田钧一则选择《左传》《庄子》《韩非子》等先秦名著，引导学生在详细注释的基础上，阅读理解。这些功课为石田的汉学根基和汉文学修养打下了深厚的基础。

最后，文史互济，学问共进。特别值得一提的是，石田一高时期的同窗，有后来驰骋文坛的小说家、戏剧家菊池宽、芥川龙之介、久米正雄等，可见当时的一高人才济济，更重要的是，这也为石田他们今后在史学与文学上相辅相成、相互促进创造了契机。[9]

1913年9月，石田正式进入东京大学文科大学史学科，在那里，他接受了西方史学理论的正规学习和训练。当时的东京大学史学科在兰克弟子里斯的教学带动下，崇尚实证主义史学学风。里斯门下诸人在明治末年，于史学科内每年举行"兰克祭"——兰克纪念会，高挂兰克的肖像，设祭坛举行纪念活动。历史哲学、史学方法论、科学实证方法等，成为当时大学生追崇、学习与接受训练的热点。石田正是在这种学术氛围中完成了大学教育。大学时代的教师有东洋学的白鸟库吉、津田左右吉（1873—1961）、市村瓒次郎（1864—1947）、池内宏（1878—1952），还有东西交通史的村上直次郎（1868—1966），佛教的常盘大定（1870—1945）等都是独树一帜、卓有成就的史学大家。其中，对石田影响最大的，莫过于白鸟库吉。从1913年师生相遇到白鸟1942年去世，石田一直追随白鸟的脚步，参与白鸟组织的东洋学、民族学等学会的活动。白鸟去世后，他随即发表《本会理事长白鸟库吉之讣》，后来又写有《白鸟库吉先生小传》《白鸟先生追忆》等文，述及白鸟的学问及为人，这些文章是记述和研究日本早期东洋学发展史的重要文献[10]。

第三，毕业后：东洋史研究者的初步业绩。

1916年，石田大学毕业，随即入东京大学文科大学史学研究室当助手，次年，受东京大学派遣，到中国做学术调查。同时，受岩崎久弥财团的委托，负责接受岩崎久弥财团购买的英国《泰晤士报》驻京记者、中华民国总统政治顾问莫里循（George Ernest Morrison，1862—1920）的藏书。同年九月，莫里循文库到达东京，石田即出任文库主任，负责莫里循文库的整理和扩充工作。直到1924年，他既是东大史学研究室的助手，又兼任莫里循文库的主任，在学者生涯起步的八九年间，埋头在以中国为中心的东洋学资料文献的整理中。1924年，岩崎财团决定以莫里循文库为基础成立"财团法人东洋文库"，石田继续负责文库的书籍经营，职位是主事。到1934年石田辞去东洋文库主事为止，前后为文库及所属东洋学研究所的扩充、发展工作了十七年[11]。

1934年，石田入职刚成立的财团法人国际文化振兴会，负责图书室的创设以及主持编纂英文版日本百科辞典，石田全面负责辞典的选定条目、审定初稿以及翻译统辖等工作，一直持续到1943年，由于战局吃紧而停止。

1942 年起，石田开始在大学任教，先是任国学院大学教授；不久后，又在日本大学任教十六年，直到 1962 年退休后，又转为国学院大学专任。在此期间，在京都大学、东北大学、九州大学、庆应大学、东京都立大学、东京教育大学以及其他国立、私立各大学做过演讲或集中授课。石田还是日本民族学会、兰学资料研究会、日本图书馆协会的顾问，是日本考古学会、东洋学术协会、日华学会、日本民俗学会的评议员，是财团法人东方学会的发起人及理事，是联合国教科文组织东亚文化研究中心的参与者，此外，还曾历任史学会评议员、日本亚洲学会的理事、文部省良书推荐委员、东亚史编辑委员、财团法人开国百年纪念文化事业会评议员及翻译委员会委员。1960 年；由于对于日法文化交流的贡献，法国政府授予石田"文化功勋奖"，1964 年，由于在东洋学方面的贡献，日本政府赠予石田"紫绶褒章"；1966 年，授予"勋三等瑞宝章"。[12]

石田的主要研究著作，按出版时间先后，有《欧人的支那研究》[13]（共立社，1932 年，1946 年增补再版）、《欧美的支那研究》（创元社，1942 年）、《长安之春》（创元社，1941 年，平凡社，1967 年增订新版）、《关于南海的支那史料》（生活社，1945 年）、《唐史丛钞》（要书房，1948 年）、《东亚文化史丛考》（东洋文库，1973 年）以及《石田干之助著作集》（全 4 卷，六兴出版，1985—1986）等。

中国学界对于他著作的译介，主要集中在民国时期。比如朱滋萃译《欧人之汉学研究》[14]；张宏英译《中西文化之交流》（原名《支那文化与西方文化之交流》）[15]；汪馥泉译《中国研究在欧美》[16]；唐敬杲译《欧美关于中国学的诸杂志》[17]。另外，他还有一些单篇文章，如《长安之春》[18] 里的《长安之春》《"胡旋舞"小考》两篇，如《东亚文化史丛考》中的《郎世宁小传稿》，民国时期还有汉译刊登在相关杂志上 [19]。

二

东洋文库的前身是莫里循文库，1917 年卖归日本 [20]，1924 年改名为"东洋文库"。如上所述，石田干之助大学毕业后一年，作为东京大学史学研究室的助手，在中国访问考察期间，正好受托负责接收莫里循文库，并担任第一任文库主任。1924 年，"财团法人东洋文库"成立，石田任主事，继续负责文库的书籍经营。十七年间，石田在莫里循文库、东洋文库负责人这个位置上，为文库的接收、整备和早期建制，以及文库所属东洋学研究所的扩充、发展，作出了重大贡献。

石田对于东洋文库的贡献，可以概括为以下几点：

首先，扩大文库的收藏范围。将以中国为中心的莫里循文库的涵盖内容，扩大为亚洲全域，东从日本、菲律宾起，西到埃及，北自北冰洋，南到印度洋的相关文献；将以西文图书为中心的收藏，扩大到以西文和汉籍为中心，兼及亚洲各地域、各种土语文字的基本资料收藏。这呼应了日本经营东洋学学术研究，并且欲在世界范围内产生影响的学术时代追求。可以说，莫里循文库成了日本有组织的东洋学专门性图书馆的嚆矢。

其次，确立文库的编目分类方法。东洋文库的图书分类自成体系，中、西、日文分类法各不相同。中文图书分经、史、子、集与丛书几类，另将朝鲜本、满蒙藏文本、越南本附于中文图书之下；西文图书大致按照莫里循的旧规，分一般参考书、亚细亚远东及太平洋、中国本土、朝鲜、满蒙、西伯利亚库页岛附等类；日文分总载、神祇、宗教、哲学、教育、文学、艺术、历史、地志、政治法律、经济财政、理工、医学、兵事、产业及普通别致本、特别别致本与逐次刊行书几类，每类之下再细分，附总载之下分日本、中国、东洋、西洋。继任东洋文库主事榎一雄评论说，对于像文库这样汇集了各种地域文字的大量东洋学图书来说，这是最方便而实用的图书分类方法。东洋文库至今仍基本沿用石田确立的这个分类方法。

最后，拓展文库学术活动与国际交流。石田广泛联系外国学者和研究机构，了解世界东洋学研究新动向，及时订购书籍，凡与东洋研究有关的参考图书、新刊图书、学术期刊，都有计划、有规模地买进，逐渐建构起此后东洋文库巨大藏书的基础和机构建制。新设"一般参考部"，提供一般性参考阅读。针对当年的出版物，举行讲演会、展览会，介绍新刊图书，讲解海外东洋学研究的新动向，显示了石田对于世界东洋学发展广博的知识、不凡的见识以及持续不懈的关注与努力。[21]

可以说，莫里循文库因石田干之助的经营拓展获得新生，而对于石田而言，在工作刚起步的十七年间，整日浸润于如此庞大、得天独厚的东洋学资料宝库中，也使他的知识视野愈加广阔，学术功底愈加深厚，这是他一生学问的坚实基础。

在介绍欧美东洋学研究方面，石田先后出版了《欧美支那学界现状一斑》（1925年）、《欧人的支那研究》（1932年）及《欧美的支那研究》（1942年），无论在日本还是在中国，这都是最早全面介绍中国研究的欧洲学术情报资料，因此，各单行本也较早就被翻译引介到中国。晚至 1997 年，日本科学书院将后两种书影印合刊，题为《欧美、俄国、日本的中国研究》。

关于《欧人的支那研究》与《欧美的支那研究》二书，光看书名，只一字之差，读者或许会以为后者应该包括前者的内容，只是增加了美国的部分。事实上两书的内容是接续的。前一书设六章，分别为"（一）序说""（二）古代及中世纪初期的支那知识""（三）中世纪后期阿拉伯人的支那知识""（四）蒙古人勃兴时代的支那知识""（五）十四、十五世纪元及明初欧西的支那知识""（六）东印度航线的发现及欧人东航、传教士的支那研究及支那学的成立"。后一书以《欧美的支那研究》为第一篇，书名亦以此而来。此篇正是在时间上接着上一书的"接着说"，介绍了"天主教传教士以来的支那研究"，19 世纪初到 20 世纪初的支那研究，以及 20 世纪以来的"支那学"现状。以下更多篇幅是"专题介绍论述"，分别为：欧美"支那学"关系的诸杂志、欧美的汉籍搜集、关于支那的欧文文献书目、欧美人的满洲地理研究、关于满洲的俄国名著、日本的西域史研究、关于南海诸国的支那史料、阿拉伯探险回顾、支那地名谈义等。另外，书中还收有作者所写的如法国的沙畹（Édouard Émmannuel Chavannes，1865—1918）、美国的贝特霍尔德·劳费尔（Berthold Laufer，1874—1934）、英国的翟理斯（Herbert Allen Giles，1845—1935）、瑞典的斯文·赫定（Sven Anders Hedin，1865—1952）四位欧美汉学家的小传。

在《欧美的支那研究》一书的序中，作者首先写道：

> 东洋的研究当须东洋人所为，而西洋人进出东洋以来，不幸东洋人的东洋研究略输彼等一筹。不用说，彼等的知识未必常深，彼等的判断也未必常中肯綮。然而，在治学方法上，东洋人所不及处甚多。由于方法精良之故，近百年间，彼等业绩收效显著，已到了如不利用其结果，就不可能试为推进有意义的新研究从而发扬东洋文化的地步。[22]

作者肯定了欧美人开拓的"支那"研究，对于东洋人所进行的东洋学研究具有奠基和示范的意义。

在此书第一篇《欧美的支那研究》一文的"序说"中，作者又写道：

19世纪末到本世纪（20世纪）以来，英法德俄对中国西陲进行大规模的探险活动，大量发现地下埋藏的古代遗物及洞窟残存的、散佚的古书和古画，美国学者也在地理、考古、人类学等方面对中国腹地进行踏查发掘，新获的研究资料堆积如山，热诚笃学的研究者也逐渐增加，而中国人自己于斯学亦有所进步，所有这些给我国优秀的年轻学者以激励，近来几乎达成欧美"支那学"未曾有的跃进，使"支那学"呈现出与具有更古老传统的埃及学、希腊学、印度学相提并论且并无逊色的盛况。[23]

虽然欧美的中国研究率先起步，但作者更强调的是，日本的贡献"几乎达成了欧美'支那学'未曾有的跃进，使'支那学'呈现出与具有更古老传统的埃及学、希腊学、印度学相提并论且并无逊色的盛况"。其自豪之情溢于言表。

继而，提出要在学术上做"东亚盟主"，他特别写道：

于今，政治上经济上我国居于东亚的盟主地位，在学问上，至少在支那的研究上，也应该有立于世界学术之首班之抱负。这就要深究外国支那研究之长所短所，弃其糟粕，踏其先路，采当采，弃当弃，达成补不足，正有误的目的，苟独善自高，反将招致斯学之萎靡不振，有违我促进支那学昂扬之初衷。我等所以留意西洋学者之支那研究，回顾其沿革，无外此意。[24]

石田的欧美"支那学"介绍，第一，肯定欧美之先行地位；第二，表彰日本学习跟进的大成效；第三，日本"支那学"后来居上，欲在世界上争胜。关于以中国为中心的东洋学研究，日本近代东洋学学者们受到欧美学者的启蒙引领，起步不久之后，便甚有成就而欲以"超胜"，这几乎是明治、大正时期学者普遍的学术追求，甚至是人生价值旨归。至于上文"东亚盟主"云云，反映了此书出版的1942年前后，侵华战争背景下日本国民的普遍心态，石田干之助亦未能免俗。

三

石田干之助《长安之春》，是他东洋学研究中最为人所知的名著。从同名单篇文章到同名相关论文结集成书，后来又有多个不同版本，正文收文不一、注释繁简不同。以下将各种版本列清单如下：

第一，单篇论文《长安之春》。最初发表在 1930 年《东亚》杂志的第三卷第五、第六号上。这个初版连作者自己也不太提及，1932 年在《ドルメン》创刊号上再次发表，此后又经作者多次增补，成为 1941 年创元社单行本《长安之春》一书的首篇，书名亦由此出。

第二，单行本初版《长安之春》。收入《长安之春》单篇及《"胡旋舞"小考》《当垆的胡姬》《西域商胡重金求购宝物的故事》《再论胡人采宝谭》《隋唐时期波斯文化的流入中国》《长安盛夏小景》共七篇。1941 年由创元社出版。

第三，《长安汲古》。不设篇目，共十一小节，是作者就《长安之春》一书的内容，于 1945 年 8 月 9 日、10 日所作演讲的记录整理稿，共 31 页，作为《日本丛书》之一，1945 年由生活社出版。

第四，《长安之春钞》。收入《长安之春》《当垆的胡姬》《"胡旋舞"小考》《唐史杂钞》《禁苑春晓》五篇，为《百花文库》，1947 年由创元社出版。

第五，《唐史丛钞》。要书房 1948 年出版，收入《唐代风俗史钞》《唐代燕饮小景》《唐代图书杂记》《唐代的妇人》《唐代中国北部的一种异俗》《无题二则》《橄榄与葡萄》等七篇，后来收入增订版《长安之春》。

第六，《长安之春》之《世界教养全集》版。收入第二及第五个版本中的《长安之春》《"胡旋舞"小考》《当垆的胡姬》《长安的歌妓》《字舞》《唐代燕饮小景》《唐史杂钞》《唐代的妇人》等八篇，与鸟山喜一的《黄河之水》、武田泰淳的《史记的世界》、松冈让的《敦煌物语》三种，合为一书，1961 年由平凡社出版。这个版本注释删略而简约。

第七，《增订长安之春》。收入《长安之春》《"胡旋舞"小考》《当垆的胡姬》《唐代风俗史钞》《唐史杂钞》《唐史关系诸考补遗》《唐代燕饮小景》《唐代中国北部的一种异俗》《无题二则》《唐代的妇人》《唐代图书杂记》《唐代杂事二则》《橄榄与葡萄》《西域商胡重金求购宝物的故事》《再论胡人采宝谭》《胡人买宝谭补遗》《隋唐时期波斯文化的流入中国》《长安盛夏小景》十八篇。作为东洋文库 91，1967 年由平凡社出版。书后有榎一雄的解说。此版为作者生前搜集最全、注释添补最丰富的一版。

第八个版本，《长安之春》讲谈社版。1979 年出版，在 1941 年初版七篇之上加上《胡人买宝谭补遗》，共计八篇。书前、书后有井上靖所写的推介语《必读的书》及跋语《我的座右书》。为作者去世后所出的通俗简约版。

综上所述，1941年初版及1979年讲谈社版，是篇目核心而通俗易读的简易版；1967年东洋文库增订版，是由作者最后审定，在所收篇目、各篇正文、注释追记、附图等方面，都比较全面的学术版。

《长安之春》书中各篇内容，可分为三类。

第一类是对于唐长安人日常生活和娱乐活动的考察，如《长安之春》介绍了长安三春时节，各种花卉次第开放的时令物候，尤其描绘了牡丹花开时，官绅士女在都城各处昼夜赏花、买花插花的情形，春明门、曲江、乐游原、慈恩寺……处处都是一幅幅春和景明的行乐图；《唐代燕饮小景》描绘了唐时的酒宴文化，包括敬酒礼节、伴酒乐舞、行酒令等，还有带着异域情趣的劝酒小道具——"酒胡子"；《唐代风俗史钞》则对上元张灯、观灯、燃灯、拔河等，做了比较详细的资料梳理和介绍；《唐代图书杂记》展现了唐代书店、藏书家、书籍装订、藏书目录等情况；《长安盛夏小景》则展现了唐人的消夏智慧，冰柱、龙皮扇、自雨亭、凉棚等一一道来。

第二类是对于唐代某些特定群体的关注和考证。如《唐代的妇人》着重描绘了唐代女性在胡风影响下的种种生活风貌，如身穿男装、骑马、不尚化妆、热衷打毬活动等；《长安的歌妓》梳理了各种类型的长安歌妓，如奴婢性质的宫妓、官妓、家妓，非奴婢性质的、私营妓馆里的民妓，着重勾勒了长安民妓的生存状态以及民妓与文人雅士歌舞唱和的风情画卷；《当垆的胡姬》描述了长安酒肆中大量存在的西域胡姬形象，渲染了胡姬的美貌和异国风情，特别是考证了胡姬的来源。

第三类是关于长安物质与精神生活各方面呈现胡风的索隐和考证。《"胡旋舞"小考》考证了胡旋舞舞者的出身由来以及这种舞蹈的动作特点等。关于"胡旋舞"与"胡腾舞"，唐以来文献多有记载，西方学者沙畹、劳费尔等人据此也有所论及，但存疑与误解甚多，石田由此做了进一步的全面研究，揭示了胡旋舞的来源、胡旋舞流入中国的不同渠道，胡旋舞的演出方式以及胡旋舞的动作特点、音乐、服饰等情况。《隋唐时期波斯文化的流入中国》更是综合前人研究成果与个人研究推进，从宗教（包括祆教、摩尼教、景教等）、艺术（包括绘画、雕刻、音乐、舞蹈、杂技等）、衣食住（包括服饰与化妆、食物与酒类、住所等）多方面，全面展示了波斯文化对于中国社会文化生活的影响，展现了隋唐时期中国文化对于西域文化的开放性吸纳和融汇。至于"胡商重金求宝"的三篇，则是从《太平广记》等笔记小说中，钩沉出数十则胡人在中原重金购求宝物的神奇故事。在这些故事中，虽求购之物不同，但是故事情节发展十分类似，属于同一类型，从而展现了胡商在唐及唐以后时代，对中国城市生活以及话本小说的影响。此外，如胡姬衣着与化妆的样式，西域的魔术、杂技、字舞表演等，也在唐代长安的街市上蔚为大观。

纵观全书，作者的研究体现出两大特色。

其一，跨文化的研究视野——钩沉胡风。在研究和展示唐长安社会文化景观时，着重考证和追溯其中的胡风因素，揭示了以都城长安为代表的唐代文化所蕴含的广泛而浓郁的胡风特色。作者钩沉了胡姬、胡商、胡旋舞、胡服、葡萄酒、酒胡子等西域人物和胡风名物的资料，展示了它们出身于异域的文化基因以及在唐代文化史上活跃的身影。胡风中波斯系列的文化对于中国隋唐的影响最为巨大，在宗教、艺术、衣食住、天文历法等方面，可处处呈现出来。

其二，跨学科的研究方法——以文证史。全书以扎实的文献考据功夫见长，旁征博引、条分缕析、注释丰富。在征引文献上特别醒目的一点是，作者把文献资料的视野，扩大到不为一般史学工作者所重视的唐诗、笔记小说等文学性资料上，示范了"以文证史"的研究案例。如他引用众多唐诗佐证胡旋舞、胡姬；还引用唐传奇《李娃传》《霍小玉传》《教坊记》、文人笔记《酉阳杂俎》《开元天宝遗事》《乐府杂录》以及地方志如宋敏求《长安志》《北里志》等来再现长安街坊格局、各类歌妓生活情形等历史情状。这些文学性资料，不仅成为作者论述的依据，也增添了研究论文的生动性和可读性。如首篇《长安之春》，以韦庄、白居易等人的诗歌穿插连缀而成，全文既勾勒出大唐长安三春的历史风貌，又像一篇优美的咏物散文诗。因此，《长安之春》也成为日本作家在创作以中国唐代为背景的小说电影时的参考书。井上靖在提到他的《天平之甍》《杨贵妃传》等小说的创作时说，《长安之春》就像是辞书、参考书，为他的创作提供了空间性历史舞台的依据。

本文原刊于《汉风》创刊号，2017 年。又载于关西大学《东西学术研究所纪要》第 51 辑，2018 年。有改动。

### 注释 ✎

1. 根据《石田干之助博士》一文，载东方学会编《东方学回想》第六卷《学问的回忆 2》，日本：刀水书房，平成十二年（2000）。

2. 这方面较早的有 1896 年藤田丰八《中等教育东洋史》，1898 年桑原隲藏《中等东洋史》上卷，1904 年桑原隲藏《东洋史教科书备考》《续东洋史教科书备考》，1914 年桑原隲藏《东洋史教授资料》等书。

3.《石田干之助博士》，载东方学会编《东方学回想》第六卷即《学问的回忆 2》，刀水书房，平成十二年（2000），26 页。

4. 李庆《日本汉学史（贰）：成熟与迷途》第 370 页上有："1906 年进第一高等学校的第一部"，误，应为 1910 年。根据上注《石田干之助博士》一文所载"石田干之助博士略历"。

5. 东京第一高等学校是东京大学的预备学校，按一部甲乙丙丁、二部甲乙丙丁等分科招生，一部、二部是文理之分，甲乙丙丁等是按考生所选择的第一外语来作为区分的。"一部乙类"即是将来进东京大学文科大学，并以英语为第一外语的预备班。其余"一部甲"是以英语为第一外语，将来进法科大学；"一部丙"是以德语为第一外语，"一部丁"是以法语为第一外语，将来可选择进法科大学或文科大学。

6. 箭内亘的博士论文是《元朝制度研究》，他还是满铁株式会社历史调查部的研究员，先后到中国东北与蒙古一带进行实地调查。

7. 箭内亘《东洋读史地图》1912 年出版，石田评论说，此地图的两大特点：一，与此前的中国历史地图相比，它不只是中国地图，而是以亚洲全部为视野，把中国放在亚洲的视野中描述；二，确定准确的年代，标注出不同时代的亚洲形势图。

8. 钱婉约：《岛田翰生平学术述论》，《中国文化研究》2009 年秋之卷，197-206 页。

9. 久米正雄与芥川龙之介的友谊，为文坛所熟知。1927 年芥川龙之介自杀之前，写下《给一个老友的信》，老友就是久米，他还将自己的遗稿托付给久米。石田与芥川的关系也颇亲近，芥川小说《杜子春》就是在石田提供的素材基础上写成的。

10.《本会理事长白鸟库吉之讣》，《民族学研究》八卷一号，昭和十七年七月，1-12 页；《白鸟库吉先生小传》《白鸟先生追忆》二文，载于《石田干之助著作集》第四卷，日本：六兴出版，1985 年。

11. 东洋文库在 1924 年以后，陆续吸纳了岩崎文库、藤田（丰八）文库、小田切（万寿之助）文库、河口（慧海）文库等。1945 年以后，东洋文库图书部交日本国会图书馆管理，1948 年起成为日本国立国会图书馆的分馆。

12. 参见榎一雄《增订长安之春·解说》，东洋文库 91，平凡社 1967 年。

13. 1945 年以后，日本停止对中国使用"支那"之称谓，一律改为中国。这里为保留书和文章的历史原名，保留"支那"二字，其余行文中，改为中国。

14. 北平中法大学，1934 年出版。

15. 商务印书馆，1941 年出版。

16.《学术》第四辑，1940 年出版。

17.《学术界》第一卷第六期，1943—1944 年出版。

18. 钱婉约翻译的《长安之春》全译本，2015 年夏，清华大学出版社出版。

19.《长安之春》单篇文有贺昌群译，载于《读书通讯》第 136 期（1947 年 7 月）。《"胡旋舞"小考》有张海澄译，载于《读书通讯》第 159 期；又有欧阳予倩译，载于《舞蹈学习资料》1954 年第四辑。《郎世宁小传稿》有贺昌群译，国立北平图书馆出版，年代不详。新近的翻译，有《长安之春》中《当垆的胡姬》《骊山温泉》《长安盛夏小景》三篇，戴燕译，收入《对中国文化的乡愁》，复旦大学出版社 2005 年，有《欧美的支那研究》中《欧美的汉籍收藏》一篇，甘慧杰译，载于《汉学研究》第 12 集。

20. 关于莫里循文库售予日本，参见周振鹤的《从莫里循文库到东洋文库》，载于《读书》1994 年第七期，92-101 页。

21. 参见榎一雄《石田干之助博士略传》，《石田干之助著作集》第四卷，日本：六兴出版 1985 年版，373-396 页。

22.《欧美的支那研究·序》，《欧美、俄国、日本的中国研究》，日本：科学书院 1997 年版，281 页。

23. 同上，294 页。

24. 同上，295 页。